中考作文实用技法

◎ 陈剑华 著

ZHONGKAO ZUOWEN
SHIYONG JIFA

SPM
南方出版传媒
广东经济出版社
·广州·

图书在版编目（CIP）数据

中考作文实用技法/陈剑华著. —广州：广东经济出版社，2016.5

ISBN 978-7-5454-4538-1

Ⅰ.①中… Ⅱ.①陈… Ⅲ.①作文课-初中-升学参考资料 Ⅳ.①G634.343

中国版本图书馆 CIP 数据核字（2016）第 088592 号

出 版 人：姚丹林
责任编辑：刘 倩
责任技编：许伟斌

出版发行	广东经济出版社（广州市环市东路水荫路 11 号 11~12 楼）
经销	全国新华书店
印刷	惠州报业传媒印务有限公司（惠城区江北三新村惠州报业传媒大厦 1610 室）
开本	730 毫米×1020 毫米 1/16
印张	15.75
字数	248 000 字
版次	2016 年 5 月第 1 版
印次	2016 年 5 月第 1 次
印数	1~5 000 册
书号	ISBN 978-7-5454-4538-1
定价	38.00 元

如发现印装质量问题，影响阅读，请与承印厂联系调换。
发行部地址：广州市环市东路水荫路 11 号 11 楼
电话：(020) 38306055 37601950 邮政编码：510075
邮购地址：广州市环市东路水荫路 11 号 11 楼
电话：(020) 37601950 营销网址：http://www.gebook.com
广东经济出版社新浪官方微博：http://e.weibo.com/gebook
广东经济出版社常年法律顾问：何剑桥律师
·版权所有 翻印必究·

前言

作为语文学科体系的重要组成部分，写作教学历来受到语文教育工作者的重视。从我国古代圣贤们提出的"立言不朽"，到近代卡夫卡提出的"写作是人生可以退守的最后一个自由的堡垒"，都彰显出写作的价值。写作能力已不仅仅是一种语文技能，更是人终其一生的思想、文化、人生理想的综合体现。可见，在基础教育阶段，帮助学生提高写作能力具有多么重要的意义。

然而，作文难教、作文难写已成为广大师生共同面对的现实问题。

历经数十年的教学改革，我国基础教育领域的教学形式已发生了较大的改变。部分发达地区以教师为中心的教学形式逐渐改变为以学生为主体的共同学习形式。但就作文教学而言，并未发生根本性的变化。"重阅读轻写作""作文教学形式单一"依然是现行教学的主流。现行作文教学的普遍形式是：先由教师提出作文要求，再做一些文法讲解，或读几篇范文，学生根据要求回家完成写作。作文完成后，教师经过一两个星期的批改，再把写好评语的作文发给学生，之后进行讲评，一次作文训练就此结束。而实际情况是，大多数学生往往只关心分数或等级，对于教师的评语和修改建议一般看完后便束之高阁，等待下一次作文。在此过程中，学生处于相对"被动"的地位，教师要求怎么写，学生就怎么写，否则就有可能因违反要求而重写，学生的主观能动性得不到充分的发挥。

从教学的侧重点来看，不少语文教师把阅读教学放在首要位置，对于作文教学则"从轻发落"。即使在阅读教学上，大多数教师教学的重点也仅限于文本的时代背景、人物性格、思想内容等方面的探究上，对于可资借鉴的写作技法则很少有人去深入研究。至于把课文的写作技法和平时的作文训练联系起来的情况，则少之又少，少数教师甚至把作文教学当成语文教学的附属物。

从学生的角度来看，学生对写作普遍存在着畏难情绪。前些年，笔者曾对本人任教的两个班级的学生及文学社成员共200多人进行过一次问卷调查。学生中对作文很感兴趣的占8%，一般感兴趣的占25%，不感兴趣的占67%（不排除学生的情绪化选择）；作文中觉得言之有趣的占21%，一般应付的占33%，无事可写的占46%。喜欢作文，不怕作文的仅占14%。这一现象表明，作文正成为学生学习上最不愿面对的困难之一。除了一部分写作基础扎实的学生外，不少学生的作文存在着被动化、套作化、内容"假、大、空"化等现象。

作文教学的通常做法是教师提出写作要求，学生按要求在规定时间内完成。即使一些不需命题的周记、随感之类的文章，学生也往往因缺乏动机或指导而流于形式。长此以往，学生便把作文当作一项繁重的任务来对待，毫无热情。学生视作文为畏途，为任务，焉能写出好的文章来？迫于考试的压力，一些学生出现了说假话、说套话的现象，一提到好人好事就是"扶老奶奶过马路"，一提到母爱伟大就是"生病住院喂糖水"，一提到舍己为人就是"英雄少年和清洁工"。

套作化作文，在作文教学中是一个常见现象。据2010年12月14日出版的《重庆商报》报道，近日，杨家坪的梅女士反映：老师教作文都是拿以往中、高考高分作文作为模板让学生们模仿，连其中的结构、事例、成语、华丽句子也要求大致相同，结果全班50多个同学的作文做出来基本相同。看了这则报道，我相信当语文老师的都会感到脸红。几年前，笔者在评改中考作文的过程中，也发现了一个奇怪的现象：有好几篇作文都是写"伞歪了"这一事情的。文章内容大同小异：下雨天，只有"我"一个人留在学校。正当"我"孤苦无助时，妈妈（或"爸爸"）打着伞来接"我"了。当"我"行走在雨中时，发现"伞歪了"，妈妈（或"爸爸"）的身上已打湿了大半，而"我"却完好无损。由此，"我"体会到了莫大的幸福。经技术人员查询，这些作文基本属于套作文章。

关于内容"假、大、空"的现象，相信很多老师都深有体会。没病的写成有病的，活的写成死的，内容空洞，言之无物，这类文章我们还见得少吗？受固有观念的影响，在以文体为中心的写作教学领域里逐渐出现了一种固有的模式——有的人称之为"新八股"。记叙文、说明文、议论文都各有各的模式。因此，写《我的父亲》，便出现了1000个"买橘子"的背影；写《我的母亲》，便出现了1000个灯下缝衣、长出白发的慈母。这种千篇一律的现象，正体现了学生写作个性的缺失。鲁迅先生早就说过，"教育应该尊个性而张精神"，没有个性的文章，是难有可读价值的；没有个性的学生，是难以取得突出成就的。

《语文课程标准》对7～9年级学生的写作教学提出了具体而明确的目标。其中，"有独立完成写作的意识，注重写作过程中搜集素材、构思立意、列纲起草、修改加工"等环节是重中之重。作文每学年一般不少于140万字，其他练笔不少于1万字。写作知识的教学务必精要有用。应抓住取材、构思、起草、加工等环节，让学生在写作实践中学会写作。重视引导学生在自我修改和相互修改的过程中提高写作能力。

由此观之，初中作文教学不但不是语文教学的附属物，恰恰相反，它是语文教学的重中之重。广大教师只有重视作文教学，引导学生掌握系统的写作技法，扎实开展作文训练，才能切实提高学生的写作水平。

中考作文是初中阶段作文训练的收官之作，内涵丰富，程序复杂，涉及审题、立意、结构、表达等多方面的要素，需要在长期的训练中才能取得明显效果。初中生正处在由不成熟走向成熟的过程中，写作能力和认知水平相对有限，如果没有写作技法的指引，学生写起作文来就有可能陷入无处下手的境地。因此，愚以为，在基础教育阶段，开展以技法训练为核心的作文教学，是提高广大学生写作水平的重要途径。

为此，笔者认真查阅了大量教育专家的论著和一线教师的优秀案例，并结合自身20多年来的教学实践，编写了这本以技法训练为核心的中考作文训练用书。本书的前半部分阐述了中考作文的主要技法，并列举了大量的实例予以说明。后半部分属于按主题划分的分类训练。每个主题设有"写作指导""提纲示例""范文引路"三个部分。"写作指导"：笔者按照主题要求精心写作的指导性文章；"提纲示例"：以每个主题中的第一篇文章为示例设计的作文提纲，供同学们写作时参考；"范文引路"：笔者从历年任教的学生和部分文学社员的习作中精心挑选出优秀作品，每一篇文章的末尾均附上了笔者的点评，希望能给同学们带来帮助。

本书结合了笔者多年来对写作教学的独立思考和亲身实践，参考并借鉴了众多教育专家、一线教师的优秀做法。由于笔者水平有限，书中浅陋之处在所难免，敬请大方之家批评指正。

"生活化作文"的可贵尝试
——《中考作文实用技法》序

提到作文教学,我们往往一声叹息,徒呼奈何。

作文评分标准似乎太高,不然,为什么每年中考、高考作文中竟很难找出几篇满分作文?为什么大多数学生无法通过作文获得成就感和幸福感?我们是不是在以作家的标准衡量学生?

作文教学目标似乎太低,不然,为什么我们张口闭口不是满分作文就是应试技巧?学生作文难道只是为了考试?抑或只是为了考试得高分?

作文教学方法似乎太陈,不然,为什么"命题—习作—讲评"的模式常年不变?为什么从范文选择到写作训练常常演化成固定套路?

作文教学效果似乎太差,不然,为什么一提起作文,大多数学生就皱眉?为什么那么多学生的作文眼界逼仄、思想贫乏、人云亦云、生活苍白、语言干瘪?为什么字里行间很难触摸到生命的质感,很难倾听到真情的诉说?

可悲可叹。原因何在?

刘永康先生一针见血地指出个中原因:"作文教学,大都是注意指导学生怎么写,不大注意指导学生向生活去探究写作的源泉。"[1]俗话说:"文由心生,诗文言志。"作文,作文,作自己的文,理应记录自己的生活,倾听自己的心跳,表达自己的见解,张扬自己的个性。而我们的作文教学往往硬牵着学生鼻子走,更有甚者,向学生灌输所谓的考场"行规""招式"和"套路",鲜活的作文指导陷入了模式化的轨道,以致限制了学生的思想,削减了学生写作的兴趣,废弃了良好的写作习惯和行为,封杀了学生潜滋暗长的真情实感,荒芜了正在蓬勃生长的丰茂的精神家园,学生心灵被束缚在一个狭小圈子,不敢越雷池半步,应有的个性情感失落,思想精神失落,写出的作文也千篇一律,千人一面。

---

[1] 刘永康:《语文创新教育研究》,成都:四川大学出版社,2000。

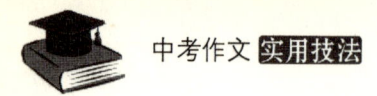

如何指导学生向生活去探究写作的源泉呢?陈剑华老师的《中考作文实用技法》做了有益的尝试。在我看来,陈剑华老师作文教学的核心思想是倡导"生活化作文"。具体说来,体现在以下几个方面:

一、注重引导学生观察生活

于漪老师曾说:"教语文,忽视生活的活水,忽视引导学生对生活的观察、认识、体验、积累、实践,抓住课内一小块,放弃课外一大片,那无疑是沙上建塔,底气极差,虽煞费苦心,但终难见效。"[①]陈剑华老师特别注重引导学生观察生活,不仅有观察技能的点拨,而且有大量观察实例的示范。如在第一部分"写作技法"中,首先强调的即"学会观察"。在第二部分"分类练习"中,通过"亲情驿站""人与自然""多彩校园""人在旅途""风土人情""故园之恋"等章节,陈剑华老师又给学生提供了自己多年来引导学生观察生活所积累的大量生动鲜活的实例。观察作为作文教学的导入契机和信息化的手段,它所输入的信息量大小和优劣,直接影响着写作的质量。在我看来,陈剑华老师强调学生要学会观察周围人物、环境、场景,其实是在培养学生热爱生活、细心感悟、体验生活的态度;是在培养学生善于捕捉新奇事物,勤于积累习作素材的良好习惯;是在发掘学生多角度观察智能、视觉空间智能、自我认识智能等多元智能。

二、注重引导学生思考生活

生活是作文的源泉和土壤,没有丰富的生活内容,哪会有内容丰富的作文?没有真实的生活体验,如何写出富有真情实感的文章?不少老师深谙个中之道,但陈剑华老师又多走了一步,他不仅注重引导学生观察生活,而且注重引导学生思考生活。这种思考大体通过四种形式的对话进行。一是与自然对话,如第二部分的"人与自然"。二是与生活对话,如第二部分的"亲情驿站""多彩校园""人在旅途""风土人情""青春物语"等。三是与文学作品对话,如第二部分的"读书三味""童话世界"等。四是与自我心灵的对话,如第二部分的"真我风采""心灵日记""故园之恋"等。

---

① 于漪:《于漪文集》,济南:山东教育出版社,2001:256。

如果陈剑华老师注重引导学生观察生活，着力点是引导学生积累"生活场景"的话，那么，陈剑华老师注重引导学生思考生活，着力点则是引导学生积累"内生活"或"心理生活"。积累"内生活"或"心理生活"，即注重积累对生活个性化的感悟、品味以及感情。文贵乎情，情则贵乎真。有情不真，索然寡味；但真而不深，又难以叩击人心。在陈剑华老师给学生提供的大量鲜活的作文教学案例中，注重引导学生积累"内生活"或"心理生活"的例子比比皆是。如"亲情驿站"一章中，提供了这样的示例：母亲和"我"走在马路上，原本"我"在左，母亲在右，母亲却以接"我"手中袋子为由，绕行到左边。思考母亲这个细节，"我"悟出走在马路上，左边的人永远比右边的人危险。关注母亲平凡举动是积累"生活场景"，而"我"对母亲平凡举动的体味、认识，则是积累"心理生活"。这种"心理生活"阅历越多，想必写出的作文也会情真、情深，感动人、打动人。

三、注重引导学生表达生活

目前普遍存在着"教师命题—教师指导—学生作文—教师批改—教师讲评"这一作文教学范式，但从陈剑华老师《中考作文实用技法》一书中不难发现，陈剑华老师实施生活化作文教学的基本路径是：关注生活—积累生活—感悟生活—表达生活。

尽管应试作文也强调表达生活，但应试作文着力点在于"应试套路"的内化，而陈剑华老师注重的则是"原型"体验，个性思考，真实表达。学生在观察生活的基础上，思考生活，以真诚的情感面对生活，通过对原生态客观生活的审视、感悟和评价，形成真情，再借助一定的写作技巧将这种真情传达给读者。我之愚见，陈剑华老师这种生活化作文教学是符合学生写作规律的，学生在日常生活中积累了"原型"体验，而作文只不过是唤醒这些体验，激活心底情绪，使之与读者分享而已。所以，当我们读到陈剑华老师第一部分第四章"学会构思"，第五章"学会表达"的时候，不要误以为《中考作文实用技法》仅仅是一本"应试作文"指导书，因为陈剑华老师的着力点不是仅仅从写作技巧这个维度来训练学生，而是引导学生面对真实的生活，深入思考生活，在此基础上诚实地写作，有技巧地写作。或许在陈剑华老师看来，技巧固然重要，但生活和思想是前提条件，没有生活和思想的积累，再多技巧，也如无米之炊。

当然，这本书也有不尽完美的地方。如作为一本学生中考作文指导书，技法指导可以巧一点，更有创意一些；"成长岁月"的内容体系可以精一点，归类可以更严谨一些。

叶圣陶先生曾说："生活犹如源泉，文章犹如溪流，泉源丰盈，溪流自然活泼泼地昼夜不息。要把生活与作文结合起来，一定要把学生引向生活的光明之路。"[1]陈剑华老师的《中考作文实用技法》所躬身践行，不懈探索，执着追求的也许正是"把生活与作文结合""把学生引向生活的光明之路"吧。

真心期盼陈剑华老师的这本书能有"山中一夜雨，树杪百重泉"[2]的收获。

是为序。

茹清平[3]

2016年元月1日

---

[1] 叶圣陶：《叶圣陶语文教育论集》，北京：教育科学出版社，1998：359。

[2] 王维：《送梓州李使君》。

[3] 茹清平，特级教师，全国优秀语文教师，深圳市南山区教科中心中学语文教研员。

目录

Contents

第一部分　写作技法

第一章　学会观察 ········· **002**
一、人物观察 ········· 002
二、环境观察 ········· 004
三、场景观察 ········· 006

第二章　学会思维 ········· **007**
一、学会观察与思考生活 ········· 008
　（一）生活需要观察，于细微处可见精神 ········· 008
　（二）生活需要感悟，一切景语皆情语 ········· 009
二、学会联想与想象 ········· 010
三、学会发散性思维 ········· 012
　（一）从审题的角度进行发散性思维 ········· 012
　（二）从活动的角度进行发散性思维训练 ········· 013

第三章　学会审题 ········· **015**
一、捕捉题眼法 ········· 015
二、虚实转换法 ········· 016
　（一）化虚为实 ········· 016
　（二）由实及虚 ········· 016
三、归纳提炼法 ········· 017

四、添加要素法 ·· 018
五、逆向思维法 ·· 019
六、联想推理法 ·· 020
七、点面结合法 ·· 022
八、由表及里法 ·· 023

第四章 学会构思 ·· 025

一、注重选材 ·· 026
 （一）选材要典型 ······································ 026
 （二）选材要新颖 ······································ 027
 （三）选材要真实 ······································ 028
 （四）选材要以小见大 ································ 029

二、精准立意 ·· 031
 （一）立意要准确 ······································ 031
 （二）立意要新颖 ······································ 032
 （三）立意要深刻 ······································ 032

三、巧设结构 ·· 032
 （一）纵向叙述式 ······································ 033
 （二）横向组合式 ······································ 035
 （三）总分相照式 ······································ 039
 （四）抑扬转合式 ······································ 040

四、注重头尾 ·· 041
 （一）如何开头 ·· 041
 （二）如何结尾 ·· 045

五、讲究技法 ·· 050
 （一）设置悬念 ·· 050
 （二）巧生波澜 ·· 052
 （三）穿插片段 ·· 052
 （四）借景抒情 ·· 057

第五章　学会表达 ··· 059
一、善用描写 ··· 059
二、巧用修辞 ··· 061
三、变化句式 ··· 062
四、活用词语 ··· 064
五、引用诗文 ··· 066

第二部分　分类练习

一、成长岁月 ··· 070
【写作指导】··· 070
　　（一）选材要精练 ····································· 070
　　（二）结构要完整 ····································· 072
　　（三）注意开头结尾 ··································· 073
【提纲示例】··· 075
【范文引路】··· 076
　　育才，我的成长之所 ··································· 076
　　风雨过后，定有美丽的彩虹 ····························· 078
　　童年的气球 ··· 079
　　我又长大了一岁 ····································· 081

二、亲情驿站 ··· 083
【写作指导】··· 083
　　（一）要选择典型材料来写 ····························· 083
　　（二）要善于以小见大 ································· 084
　　（三）要注意穿插抒情、描写或议论 ····················· 084

- 【提纲示例】 086
- 【范文引路】 086
  - 母爱是条永流不息的小河 086
  - 我的母亲 088
  - 母亲就是一棵大树 090
  - 我的父亲 092

三、真我风采 095
- 【写作指导】 095
  - （一）选好材料 095
  - （二）写好细节 097
- 【提纲示例】 098
- 【范文引路】 099
  - 别样的我 099
  - 我的理想，父亲的愿望 101
  - 自题小像 102
  - 向日葵盛开的季节 104

四、人与自然 106
- 【写作指导】 106
  - （一）选择主题，确立中心 106
  - （二）巧妙构思，以情动人 108
  - （三）对比反衬，生动描绘 109
- 【提纲示例】 109
- 【范文引路】 110
  - 春天的赞歌 110
  - 感谢自然 112
  - 蟋蟀的故事 113
  - 再见了，曾经的美丽 114

五、读书三味 … 117
【写作指导】 … 117
- （一）概述内容 … 117
- （二）亮明观点 … 118
- （三）展开论述 … 118
- （四）归纳总结 … 119

【提纲示例】 … 119
【范文引路】 … 120
- 今天，我们该怎样做学生 … 120
- 生命的意义 … 121
- 无价的收获 … 123
- 勤奋是制胜的法宝 … 125

六、多彩校园 … 127
【写作指导】 … 127
- （一）选材要新颖典型 … 127
- （二）立意要深刻 … 130
- （三）结构要精巧 … 131
- （四）手法要多样 … 131

【提纲示例】 … 132
【范文引路】 … 132
- 雨外的笑颜 … 132
- 瞧瞧班里的那些男生 … 134
- 我班的"包租婆" … 136
- 我眼中的育才 … 138

七、人在旅途 … 140
【写作指导】 … 140
- （一）要有一定的顺序 … 140
- （二）突出重点 … 141

（三）写出新意 ··· 141
　　（四）穿插抒情、描写 ··································· 142
【提纲示例】 ··· 143
【范文引路】 ··· 143
　　阿木尔的冬天 ··· 143
　　别样漓江 ··· 146
　　草堂，跨越千年的对话 ······························· 147
　　茶马古道 ··· 149

八、风土人情 ··· 152
【写作指导】 ··· 152
　　（一）写出当地风俗特点 ······························ 152
　　（二）分清层次，突出重点 ··························· 153
　　（三）写出独特的感受 ·································· 154
【提纲示例】 ··· 154
【范文引路】 ··· 155
　　北国滋味 ··· 155
　　春节，在深圳 ··· 157
　　家乡的小吃 ··· 159
　　会稽印象 ··· 160

九、故园之恋 ··· 163
【写作指导】 ··· 163
　　（一）注重选材 ··· 163
　　（二）讲究文采 ··· 165
【提纲示例】 ··· 166
【范文引路】 ··· 167
　　凝聚在故乡的爱 ·· 167
　　水墨故乡 ··· 169
　　故乡之冬 ··· 170

难忘家乡的那片绿 …………………………………… 172

十、生活随笔 …………………………………………… 174
【写作指导】 ……………………………………………… 174
　　（一）选择生活中的典型材料 ……………………… 174
　　（二）巧妙安排记叙顺序 …………………………… 175
　　（三）写出心中的感悟 ……………………………… 176
【提纲示例】 ……………………………………………… 177
【范文引路】 ……………………………………………… 177
　　阿燕，我的保姆 …………………………………… 177
　　炒股 ………………………………………………… 179
　　第一次采访 ………………………………………… 181
　　我家的"关羽" …………………………………… 183

十一、青春物语 ………………………………………… 185
【写作指导】 ……………………………………………… 185
　　（一）精心选材 ……………………………………… 185
　　（二）巧妙构思 ……………………………………… 188
【提纲示例】 ……………………………………………… 189
【范文引路】 ……………………………………………… 189
　　人生就是一种试验 ………………………………… 189
　　生命的勇气 ………………………………………… 191
　　童年，那棵杏树 …………………………………… 193
　　恋爱这事儿 ………………………………………… 195

十二、心灵日记 ………………………………………… 197
【写作指导】 ……………………………………………… 197
　　（一）选材要小 ……………………………………… 197
　　（二）感悟要深 ……………………………………… 198
【提纲示例】 ……………………………………………… 200

7

【范文引路】·································· 200
    我挚爱的小提琴···························· 200
    草房子···································· 202
    荡涤心灵·································· 204
    我是一片泥土······························ 205

十三、想象作文······························ 207
【写作指导】·································· 207
    （一）想象要合理——设计一个合理的情节···· 207
    （二）想象要丰富——设计一个矛盾冲突······ 207
    （三）想象要完整——安排一个合理的结局···· 207
【提纲示例】·································· 210
【范文引路】·································· 211
    流行与经典的官司·························· 211
    葛朗台新事································ 213
    雾霾在人间································ 215
    一片树叶·································· 217

十四、童话世界······························ 219
【写作指导】·································· 219
    （一）安排线索，串联角色·················· 219
    （二）构思情节，反映生活·················· 220
    （三）寄寓道理，拓展引申·················· 221
【提纲示例】·································· 221
【范文引路】·································· 222
    鸟和鱼的爱情······························ 222
    多嘴鸭···································· 225
    三副眼镜的故事···························· 227
    留住青春的秘籍···························· 228

后记·· 233

第一部分

写作技法

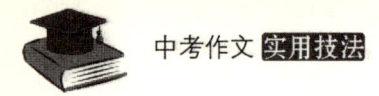

第一章　学会观察

写好作文的第一要素，是观察。古人云："五官生五觉，五觉出文章。"充分调动人体的感觉器官去观察事物的性质与特点，写起文章来才会做到胸中有百万雄兵。

《世说新语》里曾记载这样一件事：谢安一家都会诗文。在一个寒冷的下雪天，谢安把家中的年轻人召集在一起谈诗论文。屋外，雪忽然间下得紧了。谢安见了，高兴地问："大雪纷纷何所似？"他的侄儿胡儿立即答道："撒盐空中差可拟。"意思是和把盐洒在空中差不多。他的侄女谢道韫吟咏道："未若柳絮因风起。"意思是不如比作风把柳絮吹得满天飞舞更好。谢安一听，高兴得大笑了起来，赞扬谢道韫才思过人。

这个故事告诉我们，同样一种物体，不同的人去观察，会有不同的体会。谁观察得更细致，谁就体会得更深刻。

与走马观花式的随意浏览不同，观察是有目的的认知活动。根据观察的不同对象，可以把观察分为人物观察、环境观察和场景观察三种形式。

一、人物观察

人物观察是以人物为核心的观察活动，按照时间长短，可以分为即时观察和长期观察两个部分。即时观察是指在特定场景下产生的随意活动，具有即时性和随机性。这种观察要求写作者具有较高的观察能力和概括能力。对人物的观察主要包括外貌、动作、语言、神态、心理等方面。鲁迅先生在《藤野先生》一文中是这样描写他第一次见到藤野先生时的情景的："其时进来的是一个黑瘦的先生，八字须，戴着眼镜，挟着一叠大大小小的书。一将书放在讲台上，便用了缓慢而很有顿挫的声调，向学生介绍自己道：'我就是叫做藤野严九郎的……'"在这段文字中，鲁迅先生通过对人物的外貌、动作和语言的描写，寥寥数笔，就把对藤野先生的第一印象——质朴这个特点表达了出来，令人印象深刻。

朱自清的散文《背影》，之所以能够打动人心，其中一个重要的因素就是对父亲买橘子这一片段的描写十分生动：

> 我说道："爸爸，你走吧。"他往车外看了看说："我买几个橘子去。你就在此地，不要走动。"我看那边月台的栅栏外有几个卖东西的等着顾客。走到那边月台，须穿过铁道，须跳下去又爬上去。父亲是一个胖子，走过去自然要费事些。我本来要去的，他不肯，只好让他去。我看见他戴着黑布小帽，穿着黑布大马褂，深青布棉袍，蹒跚地走到铁道边，慢慢探身下去，尚不大难。可是他穿过铁道，要爬上那边月台，就不容易了。他用两手攀着上面，两脚再向上缩；他肥胖的身子向左微倾，显出努力的样子，这时我看见他的背影，我的泪很快地流下来了。我赶紧拭干了泪。怕他看见，也怕别人看见。我再向外看时，他已抱了朱红的橘子往回走了。过铁道时，他先将橘子散放在地上，自己慢慢爬下，再抱起橘子走。到这边时，我赶紧去搀他。他和我走到车上，将橘子一股脑儿放在我的皮大衣上。于是扑扑衣上的泥土，心里很轻松似的。过一会说："我走了。到那边来信！"我望着他走出去。他走了几步，回头看见我，说："进去吧，里边没人。"等他的背影混入来来往往的人里，再找不着了，我便进来坐下，我的眼泪又来了。

这段文字主要以描写父亲的动作为主，兼以外貌和神态描写。如果说"戴着黑布小帽，穿着黑布大马褂，深青布棉袍，蹒跚地走到铁道边……"等句只是让人看到了父亲憨厚朴实的形象的话，那么"他用两手攀着上面，两脚再向上缩；他肥胖的身子向左微倾，显出努力的样子"和"过铁道时，他先将橘子散放在地上，自己慢慢爬下，再抱起橘子走。到这边时，我赶紧去搀他……"这些句子就足以打动人心了。在广漠的人海里，看到父亲这样一个平凡人的背影，一个凝聚了天底下万千父亲对儿女的质朴的爱，也凝聚了万千儿女对父亲的心疼与感伤的背影，谁不会为之感慨唏嘘呢！这样的细节，怎能不激起读者的共鸣？

语言与心理的观察也是人物观察的重要内容。人们常说的"察言观色"，说的也是这个意思。老舍是我国现代著名的作家，被誉为"人民艺术家"。他是北京人,他的作品大都取材于日常生活,他所描写的自然风光和世态人情,运用的群众口语,都呈现出浓郁的"北京味"。优秀长篇小说《骆驼祥子》《四世同堂》便是描写北京市民生活的代表作。

在谈到自己的创作时,老舍先生曾说:"我自己是寒苦出身,所以对苦人有很深的同情。我的职业虽使我老在知识分子圈子里转,可是我的朋友并不都是教授和学者。打拳的,卖唱的,洋车夫,也是我的朋友。与苦人们来往,我并不只和他们坐坐茶馆,偷偷地把他们的动作与谈论用小本儿记下来。我没做过那样的事。反之,在我与他们来往的时候,我并没有'处心积虑'地要观察什么的念头,而只是要交朋友。他们帮我的忙,我也帮他们的忙,他们来给我祝寿,我也去给他们贺喜,当他们生娃娃或娶媳妇的时节。这样,我理会了他们的心态,而不是仅仅知道他们的生活状况。"

他在谈到自己的名作《茶馆》的创作时,曾写下过这样一段话:"茶馆是三教九流会面之处,可以容纳各色人物,一个大茶馆就是一个小社会。这出戏虽只有三幕,可是写了五十来年的变迁。在这些变迁里,没法子躲开政治问题。可是,我不熟悉政治舞台上的高官大人,没法子描写他们的促进或促退。我也不十分懂政治。我只认识一些小人物。这些人物是经常下茶馆的。那么,我要是把他们集合到一个茶馆里,用他们生活上的变迁反映社会的变迁,不就侧面地透露出一些政治消息吗?"显然,这部作品的创作素材,不是来自于上层社会,更多的是来自于普通百姓的日常生活,来自于作者对茶馆里各色人物的细致观察。

《三国演义》中有一个名叫杨修的人,是曹操手下的一个谋士。由于此人头脑极为聪明,尤其善于察言观色,因此得到了曹操的赏识。但此人后来聪明过了头,因为卷入了曹操的家事并洞察了曹操想撤兵的心思而招来杀身之祸,真是聪明反被聪明误。

二、环境观察

《四世同堂》中一段对冬日里北平狂风的描述,是这样的:

刮了一夜的狂风。那几乎不是风,而是要一下子便把地面的一切扫净了的灾患。天在日落的时候已经变得很厚很低很黄，一阵阵深黄色的"沙云"在上面流动，发出使人颤抖的冷气。日落了，昏黄的天空变成黑的，很黑，黑得可怕。高处的路灯像矮了好些，灯光在颤抖。上面的沙云由流动变为飞驰，天空发出了响声，像一群疾行的鬼打着胡哨。树枝儿开始摆动。远处的车声与叫卖声忽然地来到，又忽然地走开。星露出一两个来，又忽然地藏起来。一切静寂。忽然地，门、窗、树木，一齐响起来，风由上面，由侧面，由下面，带着将被杀的猪的狂叫，带着黄沙黑土与鸡毛破纸，扫袭着空中与地上。灯灭了，窗户打开，墙在颤，一切都混乱，动摇，天要落下来，地要翻上去。人的心都缩紧，盆水立刻浮了一层冰。北平仿佛失去了坚厚的城墙，而与荒沙大漠打成了一片。世界上只有飞沙与寒气的狂舞，人失去控制自然的力量，连猛犬也不敢叫一声。

这便是在全世界都出了名的北平冬日狂风，它相当于今天所谓的"沙尘暴"。旧时差不多年年造访北平城，其来势之猛世所罕见，暴虐恣肆，凌驾一切。仅通过作家的此等摹写，读者也少不了身临其境之感。老舍在他另外一部小说里，说过一句十分俏皮的话语："北平除了风没有硬东西。"那话是在他反省北平的柔韧文化时候说的，中肯且精辟。要说起来，北平老市民们的性情中也的确存着些处乱不惊的态度，你想，年年岁岁让这样的狂风飞沙"扫袭"着的人们，胸臆间是不是总会落下些隐忍的心绪呢。

朱自清的《春》是环境观察的名篇。春的美景、春的气息、春的声响，不知拨动过多少人的心弦。文中的"春草图""春花图""春风图""春雨图""迎春图"等美景，都一一通过作者的生花妙笔，抓住关键词语，生动形象地表现了出来。例如：

　　小草偷偷地从土里钻出来，嫩嫩的，绿绿的。园子里，田野里，瞧去，一大片一大片满是的。坐着，躺着，打两个滚，踢几脚球，赛几趟跑，捉几回迷藏。风轻悄悄的，草软绵绵的。

这段语句运用了拟人的手法，抓住"偷""钻"等词语，生动形象地写出了小草破土而出的情态。作者把春草的萌动和对春天到来时的惊喜表现得极为传神。作者又抓住"坐着，躺着，打两个滚，踢几脚球，赛几趟跑，捉几回迷藏"等人物活动的情景，写出了春天到来后生机勃勃的景象和人们喜迎春天的喜悦之情。

再如：

> 野花遍地是：杂样儿，有名字的，散在草丛里，像眼睛，像星星，还眨呀眨的。

这一段运用了拟人和比喻的手法，写出了春天来临后野花盛开的热闹场景，节奏轻快，语言活泼，充满了欣喜之情。"像眼睛，像星星，还眨呀眨的"这一句写得尤为生动，体现出了野花的活泼神态。

三、场景观察

场景观察不同于环境观察，前者是动态的场景，后者一般是指静态的环境。写好场景片段，对于提高学生的现场观察能力和书面表达能力都有很大的益处。写好场景观察，关键在于两点：一是抓住关键词；二是运用恰当的修辞手法。

冯骥才在《俗世奇人》中描绘了众多的底层市民的形象，生动活泼，充满民间生活情调。在《泥人张》这篇文章中，有一段精彩的场景描写：

> 只见人家泥人张听赛没听，左手伸到桌子下边，打鞋底下抠下一块泥巴。右手依然端杯饮酒，眼睛也只瞅着桌上的酒菜，这左手便摆弄起这团泥巴来；几个手指飞快捏弄，比变戏法的刘秃子的手还灵巧。海张五那边还在不停地找乐子，泥人张这边肯定把那些话在他手里这团泥上全找回来了。随后手一停，他把这泥团往桌上"叭"地一戳，起身去柜台结账。

作者抓住一个"找"字，用略带夸张的手法，把"泥人张"以其人之道还治其人之身的机智展现得淋漓尽致。"找"字还写出了"泥人张"的机智头脑和从容不迫的心态，如果换作"捏、揉"等词，就体现不出这样的效果了。

《孔乙己》这篇小说中也有很多精彩的场景描写，例如：

> 孔乙己喝过半碗酒，涨红的脸色渐渐复了原，旁人便又问道，"孔乙己，你当真认识字么？"孔乙己看着问他的人，显出不屑置辩的神气。他们便接着说道，"你怎的连半个秀才也捞不到呢？"孔乙己立刻显出颓唐不安模样，脸上笼上了一层灰色，嘴里说些话；这回可是全是之乎者也之类，一些不懂了。在这时候，众人也都哄笑起来：店内外充满了快活的空气。

这段描写文字不多，却抓住了表现人物形象的两个关键句子来写。第一，孔乙己读过书，却会引来"你当真认识字么"的疑问，这显然是顾客们对孔乙己的奚落；第二，"你怎的连半个秀才也捞不到呢？"这句话就像一把利剑，直刺孔乙己最为脆弱的内心。顾客们对孔乙己的奚落已转化为嘲笑。孔乙己在不得已中，只能说出一些之乎者也之类的话语，来维护自己的尊严。"孔乙己立刻显出颓唐不安模样，脸上笼上了一层灰色"这一句，运用了对比的表现手法，写出了孔乙己出场前后复杂的内心活动，生动地写出了孔乙己的悲剧形象。

王国维在《人间词话》中亦提到：一切景语皆情语。只有对生活进行深入的观察，才会有丰富的写作材料，才会获得深刻的感悟，写出的文章才会动人心魄。

第二章　学会思维

《新课标》指出："在表达实践中发展形象思维和逻辑思维，发展创造性思维。"学会思维，是写好作文的重要一环。

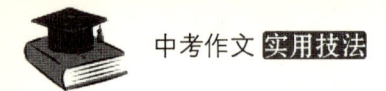

一、学会观察与思考生活

（一）生活需要观察，于细微处可见精神

写作的源泉是生活，无论是写实的文章，还是虚构的文章，都离不开生活这个基础。相对于成人而言，学生的生活简单而有意义。上学期间，他们以校园生活为主，家庭、社会生活为辅。假期，则相反。无论是哪种生活环境，只要用心观察，就能发现其中的闪光点。学生的生活天真烂漫，充满乐趣，是一笔丰富的写作矿藏。只要用心观察，哪怕是再细微的事，也可发出夺目的光辉。

例如，深圳市育才三中王蔓妮同学在《心中的风景》一文中，以生动的笔调写下了这样一幅场景：

"姐，快看！梅花！"前面传来妹妹的喊叫声。抬眼望去，一抹红色显现在雪地里，傲然独立，却不显一丝突兀。它就这样坚强地伫立在那里，迎着风雪生长着。每一朵花瓣上都落满了洁白的雪花，在冬阳的照射下慢慢化成水，在花瓣上来回滚动。令我肃然起敬的是，这看似弱不禁风的梅花，可以在如此严寒的环境中开放，放射出夺目的光芒。

我看着梅花，不禁生出些许感动：梅花虽生于冬盛于冬，但它从没有向这严酷的季节低头，似乎愈寒冷愈美艳。许多人都不相信花能开于冬季，可梅花却用行动做到了。它顶风斗雪，不轻言失败，不娇嫩，不屈服，坚强地屹立在风雪之中。

"梅花有一身傲骨，但不骄傲。正因为这一点，人们才喜欢用梅花来比喻那种坚强且有气节的人。"妈妈的声音在我耳边响起，"梅花也是'岁寒三友'之一。很多人以梅花为榜样，立志做一个不屈于现状的人。我希望你们也能有同梅花一样的品质"。妈妈的话让我心头为之一振，我一瞬间懂得了妈妈带我们来这儿的初衷：她希望我们做一个坚强不屈、有独立人格的人，不要因为害怕困难而放弃奋斗，更不要因为追求名利而忘记自己做人的本心。

严冬依旧，但那一抹梅红却久久不能消散。

这段文字写得很优美，也很深刻。作者抓住梅花的"傲雪之美"，展开细致的观察和深入的思考，为读者呈现出一幅情景交融的优美图画。在写景之后，再穿插母亲的话引发进一步思考，既有对梅花品格的赞美，也有对做人准则的深思。显然，作者是有感而发的。作者的情感来源于何处？来源于对生活的细致观察。正所谓，于细微处可见精神。观察生活中的细节，是激发写作灵感的重要一步。

（二）生活需要感悟，一切景语皆情语

要充分激发学生的写作灵感，提高学生的写作能力，光靠简单的观察是不够的，还必须做到感悟生活。郁达夫说过："一粒沙里见世界，半瓣花上说人情。"这是对感悟生活的生动诠释。它深刻地揭示了生活需要感悟的重要性。而感悟生活，不是某种方法，而是一种心路历程。只有对生活进行深入的思考，才会得到更深的感悟。一位赴贵州山区参加手拉手活动的同学通过自己的细心观察和思考，发出了这样的感慨：

这将是我永远不会忘记，也不愿意忘记的地方……也许真的像人们所说的那样：没有在地狱里待过的人们，永远也不会向往着天堂。

一名同学在登山途中因天气原因想退出，但在看到一名四五岁的小女孩勇敢攀爬的举动后被深深触动，毅然决定继续攀爬。他在文章中写道：

她神情非常认真，小脸也涨得通红，一步一步地跨上去。她妈妈关心地问："累了吧？我背你上去吧！""不！我要自己上山顶去！"她奶声奶气地回答，但语气却异常坚定。这时我早已是羞得无地自容了，一个小孩都懂得坚持，而我呢？于是我立刻站起来，加快了步伐，向前面的同学发起追赶……

如果在胜利前却步，往往只会拥抱失败；如果在困难时坚持，常常会获得成功。

没有刻骨铭心的感受，没有对生活的深入思考，就不会发出这样深刻的感悟。

没有深刻的感悟，就不会产生强烈的、不得不发的写作冲动。可以说，生活不仅是写作内容的源泉，也是写作动力的源泉。

二、学会联想与想象

学会联想与想象是提高写作能力的一个重要内容。

联想是由此物联想到彼物的思维方式。这也是日常生活中人们经常运用的习惯性思维方式。例如，看到人家面带微笑，便联想到此人有好事降临；看到人家面色凝重，便联想到此人遇到了困难……在写作中，我们不仅要习惯性地运用联想，而且要主动去联想。如此，文章才会更有深意。

例如，《紫藤萝瀑布》这篇文章，作者由眼前茂盛的紫藤萝，联想到对生命的感慨。作者由花及人，写道：花和人都会遇到各种各样的不幸，但生命的长河是无止境的。指出人生总会遭遇各种各样的不幸，但只要不怕挫折，保持坚定的信念，生活就会拥有无限的宽度。

《童趣》一文中，作者的联想可以说发挥到了极点。由蚊子联想到白鹤，由烟雾联想到青云，由虫草联想到树林，由虫蚁联想到野兽，由癞蛤蟆联想到庞然大物，等等，令人顿觉妙趣横生，回味无穷。人们读后，最佩服的莫过于作者丰富的联想能力了。

想象是创造出来的形象，具有鲜明的独创性特征。1983年高考作文《挖井》，题目要求如下：

（一）仔细观察下面这幅漫画，写一段说明性文字，向没有看过这幅画的人介绍画面内容，字数在300字以内。不要写成诗歌或抒情散文。

（二）根据上面这幅漫画的内容，自拟题目，写一篇议论文，字数在800字以内。不要写成诗歌或抒情散文。

这下面没有水，再换个地方挖！

这是一道看图作文题，没有丰富而合理的想象，是不可能写好这篇作文的。仔细看图，便不难理解其中的含义：这个人做事缺乏恒心，遇到困难浅尝辄止，没有坚持到底，导致一再失败。

　　这道作文题有两项任务：一是概括图意，二是写一篇作文。这两项任务都有一个共同要求：发挥想象。不发挥想象，就无法完成任务。

　　四川一位考生根据这幅图发挥想象，以《驽马十驾，功在不舍》为题写下了一篇文章：

　　　　看了上面那幅漫画，揣摩一番，觉得那拨掘井人挺有意思。再一细想，掘井人为何失败呢？原来是干劲有余，恒心不足。

　　　　世上的事情往往是这样：只要你立下了雄心而又脚踏实地去干，总能干成一点事情。但这脚踏实地却包含了多方面的因素，重要的不外乎几条：一是面对现实，雄心不能脱离客观实际；二是要有干劲，不做，雄心就只是空中楼阁；三是要有恒心，这是重要的一条，也是常被人遗忘的一条，特别是血气方刚的青年人。

　　　　不是吗？在现今社会里，哪个青年没有一番雄心？这个想当作家，那个要自修英文……然而称心如意者有几个？究其原因，大多是缺乏恒心。恒心之重要，于此可见一斑。

　　　　其实，恒心之重要，古人早有精辟论述。战国时大思想家荀况就曾说过："骐骥一跃，不能十步；驽马十驾，功在不舍。"其意思是说，千里马一跳，也跳不了10步远，劣马走10天，也能达到千里远的地方。它的成功就在于走个不停。这千古名言，也被诸多史实证明：美国大发明家爱迪生一生中有1000多项造福人类的发明，其中的白炽灯至今仍在沿用。当初爱迪生为找白炽灯的灯丝材料，经过了1000多次实验，淘汰了上千种材料，最后才选中了钨丝。试想，倘若爱迪生无恒心，能进行这1000多次实验吗？无独有偶，药品"六六六"据说也是经历了666次的实验才制成的，故发明者命之为"六六六"。倘若此发明者在第665次实验时就中断了，还会有"六六六"吗？

　　　　成大事者皆有志。大多数青年是看到了这一点的。然而，成大事者亦是有恒心之人,这一点青年朋友们却往往忽视。在当今四化建设中,需要有知识、有文化、有理想、守纪律的新一代。青年朋友们,你们都想为祖国崛起而掌握知识,这我理解,因为我也是你们中的一员,但这需要有干劲和恒心。我祝愿我们相会之时,都能自豪地谈起自己为祖国做出的贡献,而不要像那画上的人一样,半途而废无恒心,到头来,空悲切,白了少年头!

这篇文章论点鲜明,事例充分,联想丰富。作者由"挖井"一事联想开去,先后引用了爱迪生找白炽灯灯丝、"六六六"药品试验等事例,充分论证了做事要有恒心的观点。

三、学会发散性思维

学会运用发散性思维,对写好作文具有很重要的作用。所谓发散性思维,指的是在审题、立意、结构等环节中,进行多角度思考,选取最有创意的角度来写。

(一)从审题的角度进行发散性思维

运用发散性思维,多角度思考题目的含义,会给写作带来更多的灵感。例如,2009年兰州市中考作文题:

> 一次挫败的经历,一个难忘的胜利,一篇睿智的文章,一句善意的劝慰,一种特别的爱好……凡此种种,会使你的知识得以丰富,智慧得以增长,让你站上人生新的高地。请以"那一刻,我迈上了新台阶"为题,写一篇600字左右的文章。

这个题目的着眼点在于"那一刻",指的是在某一时刻在某方面获得了巨大的进步。什么时刻?我们不妨围绕这个中心去思考:在学习上遭遇了无数次挫折后,在某一刻获得了巨大的动力,从而发奋学习;在一次难忘的经历后,我对亲情的认识获得了巨大的升华;在一次户外实践遇险时,一个朋友向我伸出了援手，那一刻，我对"友谊"的理解迈上了一个新台阶；一次难忘的购物经历，让我对"诚信"这个词刻骨铭心，我的思想迈上了一个新台阶……

再如，2012年深圳市中考作文题：

> 你是挫折，为我的世界荡开圈圈涟漪；你是拼搏，为我的世界激起朵朵浪花；你是追梦，为我的世界犁出段段航程。你是呵护的春风，是关爱的雨露，是友善的阳光；你是思辨的春雨，是求索的夏风，是奉献的秋实，是感恩的冬雪……那些人，那些物，让我的世界变得如此亮丽。请以"我的世界因你而亮丽"为题，写一篇不少于600字，不超过900字的文章，除诗歌外，文体不限。

这个题目的着眼点在于对"你"这个字的定位，运用发散性思维展开思考，我们可以将"你"的含义无限拓展：可以指某个人——亲人、朋友、同学、路人；可以指某个物———本书、一双手套、一支钢笔、一件棉衣；可以指某种情感——一次鼓励、一次批评、一个拥抱、一个微笑；可以指某个事件——一次成功、一次失败、一次奋斗、一次顿悟……拓展思维角度，文章便会生机盎然。

（二）从活动的角度进行发散性思维训练

写作活动，仅仅停留在课堂，是得不到更大的发展的。如果利用好身边的资源，开展丰富多彩的活动，就能进一步拓宽视野，深化对生活的感悟，促进写作能力的提高。

例如，利用节假日，开展"登高""踏青"等活动，既有益身心，又增长认识。再如，参与针对青少年身心发展特点的话题讨论会，如"独生子女与父母如何相处""中学生改动校服为哪般""为什么在学习中找不到快乐""经典作品为何难敌流行文"等等。这些话题，既易引起广大中学生的兴趣，又有很强的现实意义。这些活动一旦开展起来，将会极大地提高学生的参与热情，也必将极大地促进学生发散性思维能力的提高。学生在写作时完全可以做到言之有物，有感而发，甚至是不得不发。

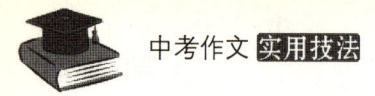

小俊同学参加了一场主题为"我们的秘密是否该和父母分享"的话题讨论后,以生动的笔调写下了以下一篇短文:

我曾有过一段不愉快的经历,最终选择了把"秘密"告诉父母。后来的事实证明,这个决定是正确的。

那是在六年级的下学期,当时学校要在每个班里选出一批"三好学生"予以表彰。对此,我原本是信心满满的,想着大家肯定会投我的票。但是,最终我的得票数却少得可怜,"三好学生"自然就落选了。这个结果,犹如一道晴天霹雳把我给打懵了。在极度的痛苦中,我却没有把这件事告诉父母,而是将它深埋在心底。

在此后的很长一段时间里,我做任何事情都是无精打采的。期末考试结束后,看着惨不忍睹的成绩单,我再也忍不住了,将久积心中的"秘密"向母亲哭诉了出来。

母亲听完以后,平静而又严肃地帮我分析了落选的原因,指出根本原因是我和同学之间的关系处理得不好。此后,母亲又告诉了我如何去与同学相处,如何给同学们留下好的印象等等。母亲的话,如同黑夜中的一盏明灯,给我指引了前进的方向,让我领悟到与同学友好相处的重要性。

这一次经历,让我懂得了一个道理:父母的经验对我们这些成长中的孩子来说是很宝贵的。所以直至现在,我总是乐于把自己拿不定主意的事情说出来与父母分享。在成长的历程中,我觉得有些"秘密"应该和父母分享,有些"秘密"则应该独自享受。但总体而言,我觉得大部分"秘密"还是应该和父母分享的。因为父母阅历较深,他们对问题的看法往往更为成熟。

我们的"秘密"是否该和父母分享?作者的观点十分明确,即有些"秘密"应该和父母分享,有些"秘密"则不应该和父母分享。但在遇到难以把握的问题时,必须要告诉父母,以获得更好的解决办法。是什么让作者突然之间写下了这些文字?是来自对生活的深刻感悟。而促使作者发出这感悟的,无疑是这次活动。著名特级教师于漪说过:"文章不应该是做出来的,挤出来的,而应该像汩汩的清泉从心坎里流出来的。心坎里的清泉来自何方？来自五光十色的生活。生活的源头活水流淌，笔下的文章就会生意盎然。"只有在生动活泼的生活体验中，学生才会取得收获，获得感悟，写出的文章才能感人肺腑。

第三章　学会审题

　　审清题意是写好作文的第一步。如何审清题意关系到作文的立意和选材，关系到作文的质量。这里，笔者为大家介绍八种常用的审题方法。

一、捕捉题眼法

　　捕捉题眼法指的是要抓住题目中最核心的词语——题眼，以确定写作内容的方法。抓住"题眼"审清题意，是写好作文的第一步。

　　在命题作文训练中，题目的设置各不相同，稍有不慎就有可能"误入歧途"。尽管很多地方要求作文不设审题障碍，但有些题目比较冗长，仍然难以把握要旨。有的虽然简短，却比较含蓄，令人捉摸不透。还有一些题目尽管通俗易懂，但如果没有抓住要点，也容易走题。

　　例如，2011年四川巴中中考作文题"你是我心中最美丽的风景"。粗略一看，这个题目的重点词有"你""我心中""最美丽""风景"等，词语众多，不容易抓住要点。通过找主干，不难发现这个题目的题眼是"你"。"你"指的是谁？这决定了写作的对象。这里的"你"，既可以是自然风景，也可以是某个人、某个物。只要是能带给自己美好感受的事物，都可以成为写作的对象。

　　又如，2012年，重庆市的中考作文题之一是一则命题作文"那件小事激励着我"。这个题目的题眼在于"小事"二字。要求考生回顾自己生活中的细节，选择一件让人受到激励的小事来写。如在一次公开课上，小芳的朗诵获得了老师的认可，从此信心大增。经过锲而不舍的学习与训练，小芳在学校朗诵比赛中获得了优异的成绩。

再如，2013年，福州市中考作文题"兴趣，是一种甜蜜的牵引"。这个题目的关键词比较多，有"兴趣""甜蜜""牵引"等。如果仔细推敲，我们不难发现，真正的题眼应该是"兴趣"这个词，要求考生写出某种突出的兴趣，以及它带来的有益引领。例如，出于对篮球的酷爱，小彬一改以往懒散的习惯，刻苦训练，在篮球比赛中取得了优异的成绩。在赞誉声中，小彬的自信心显著提升，学习也变得越来越积极，并在各方面取得了巨大的进步。

有些命题作文的题目重点词比较多，难以抓住要点，需要仔细思考，用画句子主干的方式找出中心词。

二、虚实转换法

（一）化虚为实

一些作文题目看上去比较虚，让人一时不知道要写什么。这种情况，需要运用化虚为实的方法，把比较抽象的内容具体化，用具体的事例来表达题目的主旨。

例如，2008年深圳市中考作文题"幸福的颜色"。这个题目相对比较抽象，具体要写什么内容，考生并不好掌握。如果运用化虚为实的方法，把题旨落到实处就好写了。"幸福的颜色"这个题目，我们可以理解为写一件让人感到幸福的事，这件事和某种颜色有关。例如，医生、消防员、邮递员、军人、警察等从事某种职业的人带给人的幸福感受的事；一件棉衣、一个水果、一幅画、一把伞等物品给人带来的幸福经历；红领巾街头劳动，白发苍苍的老人们守护家园等，这样一来，作文就有材料可写了。

再如，2011年山东枣庄市的中考作文题"原来，没那么简单"。这个作文题目相对较虚，需要考生仔细思考才能明确题意。运用化虚为实的方法，我们可以把它变为一件看似简单实则不简单的事来写。例如，第一次做菜、第一次骑车、养花、演讲、做卫生、办黑板报等，这些事情看起来很简单，做起来却不容易。化虚为实，作文就好写了。

（二）由实及虚

有些作文的题目比较实在，一看就明白，但要想写出一定的高度，还需要往虚里写，这叫"由实及虚"。

例如，2011年山东德州市的中考作文"风筝"。这个题目很实在，告诉了考生要写的对象——风筝。但如果仅仅写风筝的构造、外形、玩法等内容，未免有些单调。采用由实及虚的方法，我们可以做出以下不同的理解：青少年就像一只只风筝，只有在师长的指引下，才能飞得更高；我们就像一只只风筝，不管飞得多高，都离不开亲人和朋友的牵挂；我们的人生就像一只风筝，只有历经摔打，历经风雨，才能翱翔蓝天；我们的人生要想取得更大的成就，就不能只像风筝一样被人牵着走，要像雄鹰一样靠自己的努力展翅飞翔……文章不离开题目，又不拘泥于题目，由实及虚，层层深入，由此，文章的内涵会得到一个质的提升。

三、归纳提炼法

对于材料作文而言，提炼材料的主旨是写好作文的首要步骤。请看2009年河南省中考语文作文题目之一：

读下面材料，然后作文。

小姑娘把橘子皮剥去，看见里面有很多小瓣，就问："橘子，你为什么长这么多小瓣呢？""是为了让你能和大家一起分享啊。"橘子回答说。小姑娘又问苹果："苹果，你为什么没有长成小瓣呢？是为了让我一个人独吃吗？""不！"苹果回答，"是为了让你能够完整地把我奉献出去。"请根据材料寓意，任选一个角度作文，题目自拟。

这道作文题给出的材料，需要考生认真思考，提炼出材料的主旨。从不同角度思考，我们可以得出不同的结论：只有懂得分享的人，才能收获幸福；做一个懂得奉献的人，人生才更有意义；财富无论多少，都要学会关心他人……

再如，2010年云南曲靖市中考作文题：

一名画家小时候，兴趣非常广泛，样样都想拿第一，结果却一无所获。于是他的父亲拿来一个小漏斗和一捧玉米，当父亲抓起满满一把玉米粒放到漏斗里面时,玉米粒相互挤着,竟一粒也没有掉下来。父亲意味深长地对他说:"如果这个漏斗代表你,你每天都能做好一件事,那么每天你就会有一粒种子的收获和快乐。可是,当你想把所有的事情都挤到一起来做,反而连一粒种子也收获不到了。"

仔细思考这则材料要表达的意思,通过归纳提炼,我们可以获得如下理解:玉米粒代表每天要做的事,漏斗代表自己。于是我们能够得出如下理解:一个人只要专注做好一件事,就会获得成功和快乐。目标太多,往往适得其反,招致失败。

四、添加要素法

对于用词比较含蓄的命题作文或半命题作文而言,考生有时难以确定要写的内容。如果在题目中添加一些"要素",就能明确理解要写的内容。

例如,2011年上海市中考作文题"悄悄地提醒"。这个题目要写什么内容,让人一时难以捉摸。如果我们在这个题目上添加一些要素,就容易理解了。我们先思考一下:提醒什么?谁在提醒?为什么是悄悄地提醒?将这些内容添加在题目里,就好理解了。例如,"闹钟悄悄地提醒我要珍惜时间""妈妈悄悄地提醒我要学会做人""成绩悄悄地提醒我要努力学习""挫折悄悄地提醒我要懂得宽容"……如此一来,作文就有话可说了。

再如,2011年安徽芜湖市中考作文题:

> 在我们身边,有很多看似平凡其实并不平凡的人,如朝夕相处的亲人、传道授业的老师、情同手足的朋友……甚至清洁工、看门人和小商贩,他们没有特殊的身份、显赫的地位、伟大的事业,他们平凡普通,看似微不足道,如一粒尘埃,但在他们身上,我们却能看到世间的真善美,体会到一种不平凡的感情和力量。请以"并不平凡"为题目,写一篇作文。

审清这个题目,关键在"不平凡"这三个字上。从"并不平凡"这句话中，可以看出所要写作的对象本身是平凡的，但经过仔细观察，又能发现有他（它）的不平凡之处。因此，围绕"不平凡"这个主题，把生活中最平凡又最不平凡的人或物添加上去，就能把握好写作的对象，确定写作的中心。例如，从人物的角度思考，可以写"妈妈并不平凡""爸爸并不平凡""老师并不平凡""我并不平凡""他并不平凡"等；从物的角度思考，可以写"小草并不平凡""蚂蚁并不平凡""蜜蜂并不平凡"等；从哲理的角度思考，可以写"生命并不平凡""生活并不平凡""母爱并不平凡"等。

请看于佳鹭同学写的一则片段：

水，最平凡的是你，最不平凡的也是你。水在日常生活中随处可见，在有些地区却是最珍贵的资源。

水，最平静的是你，最不安的也是你。你平静时如"镜之新开而冷光之乍出于匣也"。但若是放到海上，你就卷起千层巨浪，任何力量也无法将你阻挡。

在这则片段中，作者选择了生活中常见的一种事物——水来写，既写出了水的平凡，也写出了水的不平凡，观点鲜明，极富哲理。

五、逆向思维法

在众多的作文题型中，有些题目看起来并不好下笔。例如，"一个平凡的人"这个文题，似乎是要重点写某个人的平凡之处，而平凡之处又太多，且没有什么特点。这样，文章就不好写了。这种情况，就需要运用逆向思维法。就"一个平凡的人"这个题目而言，倘若我们反其道而行之，重点写这个人的不平凡之处，从而突出他的平凡之中不平凡的特点，文章岂不是更有内涵吗？

再比如，2013年湖北省鄂州市的中考作文题：

古今中外，成大事者莫不胸襟开阔，气度恢宏。所谓"量小非君子，无度不丈夫"。他们"额上能跑马，肚里能撑船"，能够善待周围一切人，包括犯过错误的人、伤害过自己的人。有这样一个故事。德国大文学家歌德一次外出散步,在小路上迎面碰到一位曾对他的作品提出过严厉批评的评论家。这位评论家盛气凌人地对歌德说:"我从来不给傻子让路!"而歌德却答道:"而我正相反!"笑容可掬地为对方让路。歌德的忍让、机智和幽默不仅巧妙地维护了自己的尊严,而且避免了一场无谓的争吵。我们每一个人同他人发生矛盾,一般说来无非是细枝末节的小事,大家何不都宽容一些,大度一些?请以"善待他人"为话题写一篇作文。

这个题目同样可以采用逆向思维的方法进行审题:生活中,人们有时会遇到一些伤害过自己的人,很多人会用"君子报仇,十年不晚"这样的古训告诫自己牢记仇恨,还有的人会利用某些机会报复他人。孔子说过:"人非圣贤,孰能无过。"孟子也说过:"人恒过,然后能改。"生活中,每个人都有可能犯错误,如果牢牢抓住对方的错误不放,生活就会陷入一种相互报复的恶性循环之中。报复他人、牢记仇恨的做法,实际上是心胸狭隘的表现,是极不明智的生活态度。写作时,我们可以列举生活中恶意报复他人的突出事例,与宽容对待他人的做法进行对比,就会取得突出的效果。

六、联想推理法

运用联想推理法,可以让我们在复杂的材料中找到写作思路,解决难以下笔的问题。

例如,作家矛盾在他的散文《白杨礼赞》中,从白杨树的朴实风格、内在美,联想到中国共产党领导下的"北方的农民",守卫家乡的"哨兵",以及他们团结一致、坚持抗战,用血写出了新中国历史的革命精神和意志。作者在文中写道:

> 它没有婆娑的姿态,没有屈曲盘旋的虬枝。也许你要说它不美。如果美是专指"婆娑"或"旁逸斜出"之类而言,那么,白杨树算不得树中的好女子。但是它伟岸,正直,朴质,严肃,也不缺乏温和,更不用提它的坚强不屈与挺拔,它是树中的伟丈夫。当你在积雪初融的高原上走过,看见平坦的大地上傲然挺立这么一株或一排白杨树,难道你就只觉得它只是

树？难道你就不想到它的朴质，严肃，坚强不屈，至少也象征了北方的农民？难道你竟一点也不联想到，在敌后的广大土地上，到处有坚强不屈，就像这白杨树一样傲然挺立的守卫他们家乡的哨兵？难道你又不更远一点想到，这样枝枝叶叶靠紧团结，力求上进的白杨树，宛然象征了今天在华北平原纵横决荡，用血写出新中国历史的那种精神和意志？

作者连用四个反问句式，由树及人，层层联想，概括出了白杨的象征意义：高大挺拔的白杨树，象征着中国共产党及其领导下的广大军民，歌颂他们团结战斗、不屈不挠、坚持抗战到底的崇高精神和坚强意志。

上海市著名特级教师贾志敏老师在《贾老师教作文》一书中曾有一章《看图写话》的内容，这幅图描绘的是一个迟到的小学生因忘了带手帕被值日生批评的事。原题要求按照此图写一篇想象作文。

深圳市南山区育才学校的可心同学以《粗心的小明》为题，写了一篇想象作文：

小明是个粗心的孩子。有一次，他写了一篇作文，里面写到了一位"善良的老大娘"，却因为他的粗心，被写成了"善良的老大狼"——你说粗心不粗心。最近发生在学校里的一件事，让同学们再一次领教了他"粗心"的厉害。

这一天早上，小明正在睡懒觉。他睡啊睡啊，突然闹钟响起来了。他抬头一看："啊——7点50分了，快迟到了！"说时迟，那时快，他立刻翻身下床，洗脸、刷牙、穿衣……小明连早饭也来不及吃了，迅速冲出了家门。

走出家门没多久，他又"啊——"的一声叫了起来，原来他突然想起今天学校要检查手帕，便立刻冲回了家。一进家门，小明便打开衣柜，来不及细看，便从里面拿出一个白花花的东西塞进了口袋。

来到学校，已经开始早读了。小明正要往里冲，值日生小红拦住了他："等等——"小明疑惑地说："怎么了？"小红指了指门框上的牌子，对他说："检查手帕！"小明一听，笑着说："哦——原来是这个啊！我带着呢！"说完，他把头一扭，随手从口袋里掏出一个白花花的东西，得意地在小红的面前摇晃。小红一看惊呆了："哇——我见过很多手帕，还没见过这样高级的手帕呢！"小明一听，更得意了："告诉你吧！这是我妈昨晚从'沃尔玛'超市里买来的，还喷了我爸爸常用的古龙香水呢！不信你闻闻——"小红连忙往后退去说："要闻还是你自己闻吧！"小明扭过脸一看，立刻惊呆了——原来他带来的竟然是一只袜子！

班里的同学们见了，顿时笑翻了天。

经过这件事后，小明渐渐改正了粗心的毛病，再也不马虎了。

这篇文章语言生动诙谐，联想丰富，把一件看似简单的事情写得妙趣横生。小作者按照贾老师的提示，先举了两个例子来说明小明的粗心。接着，小作者写了小明起床时的慌乱场景，到校后被值日生拦住索要手帕时的得意之情，发现把袜子当成了手帕后的尴尬场面。这篇文章之所以写得生动有趣，与小作者丰富的联想是分不开的。

七、点面结合法

对于要求比较具体的题目，大多数学生容易入手。一些看上去比较大的题目，写起来就不大好把握了。这种情况下，需要运用点面结合的方法进行审题。

例如，2010年上海市中考作文题目"黑板上的记忆"。这个题目很贴近学生的生活，选材范围较广，可以写发生在校园里的各种记忆，包括师生情、同学情等。"记忆"是点，"校园生活"是面，考生应该抓住校园生活中的难忘的事情来写，但不要仅写课堂上的内容，更应该写师生之间、同学之间的点点滴滴。陈庭茂指出，这道题目并非是"难忘的一堂课"，更不是对"黑板上"内容的回忆。写作可以由"黑板上"的内容引申开来，文章的内容最好与"黑板上"有所关联，但又不局限于"黑板上"。考生可以将视野拓展到学校生活、家庭生活或社会生活的某一方面，重点放在"我的记忆"上。

再如，2011年福建宁德中考作文"校园里的记忆"。这个题目，面在"校园"，点在"记忆"，我们可以选取几项发生在师生之间、同学之间的难忘的事情来写，还有校园里的一草一木，一墙一角等，都是写作的好材料。请看以下一位学生的作文片段：

  春天是心灵悸动的时期，自然界万物复苏，生机勃勃。班里的几位骨干破天荒地决定每天放学练歌。虽然决定仓促，但是大家却满怀信心，用信念凝成一股劲。开始时，学习委员给大家分发歌词，上面标有男声和女声；一旁的副班长用班主任的手提电脑放音乐给大家熟悉。因为班主任不可能天天都等我们，于是平时几个爱玩手机的同学就奉献出自己的手机来放出微弱音乐。就这样，一直到了比赛的那一天，我们站在舞台上……
  "同一天空底下相关怀，这就是最好的未来。"体育馆里回荡着我们一起唱过的歌声。
  "加油，加油。"一声声助威回响在体育场。三月的天空并非那么晴朗，但是三月的我们要迎接初中生涯的第二场中考，那就是体育！瞧，那实心球区，第一个同学正在摆臂投球，第二个同学蹲着用干抹布擦球，后一个同学则是提着塑料桶来回捡球，大家配合得是那么的协调紧凑。长跑前，每个班都会有那么三三两两的同学为其他人发巧克力以补充能量。伴随着裁判员的哨声，一排运动员意气风发地离开起跑线。渐渐地，一条长龙涌动在四百米的赛道上。那是为中考奔跑，那是为青春而赛。
  一段歌声，一语呐喊，那些都是我们漫漫人生路上旖旎的风景。只有用心，细细品味，才能嚼出幸福的味道。

这段文字采用点面结合的方法，选取了校园里同学放歌的动人场景和中考前夕同学们刻苦训练的情形来写，事例真切，记叙生动，真正写出了校园里的深刻记忆。

八、由表及里法

中考作文以写记叙文为主，但不排除在记叙中展开议论、表达见解的文章。对于这类作文，我们可以采用由表及里，即透过表面看本质的方法进行审题。

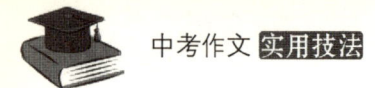

例如,2009年河北省中考作文题:

墙,是大家熟知的事物。生活中有物质的墙,如土墙、砖墙、人墙、篱笆墙、玻璃幕墙、花墙、城墙、防火墙、影壁墙等。也有精神的墙,如沟通的障碍、法规的限制、做人的原则、道德的底线等。筑一堵墙,可以多一分约束与安全;拆一堵墙,可以少一分封闭与隔膜。请以"说墙"或"墙的故事"为题目,写一篇文章。

这个题目说的是"墙"。初步看,可以写生活中的墙,如土墙、砖墙、人墙、篱笆墙、玻璃幕墙、花墙、城墙、防火墙、影壁墙等。这种"墙"广泛存在,可以就一堵墙的历史、传说展开记叙,抒发感情,也可以就这堵墙的建筑特点和艺术特点进行说明,像《中国石拱桥》一样介绍墙的特点。往深处想,我们还可以写一写精神的墙,如沟通的障碍、法规的限制、做人的原则、道德的底线等。这种墙,比现实世界的墙更为深刻,给人的影响力更大。我们可以由表及里,透过现象看本质。例如,人与人之间如果缺乏沟通,就容易形成一堵墙。这堵墙往往会给人们带来许多负面的影响。倘若能够拆掉这堵墙,人与人之间的关系就会更加和谐。

再如,2008年山东潍坊市的中考作文题目"画一扇窗给自己"。运用由表及里法展开思考,我们可以想见,这扇窗更多的是指心灵之窗。"画一扇窗给自己",就是呼唤人们自己给自己鼓励,给自己一个更加广阔的空间、更加远大的希望。

有位同学这样写道:

我是一名酷爱画画的汶川学生,无情的天灾将昔日的天府之国摧残得残垣断壁。地震过后,我已在教学楼下压了将近72个小时,此时的我,早已饥肠辘辘,头晕目眩。就在我将要放弃时,我的手触摸到了身边的画笔。顿时,我精神抖擞,在这狭小黑暗的空间内做起画来。"太黑了,画扇窗吧!"我想。

我在东北角上画了一扇窗。咦?那么多人干吗呢?刚想仔细瞧一瞧,一行醒目的大字映入眼帘:"众志成城,抗震救灾!"原来这是各省市在为我们捐款捐物,帮助我们渡过难关!我咬了咬嘴唇,"有这么多好心人在帮助我们,我一定不能放弃!"我想着。

我又在西南方向画了一扇窗。"一方有难,八方支援!"原来是港澳台同胞为我们送来了救援食物、消毒用具、先进的探测仪。"有这么多爱心人士在关爱着我们,我更不能放弃!"我咬紧牙关,想着。

拿起画笔,我又在正下方画了一扇窗。这是哪里?我对这陌生的国度、陌生的人群、陌生的面孔、陌生的物品感到惊奇。"Wenchuan,Come on! China, Come on!"噢!原来是世界各地的人民在对我们呼喊,让我们加油,让我们挺住!看,白皮肤、黄皮肤、黑皮肤的募捐者络绎不绝。我真正感受到了他们的热心与爱心。"有如此之多的人在关心着我们,一定要挺住!"我对自己说,"绝不能放弃!"

在不可抗拒的自然灾难面前,作者没有屈服,而是用手中的笔给自己画了一扇心灵的窗。透过这扇窗,作者看到了祖国各族人民伸出的救援之手,看到了世界各国人民伸出的救助之手。这扇窗,让作者感受到了在自然灾难面前人类团结互助的巨大力量,感受到了素不相识的人们之间友爱的力量。

审题是写好作文的第一步,也是最重要的一步。以上介绍的八种审题方法,对于大多数作文题型来说,有一定的现实意义。要写好一篇作文,还涉及立意、结构、表达等多方面的学习与训练。但走好了第一步,就能走好第二步、第三步……只要我们脚踏实地,夯实基础,作文就不会再让人感到畏惧,我们就会迎来收获的季节。

第四章 学会构思

构思,就是立意谋篇,包括审题、立意、安排结构、语言表达等方面。学会快速构思是写好现场作文的重要步骤。有人认为,构思是作者在观察体验的基础上，提炼文章的主题，选择最佳表现方式，以指导写作实践的创造性总体思维过程。全国自学考试教材《写作》所说："运思，是文章写作过程中最富于创造性的一项内容。它渗透于整个写作过程，但又比较集中地体现在审题、拟题之后，动笔起草之前的一个阶段。"①创造性是构思的灵魂所在，是最显著的特性。

一、注重选材

审好题后，最重要的步骤是选择材料。材料的好坏直接决定文章的质量。如果把写文章比作建房子的话，审题便是设计图纸，选材便是选择建筑材料。材料选择得好，会让房子变得更坚固美观，更有特色。

为文章选择材料，需要从以下几个方面考虑：

（一）选材要典型

同样一个题目，可供选择的材料很多。在这种情况下，切不可随手拈来，马虎了事。只有选择最为典型的材料来写，才能最为充分地展现人物形象，表达文章的主题。

例如，"让我最敬佩的一个人"这个题目，可供选择的材料很多：有的写某人学习勤奋。乐于助人，有的写某人多才多艺、正直大方，等等。只有选择其中最能突出人物特点的材料来写，才能表现文章的中心。例如，有位作者选择了这样一件事情来写：他的同学在期中考试中语文成绩获得了班级第一名，却意外地发现自己的试卷中有道题改错了。该同学思考再三，最终请老师改了回来，并因此失去了班级第一名。这件事抓住了矛盾冲突中人物的复杂心理，表现了该同学的高尚品格，体现了"让我敬佩"这一主题。

再如，2011年江苏省南京市中考作文题"也是一堂语文课"。从题中的"也"字可以看出，题目蕴含了"生活处处有语文"的思想，可以写一件生活中有语文特色的事件，从中明白的某个道理，等等。所选的材料必须是和语文有关或和语文课相类似的典型事例，如过年时看到的对联内容，如迎春联"喜鹊迎春红梅香瑞雪，吉羊贺岁金穗报丰年"，生意联"人往人来皆笑脸，店中

---

① 王光祖、杨荫浒主编：《写作》，华东师范大学出版社1989年3月第1版。

店外尽欢声"等,以及对联的粘贴顺序,端午节的风俗及由来,登山时对古人的联想,外出游玩时的所见所感,等等。

深圳市育才中学许咏霖同学在《温暖,就这么简单》一文中,对生活中遇见的一个不寻常的瞬间作了如下描述:

> 一位年过七旬的老伯伯,拄着拐杖,背着一个布包,在喧闹的广场上蹒跚地走着。他不时弯下腰,向来来往往的人们讨着钱,却总是招来旁人厌恶的目光。这时,一个帅气的外国人出现在老人的视线里。他上身穿着棕色大夹克,下着米白色西裤,大步流星地朝老人所在的方向走了过来。老伯伯似乎有些惊愕,惶恐地凑上前去,向他讨钱。
>
> 这时,令人意想不到的一幕发生了。这个帅气的年轻人向老伯伯招了招手,让他跟着自己来到了一个小摊边。年轻人对着摊贩说了几句话,摊贩似懂非懂地应和着。经过一番比画,年轻人买下了一串香蕉,并把其中的一部分送给了老伯伯。随后,年轻人和老伯伯肩并肩地坐在地上,有说有笑地吃了起来,仿佛他们很久以前就认识似的……
>
> 这一幕把我惊呆了,也把周围的人们震惊了!大家纷纷围了过来,用惊奇的眼光注视着眼前的这一幕……

作者围绕"温暖"这个主题,抓住了生活中的一个精彩瞬间来写,十分典型。文中的年轻人并没有和大多数人一样躲避老人,反而用一种特别的方式给予老人关心。这样鲜活的材料,真实而典型,极大地突出了文章的主旨,丰富了文章的感情。

(二)选材要新颖

所谓"新颖",就是不落俗套,别具一格。泛泛取材,就会陷入陈词滥调溢满全文的尴尬境地。例如,2011年河北省中考作文题"陪伴"。很多同学都选择了成长路上陪伴他的"人"来写,如父母、同学、老师等;有的同学却选择了一件实际的物品来写,如书籍、钢笔、吉他、月亮等;还有的同学选择了一种比较虚的物体来写,如友谊、思念、音乐、爱等。相比而言,后面的材料显得更加有新意,也更能体现作者的"功力"。再如,"生活因你而精彩"这个题目。大多数同学选择了写父母、朋友、同学等,有的人却选择了写"书籍""文学""篮球""足球"等,可谓别有一番新意。再如,"20年后的我"这个题目。很多同学选择了20年后自己当上了某某市长、某某公司的老总、某某大学的教授等。有位同学却别出心裁,写自己从事了水资源保护方面的工作,呼吁人们保护环境。这个材料相对就很新颖。再如,同样是表现亲情主题的文章,一位同学选择了外婆为自己织毛衣这个事例来写:外婆坐在阳台前的沙发上,她双手拿着针,腿侧放着一个毛线球,动作轻松自如,如行云流水一般,优雅娴熟……

(三)选材要真实

关于"真实",《新课标》对此做了明确要求:写作要感情真挚,力求表达自己的独特感受和真切体验。在写作教学中,应注重培养观察、思考、表现、评价的能力。要求学生说真话、实话、心里话,不说假话、空话、套话。

胡适写的《我的母亲》一文,选取的都是一些平平淡淡的小事,却很感人。原因何在?在于真实。例如,在写"我"小时候性格文雅的特点时,文章是这样记叙的:

> 我小时身体弱,不能跟着野蛮的孩子们一块儿玩。我母亲也不准我和他们乱跑乱跳。小时不曾养成活泼游戏的习惯,无论在什么地方,我总是文绉绉的。所以家乡老辈都说我"像个先生样子",遂叫我做"穈先生"。这个绰号叫出去之后,人都知道三先生的小儿子叫做穈先生了。既有"先生"之名,我不能不装出点"先生"样子,更不能跟着顽童们"野"了。有一天,我在我家八字门口和一班孩子"掷铜钱",一位老辈走过,见了我,笑道:"穈先生也掷铜钱吗?"我听了羞愧得面红耳热,觉得太失了"先生"身份!

由于母亲的不准,加上"我"得了"先生"名号,因而和"野孩子们"玩耍的希望化作了泡影。一个想玩却不敢玩,虚荣心盖住了天性的"书呆子"形象,在这些真实可感的文字面前跃然纸上,令人忍俊不禁。再如,对母亲因我说话轻薄而责罚我的这件事,文章也做了真实而生动的记叙:

  有一个初秋的傍晚,我吃了晚饭,在门口玩,身上只穿着一件单背心。这时候我母亲的妹子玉英姨母在我家住,她怕我冷了,拿了一件小衫出来叫我穿上。我不肯穿,她说:"穿上吧,凉了。"我随口回答:"娘(凉)什么!老子都不老子呀。"我刚说了这句话,一抬头,看见母亲从家里走出,我赶快把小衫穿上。但她已听见这句轻薄的话了。晚上人静后,她罚我跪下,重重地责罚了一顿。她说:"你没了老子,是多么得意的事!好用来说嘴!"她气得坐着发抖,也不许我上床去睡。我跪着哭,用手擦眼泪,不知擦进了什么微菌,后来足足害了一年多的翳病。医来医去,总医不好。我母亲心里又悔又急,听说眼翳可以用舌头舔去,有一夜她把我叫醒,她真用舌头舔我的病眼。这是我的严师,我的慈母。

这段文字语言质朴,感情真挚,抓住"气得坐着发抖""又悔又急""用舌头舔"等关键动作,充分表现了母亲对我教之严格,爱之深切,突出体现了母亲既是我的严师,又是我的慈母这一形象。

(四)选材要以小见大

很多人认为自己的文章不如别人写得好,是因为自己的经历很平凡,没有那么多轰轰烈烈的事例来感动人。其实不然,材料不一定都是轰轰烈烈的,生活中很多平凡的小事都是写作的好材料。以小见大,就能增加文章的深度。

《藤野先生》是歌颂老师的名篇,在取材这方面很值得借鉴。鲁迅在日本求学的时间不短,可供选择的材料应该不少。但为了充分展现藤野先生的高尚品格,作者选取的是几项平凡的小事:(1)主动关心我的学习,认真为"我"添改讲义——我的讲义"从头到末,都用红笔添改过了,不但增加了许多脱漏的地方,连文法的错误,也都一一订正"。(2)为我纠正解剖图——他向我和蔼地说道:"你看,你将这条血管移了一点位置了——自然,这样一移,的确比较好看些,然而图不是美术,实物是那样的,我们没法改换它。

现在我给你改好了,以后你要全照着黑板上那样的画。"(3)关心我的解剖实习,担心我不肯解剖尸体——"我因为听说中国人是很敬重鬼的,所以很担心,怕你不肯解剖尸体。现在总算放心了,没有这回事。"(4)向我了解中国女人裹脚——他听说中国的女人是裹脚的,但不知道详细,所以要问我怎么裹法,足骨变成怎样的畸形……

作者通过这些平凡的小事,以小见大,深刻地描绘出了一位正直热诚、治学严谨、教学认真、没有狭隘民族偏见日本教师的崇高形象。如果所选的事例没有深度可掘,文章的主旨就难以得到升华。

再如,2012年济南市中考作文题《咀嚼生活的真味》。这个题目有些诗意,直白一点来讲,就是体会生活的真滋味,包括酸甜苦辣等。选材时不必贪多求大,而应该从小事入手,从小事中得出大感悟。请看张诗敏同学写的一篇例文——《用汗水浇灌成长》:

冰心说过:成功的花儿,人们往往惊羡它现时的明艳,然而当初,它的芽儿却浸透了奋斗的泪泉,洒满了牺牲的血雨。

进入初三,成山的压力慢慢向我靠近,且不说学习上的巨大压力,以往从来不曾在意过的体育,成了我心中的一道伤口。

小学时,在周围同学都跑得很快的时候,我就渐渐地有了一种永远也不可能跑得快的意识了,也懒于练习,慢慢就恐惧跑步了。我害怕竞争,害怕被对手远远抛在后面,但越害怕,就越不愿意跑。渐渐地,我感觉和他们隔着一条河……

也许就是这种害怕竞争的心态,使得我几乎屡战屡败。那蜿蜒的跑道,已成为一条骇人的食人蛇,吞去了我所有的勇气。

跳绳,这项任何人都能够胜任的运动,笨拙的我花却了很长的时间去训练。曾几何时,我都想放弃。绳子绊倒了双脚,一遍又一遍的失败,重来;再失败,再重来……

我以为我永远都是体育的弱者,匍匐在它的脚下痛苦流泪,然而,我不会甘心,还没有付出一丝努力,就已经败得干干净净。

于是,在被金色的骄阳烤得炙热的跑道上,我努力的身影随处可见。

好多次，汗水浸透了我的校服，眼前一片昏花，双腿酸痛到难以弯曲，连走路都麻烦。

放弃吗？决不！

半个学期下来，我惊喜地发现，我的体力已经比以往好太多了，即使每天跑上个十圈，我的腿也不会再酸痛。

通过观察别的同学的训练，我逐渐掌握了要领。我决心从头开始训练，从慢到快，不断改进跳绳方法，一遍又一遍地练习。无数次，我被绳子抽红了手臂，练完以后两只手止不住地颤抖。中考前夕，我惊奇地发现，我已从一个跳绳的"差生"，变成"尖子生"了。

喜悦如新生的枝芽般涌上我的心头，我坚定了一个信念——只要努力，一定能够成功！

寒冷的十二月底，体育的期末测试来临了。站在这个熟悉的跑道上，我握紧了决定命运的跳绳，准备迎接这场挑战。我竭尽所能，发挥出了最好的状态，取得了令人满意的成绩。

风，依然在吹，我的汗水却滚烫地直流。我很热，热到仿佛要被烧死——烧死那个从前弱小的我吧！

回过头，这一路尽收我眼里。我知道，我的成长注定是要受到严峻考验的。在这条道路上，我用自己的汗水浇灌脆弱的灵魂，我用颤抖的双手抓紧一线的希望，只为在这条青春的道路上少留下一些遗憾。

这篇文章，以练习跳绳这一普通的事例，叙述了自己在训练中的艰辛与收获，并从中体会到了生活的"真味"：成功的花儿，是需要用汗水去浇灌的。事例虽小，意义却不一般，是一篇"以小见大"的作文。

二、精准立意

（一）立意要准确

立意，指的是确定文章的中心思想。成功的立意，不仅可以增强文章的可读性，还可以提高文章的思想意义，引发读者的思考。

"准确"是立意的基本要求，指的是作者要能通过文字准确地表达出题目的意旨，不能偏离题意。如果立意不准确，就会出现"下笔千言，离题万里"的现象。例如，面对"初中生活的苦与乐"这个题目，如果只写"苦"，不写"乐"，显然就偏题了，立意当然就不准确了。再如"与好书交谈"这个题目，一些学生审题不严，只是紧紧盯着"好书"两个字，忽视了"交谈"的含义，因此只顾着介绍某本好书的内容，却没有写出从书中获得的启发，当然不可能体现出题目的要求。

（二）立意要新颖

"新颖"是立意的较高要求，指的是作者写出的文章要有新意，不落俗套，力求"言他人所不能言"，要写出不同于一般的认识。

例如，《珍珠鸟》这篇文章立意新颖，作者以独特的角度，传神细腻的描写，准确生动的用词，记叙了珍珠鸟由害怕人到亲近人的变化过程，向读者传递一个深刻的道理：信赖，往往能创造出美好的境界。

再如，法国作家莫泊桑写的《我的叔叔于勒》这篇小说，结局巧妙，立意新颖。文章既让人看到了人与人之间赤裸裸的金钱关系，也让人看到了冷漠现实下孩子身上展现出来的人性的温暖。这样的结尾，令人深思，耐人寻味。

（三）立意要深刻

"深刻"是立意的最高要求，指的是作者写出的文章能够透过表象看本质，让读者产生思想上的共鸣和思考。

例如，《紫藤萝瀑布》这篇文章立意深刻，影响深远。作者宗璞透过对紫藤萝美好形象的描绘，让人感受到历史的沧桑带给人的命运的巨大影响。人们没有想到，花开花谢竟然联系着人生的命运，花荣花枯竟然交结着社会的兴衰。紫藤萝不仅是一种植物，更是人物命运和时代更替的象征，是作者对生命活力的呼唤，是作者身心遭劫后勃发的精神寄托。

三、巧设结构

审清了题意，选择好了材料，确定了主旨，下一步便是安排好文章的结构。结构好的文章往往条理清晰，首尾照应，过渡自然，有张有弛。反之，如果结构安排不合理，就会造成逻辑混乱、层次不清、主次不明、内容杂糅等现象。

那么，怎样才能巧妙合理地安排文章的结构呢？下面，为大家提供几种行之有效的方法：

（一）纵向叙述式

纵向叙述式是记叙文写作中最常用的结构方法。这种方法的优点在于能够详细准确地叙述事情的来龙去脉，让文章条理清晰，层次分明。纵向叙述式又可分为顺向叙述和逆向叙述两种。

1. 顺向叙述要突出重点

顺向叙述是按照事情的起因、经过、结果展开叙述的一种方法，是最为常见的一种写作方法。采用顺向叙述的方式，要考虑到事情的主次，以合理安排叙述的详略。一般而言，最能体现文章主旨的部分要详写，与主旨关系不紧密的内容则略写。

例如，美国作家莫顿·亨特的文章《走一步，再走一步》。这篇文章以作者童年时代爬悬崖遇险这一事件为线索，叙述了他如何爬上悬崖，如何被恐惧所困扰，最终又如何在父亲的引导下克服困难的事。文章所要表达的主旨是：不管遇到多大的困难，只要着眼于当初的一小步，走了一步再走下一步，无论多大的困难都能战胜。围绕这个中心，作者合理地选择了顺向叙述的方式，并把最能体现文章主旨的内容做了最为详细的叙述。在叙述我内心的恐惧时，作者这样写道：

> 我从悬崖边向下望，感到头晕目眩；我绝对没法爬下去，我会滑倒摔死的。但是，往崖顶的路更难爬，因为它更陡，更险。我听见有人啜泣，正纳罕那是谁，结果发现原来是我自己。

在叙述自己克服困难的过程时，作者这样写道：

> 这似乎能办得到。我小心翼翼地伸出左脚去探那块岩石，而且踩到了

它。我顿时有了信心。"很好,"我父亲叫道,"现在移动右脚,把它移到右边稍低一点的地方,那里有另外一个落脚点。"我又照着做了。我的信心大增。"我能办得到的。"我想。我每次只移动一小步,慢慢爬下悬崖。最后,我一脚踩在崖下的岩石上,投入了父亲强壮的手臂中。我先是啜泣了一会儿,然后,我产生了一种巨大的成就感。这是我永远忘不了的经历。

这两则片段的内容最能体现"我"克服困难的过程,因而作者在叙述时进行了重点描写。我们写文章也应该做到分清主次,突出重点。

2. 逆向叙述要设置悬念

逆向叙述是一种先点明结果再寻求原因的结构方式。这种结构方式的最大优点是能增加文章的悬念,激发读者的阅读兴趣。

例如,《羚羊木雕》这篇文章,作者先从妈妈向"我"追问羚羊木雕的去向写起,以"那只羚羊哪儿去啦"一句开头,营造出一种紧张的气氛,吸引读者的注意。接着写"我"上体育课弄破裤子,万芳和"我"交换裤子,我为了表达谢意送羚羊木雕给她。再写母亲认为礼物过于贵重,逼"我"要回羚羊木雕。情节起伏,一波三折,引人入胜。

再如,《十六年前的回忆》《一件珍贵的衬衫》等课文,也是采用逆向叙述的方式来记叙。《一件珍贵的衬衫》一文的开头是这样写的:

在我的家里,珍藏着一件白色的确良衬衫。这不是一件普通的衬衫。这衬衫,凝聚着敬爱的周总理对工人群众的阶级深情。每当我看到它,周总理那高大光辉的形象就浮现在我的眼前;每当我捧起它,就不由得回想起那激动人心的往事。

为什么这件衬衫值得"我"珍藏?它有什么特别的来历?为什么我看到它,就会想起敬爱的周总理?这一系列的悬念,紧紧地吸引着读者。可见,在写作时运用逆向叙述的方式,可以让文章更加富有悬念,更加生动有趣。

（二）横向组合式

横向组合式结构适合于集中描写一个人或物的文章，这类作文往往要表现一个人或物的多方面特点。大体而言，横向组合式包括片段合叙式和标题分叙式两种。

1. 片段合叙式

片段合叙是采用片段组合的方式进行叙述的一种方法。这种方法在以写人为主的作文中具有很大的优势，作者能够从多个角度进行描述，从而丰富人物形象，增加人物的厚重感，增进读者对人物的认识。

例如，胡适写的《我的母亲》一文，采用的便是片段合叙的方式。作者列举了多种事件来写母亲，如催"我"早起去上学；重重责罚"我"的无礼；用舌头舔"我"的病眼；除夕夜从容对付债主；宽容处理家庭矛盾；受了人格侮辱，一定要那个说了坏话的五叔当面赔罪才罢休等等。这些鲜活的片段，生动细腻地刻画了一个勤劳善良、宽容大度、性格坚强的母亲形象，给读者留下了深刻的印象。

再如，老舍的名篇《济南的冬天》也采用了这种结构方式。全文围绕"济南的冬天是美的"这一主题，重点描写了两个片段。一是济南的冬天的山色之美：阳光朗照下的山、薄雪覆盖下的山、城外的远山；二是济南的冬天的水色之美：水藻的绿、水的清澈透明。作者通过对"山"和"水"的细致描绘，写出了冬天济南的温暖秀丽，字里行间浸透出作者对济南的无限热爱之情。

合理运用片段合叙式进行布局，有利于合理安排文章的结构。片段合叙是一种易于掌握的结构方法，熟练掌握会让自己写起文章来更加得心应手。

请看王薇同学写的一篇文章——《西北的食文化》：

> 我是一个爱吃的人，对于西北的美食，我这个地道的西北人十分熟悉。已经几年没有吃到正宗的家乡美食了，我对于街上饭馆里飘出的美味垂涎已久，于是迫不及待地出去逛街，搜索西北特有的美食。
>
> 兰州拉面在西北面食界可说是首屈一指的"大腕儿"。一个小小的面团，被反复折叠拉伸，形成一根又一根长度相等、粗细均匀的面条，下锅

煮熟，捞入已盛满牛肉汤的碗中，加上芙茜和葱段，配上大片的牛肉，让人吃得畅快淋漓、汗流浃背。在急切的期盼中，一碗牛肉拉面终于摆在了我的面前。我在里面加上醋和辣椒，然后大口咀嚼起来，这种感觉，只能用两个字来形容："痛快！"

凉皮也是西北的著名小吃。富有弹性的面皮或米皮，拌上红彤彤的辣椒，加上几种不同味道的佐料，配以萝卜或黄瓜丝，吃起来清新爽口。在别人看来，这或许是一种再普通不过的食物，可在我看来，却是不可多得的美食。我坐在厨师旁边，看着他那双灵巧的手在不同的调料间飞速翻飞，忽然觉得能吃上这样的东西是一件极为美好的事情。

紧接着，我又吃了烤羊肉、手抓饭等许多特色小吃，直到自己已经撑得走不动路了，才满足地回家去了。

在回家的路上，我想：西北的食文化真是博大精深，若是再有机会，可真要更深入地去"学习"一番。

本文围绕"西北的食文化"这个主题，横向列举了"兰州拉面""凉皮""烤羊肉""手抓饭"等有代表性的事例，生动形象地表现出了西北食文化的地域特征，令人未临其境，已知其味。

2. 标题分叙式

使用小标题进行分叙，是横向组合式结构中的常见手法。这种叙述方式很好掌握，且容易使文章条理清晰、结构紧凑。但与片段合叙式结构相比更直观，更有层次感。这种结构方式对初中生而言易于掌握，但对小标题的拟列有着较高的要求。

一般而言，作文小标题的拟列要做到言简意赅，层次分明。其主要形式有以下几种：

（1）按时间顺序拟题：例如，"春""夏""秋""冬"；"昨天""今天""明天"；"过去""现在""未来"，等等。

（2）按空间顺序拟题：例如，"小桥""流水""人家"；"教室""操场""宿舍"；"教学楼""绿茵场""考场"，等等。

（3）按故事情节拟题：例如，"起风了""下雨了""天晴了"；"温柔的妈妈""严肃的爸爸""慈祥的奶奶";"相逢""欢聚""离别";"播种的日子""耕耘的时光""收获的季节",等等。

（4）按人物心情拟题：例如,"酸""甜""苦""辣";"喜""怒""哀""乐";"疑惑""伤感""愤怒""惊喜",等等。

下面是胡晓虹同学写的一篇列小标题式的作文——《我长大了》：

一直以来，我都是矛盾的综合体，集"自负、自卑、自信"于一身。不用怀疑，且看下文。

自负

"选A！"

"B啦！"

"我说选A就是A，肯定错不了！"我干脆挽起袖子信誓旦旦地说。

"哼，走着瞧！我就不信是我错了！"同桌也不甘示弱。看，我和同桌又为一道题吵翻天了，这种唇枪舌剑的场面每天都要上演N次。我是错的？我还真就不信了。走着瞧呗，课堂上见分晓。

"同学们，这道题的答案是什么？""B——"大家异口同声地答道。

"选A！"全班冒出一个不和谐的声音。不用看了，始作俑者正是我。众目睽睽之下，我敏锐地察觉到事情不大妙。侧脸一看，同桌正不怀好意地龇着牙咧着嘴对我笑呢，我皱紧眉头，狠狠地还了她一眼。

"正确答案是——B。"老师一锤定音，一下子把我砸蒙了。

"真是个白痴！"我暗暗地骂着自己，"说话都不给自己留条后路，这回糗大了吧。呜呜——"

十分钟后，我又为一道题和同桌大战起来，死不罢休。

自卑

南无阿弥陀佛，菩萨保佑，千万别叫到我，千万别叫到我！

"胡晓虹！"老师的声音如炸雷般在我头顶响起来，"请你上台来发言！"

"老天,您不是在和我开玩笑吧!"我暗暗地说。

同桌一边推搡着我,一边发出幸灾乐祸的魔音:"快去吧,老师叫你呢!"

"呃,老师,我还没准备好……"我踌躇不前。

"没关系,临场发挥也行。"老师的话,打碎了我的幻想。

"你就去吧,讲个笑话也好。"同桌向我传来密信。好吧,我豁出去了。我万分不舍地暂别了亲爱的座位,战战兢兢地踏上了战场。

"我给大家讲个笑话:很久很久以前,有一个鸡蛋,它走到山东,变成了卤蛋;它走到花丛,变成了花旦……"

"讲完了吗?我还以为有混蛋呢。"老师听后,冷不丁来了这么一句。

哦——原来老师也有幽默的一面。我暗地里抹了把汗,呜呼——总算完成任务了。

经历这件事后,我暗暗下定决心,往后再遇到这一类事,绝不能敷衍了事,无论如何都得拿出个样子来。

自信

开学初,班主任郑重其事地把教室大门的钥匙交到我手中。看来往后的一年中,管理教室门锁的重任就落在我的肩上了,真是任重道远啊。

为了做一个让同学们喜爱的生活委员,为大家提供一个舒适的学习环境,我从不赖床,总是准时到校开门,督促同学打扫卫生。值日的同学前脚走,我后脚就关上门窗。好事的同学称我为"钥匙长"。

有天早上,大风骤起,窗外寒风凛冽。我正要出门,妈妈阻止我说:"先吃碗热粥,再出门也不迟。"

"不行,这个时间同学正等着我去开门。"说完,我匆匆忙忙飞奔前去。

一年的时光一晃而过,我这个"钥匙长"也该卸任了。手攥着相伴一年之久的钥匙,我却不舍得交还给老师。今日钥匙,明日易主。来年,你又会在新一届同学手中传承下去,继续为同学服务。

骆驼负重,方能行得远。成长,是一个痛苦而快乐的历程。历经风雨的洗礼，现在的我可以自豪地说一声：我长大了！

本文以"自负""自卑""自信"为小标题，从多个角度写出了自己的个性特点。既有与同学争论时的奋力抗争，也有在全班面前的胆怯自卑，还有对班集体负责到底的责任意识。文章语句生动，质朴率真，展现了一个勤奋好学、热心负责的当代中学生的精神风貌。

（三）总分相照式

总分相照式指的是文章各段之间存在总分关系，彼此互相照应，根据文章主旨的需要又可分为"总—分""分—总""总—分—总"等形式。这种结构方式便于作者表达明确的观点，并按照这种观点展开叙述或议论。

请看毛忆新同学写的一篇文章——《我眼中的育才三中》：

我是育才三中一名普通的学生。自从来到学校，来到这座在海边拔地而起的新建筑中，我总是听人说，"我不喜欢它每天都有大太阳""我不喜欢它管得太严"……面对这样的抱怨和不满，我起初也有些同感。后来，有两个人让我彻底改变了对她的印象。

一个是傅经中校长，一个是万丽华老师。

傅校长，在我们的印象中，是一个高大威严却又平易谦和的人。虽然他是正校长，但每次晨会时的讲话，主持人都是让"副"（傅）校长来讲。哈哈，很有意思吧！

一次，我在上楼梯的时候偶然见到校长。我在他的身后，因此不方便打招呼。只见他一身运动服，使得他的身材略显臃肿，上衣扎到了裤子里（一种小学生都不以为然的装扮），穿着一双球鞋，跟在一个老师身后，急匆匆地大步向前走。突然，他停了下来，转身走到一个楼梯口，蹲下身去，把地上的一块纸屑捡了起来并扔进了垃圾桶里。这个动作似乎很慢，但给我的印象很深。接着，他站起身来，和那位老师走了。我站在那里，还没有反应过来。他站起来的时候，一脸的严肃。刹那间，我被他这样一个细致的动作感动了。如果每个人都能随手捡起地上的垃圾，那我们的学

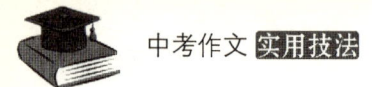

校会变得多么干净。如果每个人都能做到随手捡起地上的一块纸屑，那这个世界会多美好。

校长发言从来不打草稿，词语都是现场想出来的，说话也没有官腔，缓慢而有力，仿佛给人以力量。

"树德，树人"，这样的校长让我肃然起敬。

万丽华老师是学校办公室的主任，也是我们班的政治老师。她是一个温柔善良的老师。更多的时候，她教会我们的是温和的处事方法和正确的世界观。她是我们最喜欢的老师之一。

很多知识，不是历史、科学老师告诉我们的，而是她告诉我们的。她向我们传达世界各地的信息，扩大我们的视野，而不局限于课本。平时，她幽默风趣，待人和善，会体谅我们，从不加重我们的学习负担。

"行善，行正"，这样的老师让我们热爱。

有了这样的领导和老师，我对三中充满了信心。因为这样出众的老师，使每一个不起眼的学生，再次闪耀。虽然我们的学校目前还不是最好的，但在我的心中，她却很有分量。我可以骄傲地说，今天我以育才三中为荣，明天育才三中将以我为荣。

这篇文章属于"总—分—总"式结构。作者先总述同学们对学校的印象，接着分别列举"傅校长捡纸屑""万老师温和待人"两个事例，最后表达感想和愿望："今天我以育才三中为荣，明天育才三中将以我为荣。"

（四）抑扬转合式

抑扬转合式可分为先抑后扬和先扬后抑两种方式，具体运用方式须看主旨的需要。

例如，《阿长与〈山海经〉》这篇文章采用了先抑后扬的结构。作者先介绍了阿长身份和名字的由来，接着回忆了阿长的几件事。例如，阿长身上独有的一些令人厌恶的习惯：一是长妈妈常喜欢切切察察，以致令"我"怀疑长妈妈在家中挑拨是非；二是长妈妈限制我的行动，不许我走动，拔一株草，翻一块石头；三是长妈妈睡相难看：睡觉时伸开两脚两手，在床中间摆成一个

"大"字，挤得我没有余地翻身等。阿长懂得许多烦琐的规矩。如过年时的压岁钱、祝福语、吃福橘等。读到此处，作者想要表达的都是对长妈妈的厌烦和不满。然而，就在此时，作者笔锋一转，详细叙写了两件令他敬重的事：一是阿长给我讲"长毛"的故事，让我对阿长产生了空前的敬意。二是阿长给我买《山海经》。在我多方求助未果时，目不识丁的长妈妈竟然给我买了我最喜欢的书，这不得不让我对她产生了新的敬意，并确信她有伟大的神力。作者先抑后扬，在一再表达了对阿长的厌恶之情后，感情来了一个180度的大转弯。这种跌宕起伏、摄人心魄的结构安排，为作者在文末抒发自己对阿长的怀念和遗憾之情打下了厚重的情感铺垫。

先扬后抑的结构方式不常见，但同样值得参考。例如，《伤仲永》这篇文章，作者先是极力赞扬了仲永的天资之聪颖，领悟力之强："自是指物作诗立就，其文理皆有可观者。"甚至到了"邑人奇之，稍稍宾客其父，或以钱币乞之"的地步。写到后来，作者却笔锋一转："十二三矣。令作诗，不能称前时之闻。又七年，还自扬州，复到舅家，问焉，曰'泯然众人矣'。"这种巨大的反差，带给人们深刻的思考：到底是什么原因让一个天资聪颖的孩子变得"泯然众人矣"呢？这就为作者在文末的议论做好了铺垫：一个人要想成才，光靠天赋是不够的。没有扎实的后天学习，是不可能成才的。

四、注重头尾

（一）如何开头

1. 开门见山

"开门见山"，顾名思义，就是在文章的开头直入主题，不拐弯抹角，直接点明中心。这种开头方式的最大优点是简明扼要，主题鲜明。

例如：

"离别"是世界上最悲哀的事情，特别是在与父亲分别的那一回。我想，我永远也忘不了那时那刻的心情。

——朴俊荣《与父亲离别》

因小时候母亲时常在外,我的童年大部分是在父亲的陪伴下度过的。在我的印象里,他是严父兼慈母。

——于佳鹭《我的父亲》

"团结就是力量,团结就是力量……"铿锵有力的歌声在操场上回荡着。"团结合作"这个词,在我们心中竟是如此重要。

——王嘉欣《谈合作》

初恋,生命中最美的邂逅与爱恋。它洁白无瑕,像一块未经雕琢的璞玉,像夏日中一朵在幽静清澈的湖面上悄悄绽放的白莲,宁静而又高雅。这情愫,没有金钱利益的熏染,比成人之间的爱情更为真挚美好。

——葛子玥《恋爱这事儿》

2. 巧用修辞

运用比喻、排比、拟人、夸张等修辞方法开头,可以让语言更加生动形象,让描写对象更加生动可感,亦可增添文章的诗意。例如:

亲情是什么?亲情是寒冬里的一束温暖的阳光;亲情是倾盆大雨中的一把巨伞;亲情是饥饿时一碗美味的鸡汤;亲情是落入低谷时的一双洁白的翅膀……

——《感悟亲情》

人生是一条时间的长河,童年则是河流最初的那端。那是段美丽的日子,没有灰白,只有普照天空的阳光和微笑绽放的花朵。

——《童趣》

人生,是永不平静的,犹如一只在无边无际的大海上行驶的小船,永远经历着无数的起起伏伏,甚至是惊涛骇浪,狂风暴雨。但是,风雨过后,总会出现彩虹,不是吗?

——萧雨《生活因希望而精彩》

人生是什么？得意者说它是美酒，失意者说它是苦水；成功者说它是彩虹，失败者说它是阴云。我要说，人生就是一场赛跑，尽管前路坎坷，却永远不失希望。

——杨元颖《当我面对挫折的时候》

父亲是伟大的，他对儿女的爱永远是最真的。父亲就像是水，儿女们就像是鱼儿。水想永远保护着鱼儿，可是鱼儿却不懂水的心。她想摆脱水，游到外面的自由世界里去。可是无论游多远，鱼儿发现她怎么也离不开水。

——吴淑怡《谢谢您，父亲》

3. 设置悬念

开头设置一个未知的场景或问题，给读者留下悬念，可以引发读者的好奇心，激发读者的阅读兴趣。

例如：

"求你啦……明天就要比赛了！"姐姐哀求着我。我却假装没有听见，溜进房里躲了起来。

——杨元颖《姐姐》

"大家好，欢迎收看今天的《焦点访谈》。我是主持人莫华深。最近有两个新的网络名词'学霸'和'学渣'。到底什么才是真正的'学霸'和'学渣'呢？今天，我们特地请来了一位教育界的名人来和大家探讨一下。他是谁，他的观点是怎么样的呢？"

——莫华深《"学霸"和"学渣"》

她愤怒地抢过本子，狠狠地瞪了我一眼，终于"砰"的一声把门重重地关上了。门外依旧回荡着我的呼喊声……

——付佳欣《成长的烦恼》

四年前我与母亲的那次离别，我一辈子都忘不了。母亲赠给我的红绣球，一直是我心中最神圣的礼物。

——张润涛《剪不断的红绣球》

4. 创设情境

创设一个特定的情境，或为人物的出场做铺垫，或为文章的主题做渲染，可以起到很好的引导作用。

例如：

　　雨来了，初时淅淅沥沥，若有若无。当潮湿的空气裹着流苏的味道涌进来，雨的气息也随之而来。我坐在窗前，聆听了它从出生到消逝的过程。

——荣成《听雨》

　　天空刚刚破晓，金色的阳光在耸立的高山上头绽放，清晨的露水反射太阳的光芒，还有石缝中嫩绿的小草，都透着一番名为"初"的气息。光之初，在于晨，心灵之"初"，在于懂事的那一刻。

——曾祥威《成长》

　　她，在每个人的印象中，是端庄典雅、贤淑秀丽的女子；他，永远是那么开朗大方、朝气蓬勃的年轻小子。这样的两个人，会走到一起吗？

——毛忆新《苏州美女和深圳先生》

5. 预设伏笔

在开头预设一个伏笔，为后文做好铺垫，这样的开头可以使文章更加完整，更有内涵。

例如：

　　曾经有一份礼物在我面前，我却没有勇气对送礼物的人说一声"谢谢"。世界上最难的事，不是做不到，而是没有勇气去做。
　　　　　　　　　　　　　　　　　　　　——余正《勇气》

　　"你的作文永远像在写小说。"母亲如是说。我知道她并非夸奖我的文章有多么生动，而是讽刺我总是爱杜撰一些不曾有的东西，简略加工成文，于是总有母亲凶神恶煞如孙二娘的形象出现在我的描写中。
　　　　　　　　　　　　　　　　　　　　——王薇《母亲》

　　韩红的一曲《天路》，把青藏高原唱进了每个人的心中。天路的美是毋庸置疑的，但在我的心中，我却独爱故乡的那条小路。
　　　　　　　　　　　　　　　　　　　——温海玲《故乡的路》

（二）如何结尾

1. 虚实结合

把实际的物体进行想象加工，以虚的形象展示出来，或者把虚的情感用实际的物体展示出来。这样的结尾，往往能够起到深化主题的作用。例如，鲁迅的《故乡》一文，结尾是这样的：

　　我想，希望是本无所谓有，无所谓无的，这正如地上的路。其实地上本没有路，走的人多了，也便成了路。

这句话是鲁迅先生有感而作的，寄托了鲁迅先生对下一代美好生活的理想，令人深思，令人鼓舞，具有很强的哲理性。这种虚实结合的结尾方式，往往会令读者产生回味悠长之感。

再如：

　　生活，就像你的歌声伴着我，在世界里袅袅沉浮，像极了小时候爷爷给我泡的茶，有层次地在小小的茶杯里漂浮着。浮生若茶，有起有伏，但永远透着沁人心脾的清香。

——小雨《人生如茶》

　　"哧哧哧……"伴着高压锅的压气声，我睁开双眼，枕边已摆着一件小毛衣，衣上还织着一只鸭子，姿态各异，甚是可爱。我起身走向厨房。此时，那熟悉的、臃肿的身躯又出现在我眼前……

——方竣《毛线上的亲情》

　　淡薄的阳光撒进树林，四下遂幻出一种林野的幽深，惟有前方这绿色海洋的豁口处一小块草地拥有明亮的光线，是等我走入那片光亮，咏一曲绿叶的赞歌吗？春意该是很浓了，我想。

——肖志琦《春意正浓》

　　想到这里，我盛了一整碗粥，端到桌前，细细品味，不禁热泪盈眶，眼泪滑落下来，滴在粥上，融进心里……

——家杰《母亲的粥》

2. 卒章显志

卒章显志指的是在文章的结尾写一段话，表达文章的主旨或者作者的思想意愿。这种方法运用得当，可以增添文章的深度，引发读者思考。

例如：

　　向我人生的第一个起点挥别，转过头，天空海阔，漫无边日，让我更加想要拥抱这个精彩的世界。我知道，我已站在一个新的起点上，即将扬帆远航。

——张诗敏《起点》

他们看到我，不可抑制地兴奋，一把地抱住我，我的眼中没有了依赖，有的，是似水的柔情与坚定闪烁的光芒。

——毛子豪《成长的水滴》

3. 对比反衬

对比反衬法指将两种完全相反的事物进行对比，以突出文章的主旨或者某一个人物形象的方法。

例如：

夜，是今晚的夜；风，是今晚的风。而我和你，仍是从前的我和你。

——玉珏《我和你》

不必在意礼物的美丑，纯真就够；不必在意价格的贱贵，简单就好。以情作礼，以义作物，这便是我所认为的最暖心的礼物。

——燕青《礼物》

因了，他的大腿是我依偎的地方；摔倒时，他的双手是我的"保护垫"；游戏时，他的双臂是我的"助力器"……刹那间，父亲矮小瘦弱的身影变得高大了许多。感动，洋溢在我心里，在整个月夜……

——舒毅《心灵深处的感动》

人和树叶一样，只有短暂的一次生命。但是相同的生命，却可以活出与众不同的精彩。我想，在奋力拼搏过后，在为梦想努力过后，才能问心无愧地对自己说一声："我，一生无悔！"

——玉妮《一生无悔》

4. 以小见大

以小见大法指的是从小事中得出大道理的写作方法，这种方法可以增加文章的深度，深化文章的主题。

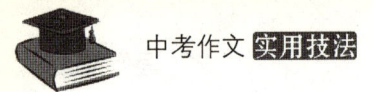

例如:

  如果妈妈是蓝天,那我们就是蓝天上的朵朵白云。亲情是人世间最温暖的事物,是我们在雨天中的荫蔽。

——雅琳《妈妈》

  我看到影子下,一束闪耀的光芒在向我招手。我相信,慧眼总能望穿好坏,看透人内心的真实一面,让这个世界不再失去色彩。

——王玉洁《好与坏》

  是的,挫折只是人生漫长旅途中一块小小的绊脚石,摔倒后只要能坚强地爬起来,前方就将会是一条光明之路。愿你生命中有足够多的云翳,来缔造一个美丽的黄昏。

  这校园里的一切,哪个不是我的好伙伴?你好,迷人的鲜花,你散发出淡淡的香味,是要我把你捧在手心上吗?你好,青涩泛黄的芒果,鲜红晶莹的荔枝,你缀满枝头,沉甸甸的,是要向人们呈现我们校园的美丽吗?嘿,淘气的小鸟,你婉转地在唱些什么呢?唱得这么投入,是要和我一起歌唱校园吗?

——黄冉《校园里的记忆》

5. 设喻排比

用比喻或排比的手法来结尾,融入想象,不但可以增添文章的诗意,还可以让读者产生"余味无穷"之感。

例如:

  梦想是雪后那抹阳光,有温暖大地的力量;梦想是被大雨遮挡的晨曦,唤起人们心中的希望;梦想是晶莹的露珠,承载着人们美好的理想。

——一帆《梦想》

我独自走在小径上，和煦的春风像妈妈的手抚摸着我的脸庞，温暖柔和。春风吹起丝丝长发，仿佛盈盈耳语，又似细细呢喃，滋润了我的心田。我沉醉于这美好的春光中，久久不愿离去……

——佳欣《漫步春天》

　　无数大大小小的枯叶被风儿卷起，在空中飞舞，像一阵洋洋洒洒的金雨，又像自由自在的蝴蝶。它们一片接着一片，纷纷扬扬地落在地上，落在人行道上，落进人们的心里……

——黄镜桦《路边的风景也动人》

　　最后，他种下了几万棵榕树苗，从而有了今天的这片美丽的榕树林。但是，在最靠海边的那一棵榕树的旁边，有一棵最老的榕树，它探出头来，张开手臂，等待游子的归来……

——听海《海边，那片榕树》

　　我的育才二中，她还是什么颜色的呢？她是绿色的，因为她青春；她是蓝色的，因为她秀丽；她是黄色的，因为她阳光；她是紫色的，因为她动人……哦，我的育才二中，她就像彩虹一般，照耀在我们每个同学的心上。

——昕署《七色的母校》

6. 引用诗文

对于感悟类的文章，可以采用引用诗文的结尾方式。这种方式不但可以增添文章的厚度，而且有助于深化文章的主旨。

例如：

　　诗人们总是"自古逢秋悲寂寥"，可我一路走来，发现深圳的秋天绚丽多彩，温馨而烂漫。秋的美，是别的季节不能相比的。

——雨晴《走，去看秋》

人人都说秋雨凄凉,可我觉得秋雨一样温柔,浪漫。就像王维写的一样:"山中一夜雨,树杪百重泉。"秋雨,一样能绘出一片美丽。

——李萌《秋天的雨》

泰戈尔曾经说过:"只有经历地狱般的磨炼,才能练出创造天堂的力量;只有流过血的手指,才能弹出世间的绝唱。"我相信从我自身开始努力,一定能让我这个美好的中国梦不再沉睡。

——凯悦《我的中国梦》

"伤秋宋玉赋西风,落叶惊残梦",不知何故,我想起了这句诗。我的心中油然涌起一股感动。静下心来,品一盏香茗,燃一炷香,月下独酌,喝的是一份心境,品的是一份韵味。

——嘉欣《消除隔阂,我的梦想》

五、讲究技法

在行文中,运用恰当的技法,有利于优化结构,深化主题,给文章增添美感。常用的行文技法主要包括:设置悬念、巧生波澜、穿插片段、借景抒情等。

(一)设置悬念

在文章的开头设置悬念,能够丰富文章的层次感,吸引读者的阅读兴趣,易与后文形成照应。

例如,法国作家莫泊桑写的短篇小说《我的叔叔于勒》的开头是这样的:

每星期日,我们都要衣冠整齐地到海边栈桥上去散步。那时候,只要一看见从远方回来的大海船开进港口来,父亲总要说他那句永不变更的话:"唉!如果于勒竟在这只船上,那会叫人多惊喜呀!"

于勒是谁?为什么他回来会令全家人感到惊喜?这一连串的悬念,都会激发读者强烈的好奇心。当菲利普夫妇朝思暮想盼来的"大救星"于勒以一个卖牡蛎者的身份出现在他们面前的时候,全家人都惊呆了。菲利普夫妇对待于勒的态度来了一个180度的大转弯,他们失望沮丧的心情就如"紫色的阴影"一般钻出来了。

再如,深圳市育才三中张漪琦同学的《回忆从前》一文,开头是这样写的:

> 痴迷中国近代文学的我,很少有一本让我爱不释手的外国名著。然而两年前,它走进了我的视野。起初看时虽无甚兴趣,可当我无意中再捧起它,却发现自己舍不得放下。它,让我沉醉其中,让我难以自拔。

究竟是哪一本书能让作者如此痴迷呢?作者以一个设问开头,设置了一个悬念,以激发读者的阅读兴趣。

在下文中,作者为我们揭开了谜底:

> 它就是《绿山墙的安妮》,它带我走进了一个欢乐的世界。
>
> 我在书中快乐地寻找着安妮的蜕变,也在寻找着自己的影子。我注视着安妮由一个不谙世事的孩子至一名沉稳的少女,注视着她的一颦一笑。读完此书后,我的眼眶湿润了。我看着安妮,想到了自己。我也曾有过类似于安妮这样的幼稚的行为,像给一个地方取名字之类的;我也曾和安妮一样幻想过一些遥不可及的美好世界,虽然终究未能实现。在这些"幼稚"的举动中,我们都获得了心理上的巨大满足。我曾经历过心情从高峰跌到低谷的悲哀,经历过从谷底窜到巅峰的兴奋。不知怎的,发生在安妮童年里的每件事,似乎都和我有着一种异曲同工的巧合。
>
> 再读一遍《绿山墙的安妮》,我的倦意完全消失了。我的心灵世界里只有清新与恬静。《绿山墙的安妮》,已成为我的知己。

一本外国文学作品,竟然带给作者如此深刻的感悟和如此强大的精神力量,可见这部作品对作者的影响之深。当谜底揭晓的时候,悬念也揭开了。运用这种手法,既可以增加文章的可读性,也可以增加文章的深度。

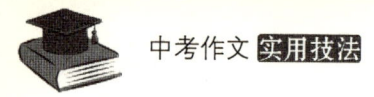

（二）巧生波澜

"文喜看山不喜平"，写文章忌讳平铺直叙，巧生波澜更为引人。一些同学语文基本功不错，但写出来的文章却质量平平。原因就在于叙事过于"平坦"，缺乏"曲折性"。这样的文章，很难激发读者的阅读兴趣。清代袁枚曾说过："一览而竟，倦心齐生。"为了杜绝此类文章，他提出了"诗文贵曲"的观点，主张写诗文要尽量曲折，不要过于平白直露。

怎样才能使文章变得"曲折"起来呢？关键在于布局得当。在写作之前，精心构思，在提纲中先设定好相关的"动情点"，吸引读者的阅读兴趣。

俄国作家契诃夫的短篇小说《变色龙》是一篇跌宕起伏、引人入胜的名篇。当警官奥楚蔑洛夫听说赫留金被狗咬了手指头后，严厉地说了一声："我决不会轻易放过这件事！我要拿点颜色出来给那些放出狗来到处乱跑的人看看。"可当他听说狗是将军家的时候，立即就变了一副嘴脸，对赫留金说："难道它够得着你的手指头？你那手指头一定是给小钉子弄破的……"当警官听说狗不是将军家的时候，立即又换了一副面孔："赫留金，受了害，我们绝不能不管。得好好教训他们一下！是时候了。"可当他再次听说狗是将军家的时候，他便立即改换面孔，训斥赫留金说："你这混蛋，把手放下来！不用把你那蠢手指头伸出来！怪你自己不好……"故事在这种曲折回环中发展着，奥楚蔑洛夫这个见风使舵、媚上欺下、阿谀逢迎的卑劣形象便活灵活现地展现出来了。其中的奥妙就在于狗主人的变化，抓住了这个关键点，文章就会有跌宕起伏之感。

（三）穿插片段

穿插，指的是在文章的叙述过程中，插入若干个精彩的片段。这种写法，不仅能使文章的结构变得更有层次，而且对于深化文章主题，丰富人物形象，增加文章的感染力也具有重要的作用。

常见的穿插方式有以下几种：

1. **穿插抒情或议论**

在叙事中穿插议论或抒情，既可丰富文章的层次，又可增加文章的深度。

现以魏巍写的《我的老师》一文为例。作者写到小时候小"反对派"们嘲讽"我"的时候,蔡老师援助了我,批评了我的"反对派"们,还写了一封信劝慰我。作者这样写道:

一个老师排除孩子世界里的一件小小的纠纷,是多么平常;可是回想起来,那时候我却觉得是给了我莫大的支持!在一个孩子的眼睛里,他的老师是多么慈爱,多么公平,多么伟大的人啊。

这是一段抒情片段,作者运用了排比的手法,表达了一个孩子对老师的深深感激和无限热爱之情。

法国作家都德在其小说《最后一课》里,也有一段抒情描写。作者在写到韩麦尔先生上完课后,坐在椅子里,舍不得离开教室时,这样写道:

可怜的人啊,现在要他跟这一切分手,叫他怎么不伤心呢?何况又听见他的妹妹在楼上走来走去收拾行李!——他们明天就要永远离开这个地方了。

这段文字抓住人物的心理变化来写,质朴动人,感情真切,令人动容。

冰心的《观舞记》一文,在记叙了卡拉玛姐妹精彩绝伦的舞蹈表演之后,作者穿插了这样一则议论:

看了卡拉玛姐妹的舞蹈,使人深深地体会到印度的优美悠久的文化艺术:舞蹈、音乐、雕塑、图画……都如同一条条的大榕树上的树枝,枝枝下垂,入地生根。这么多树枝在大地里面息息相通,吸收着大地母亲给予它的粮食的供养,而这大地就是印度的广大人民群众。

这段文字,是作者在受到强烈的触动之后有感而发写下的。它告诉我们,正是印度悠久的历史文化,才孕育出了卡拉玛姐妹这样精彩绝伦的舞蹈家。只有结合历史和文化背景,才能从舞蹈中领悟出更深层次的美。

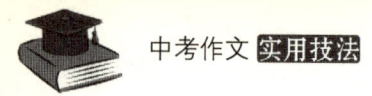

2. 穿插细节描写

对于人物，可以穿插外貌、动作、神态、心理、语言等描写，例如，鲁迅在《故乡》一文中，对闰土的形象做了几处精彩的描写。

例如：

> 这时候，我的脑里忽然闪出一幅神异的图画来：深蓝的天空中挂着一轮金黄的圆月，下面是海边的沙地，都种着一望无际的碧绿的西瓜，其间有一个十一二岁的少年，项带银圈，手捏一柄钢叉，向一匹猹尽力的刺去，那猹却将身一扭，反从他的胯下逃走了。

这一处描写十分精彩，作者以"深蓝的天空""金黄的圆月"以及"海边的沙地"这一极为优美的风景为背景，抓住"项带银圈""手捏钢叉""尽力刺猹"等动作，生动细腻地写出了少年闰土英雄般的风采。

再如：

> 这来的便是闰土。虽然我一见便知道是闰土，但又不是我这记忆上的闰土了。他身材增加了一倍；先前的紫色的圆脸，已经变作灰黄，而且加上了很深的皱纹；眼睛也像他父亲一样，周围都肿得通红，这我知道，在海边种地的人，终日吹着海风，大抵是这样的。他头上是一顶破毡帽，身上只一件极薄的棉衣，浑身瑟索着；手里提着一个纸包和一支长烟管，那手也不是我所记得的红活圆实的手，却又粗又笨而且开裂，像是松树皮了。

这一处抓住闰土的外貌变化来写："他身材增加了一倍；先前的紫色的圆脸，已经变作灰黄，而且加上了很深的皱纹；眼睛也像他父亲一样，周围都肿得通红……"这些变化，正是闰土艰苦生活的体现，说明了生活在底层社会的闰土式的中国农民生活的艰辛。再加上"破毡帽""极薄的棉衣""松树皮"等词语描写，进一步深化了人物形象，给读者带来了深层次的思考。

下面是梁泳珊同学写的一篇短文——《指明灯》：

在大多数人的印象中，父亲所扮演的角色大部分是严厉的、不近人情的。可是，每当讲起我爸爸时，别人总会用羡慕的眼神看着我。而我呢，则是满脸自豪。原因只有一个，就是我有个"指明灯"爸爸。

记得有一次，爸爸不小心把我的新书弄出了一道折痕，我大发雷霆，大声指责爸爸。但是，爸爸却用平静令人不敢抗拒的声音对我说："爱护书是一件好事，重要的是读书给你带来了什么？为了一点折痕，你就这样指责爸爸，我不知道读书给你带来了什么。"

我听了以后，顿时羞愧万分。是啊！我竟然为了这么一点小事就大发雷霆，这是多么不应该的啊！

"在社会上，你经常会遇到令你不愉快的事情。如果你因为一点小事就发火，就苛责别人，你将如何在社会上立足呢？要知道，到了社会，就没有人像爸妈一样迁就你了。"

爸爸的话，就像铁锤一样砸在我的心上；像利刃一般，刻在了我的心里。是啊，"海纳百川，有容乃大"，没有宽容之心，怎能成就大事？想到这里，我感到惭愧极了。我急忙跑到爸爸面前，真诚地向他道了歉。

谢谢您——我亲爱的指明灯！是您，让我学会反思，走向成熟。

这则短文出自一位初中生之手，原文一共写了两件事，这是其中之一。作者以生动细腻的笔调，写出了自己鲜明的个性和内心的醒悟，表达了对爸爸的感激之情，令人感同身受。

除了人物，还可穿插景物描写，以渲染气氛，深化主题。

例如，《散步》这篇文章，在叙事中穿插了两处精彩的景物描写：

第一处：

这南方初春的田野，大块小块的新绿随意地铺着，有的浓，有的淡；树上的嫩芽也密了；田里的冬水也咕咕地起着水泡。这一切都使人想着一样东西——生命。

作者借景抒情，抓住"田野""新绿""嫩芽""水泡"等关键词语，写

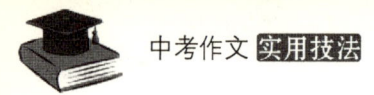

出了春天里生命的活力,表现了春天的美好,也烘托出了一家人出游时的快乐心情。

第二处:

> 她的眼随小路望去:那里有金色的菜花,两行整齐的桑树,尽头一口水波粼粼的鱼塘。

这一处描写写出了优美的田园风光,给人以清新明丽之感,揭示了上文"小路有意思"这句话的内涵,既点明了一家人后来走小路的原因,又展现了母亲满足孙儿愿望的美好心愿。

3. 穿插主旨句

主旨句指的是能够表现文章中心的句子。在文章中反复穿插主旨句,可以使文章的主题更加突出。例如,《再见了,亲人》一文中,主旨句"再见了,亲人!再见了,亲爱的土地"在文章结尾反复出现,带给读者强烈的共鸣。

再如,《安塞腰鼓》一文中的主旨句"好一个安塞腰鼓"一共出现了四次。这个句子反复出现,既抒发了作者对安塞腰鼓的赞美之情,也起了线索的作用,推动故事情节向高潮发展。

请看茅盾写的《白杨礼赞》一文中的片段:

> 然而刹那间,要是你猛抬眼看见了前面远远有一排——不,或者只是三五株,一株,傲然地耸立,像哨兵似的树木的话,那你的恹恹欲睡的情绪又将如何?我那时是惊奇地叫了一声的。
>
> 那就是白杨树,西北极普通的一种树,然而实在是不平凡的一种树。
>
> 那是力争上游的一种树,笔直的干,笔直的枝。它的干通常是丈把高,像加过人工似的,一丈以内绝无旁枝。它所有的丫枝一律向上,而且紧紧靠拢,也像加过人工似的,成为一束,绝不旁逸斜出。它的宽大的叶子也是片片向上,几乎没有斜生的,更不用说倒垂了。它的皮光滑而有银色的晕圈,微微泛出淡青色。这是虽在北方风雪的压迫下却保持着倔强挺立的一种树。哪怕只有碗那样粗细,它却努力向上发展,高到丈许,两

丈，参天耸立，不折不挠，对抗着西北风。

这就是白杨树，西北极普通的一种树，然而决不是平凡的树。

这篇散文最大的特点是结构中巧妙运用了穿插的手法。"那就是白杨树，西北极普通的一种树，然而实在是不平凡的一种树"一句在文中反复出现，既揭示了文章的主题，深刻地表达了对白杨树的赞美之情，又起到了组织结构的作用，可谓"一箭双雕"。

（四）借景抒情

在文章的叙述过程中，适当借助景物来抒发感情，能够深入表达人物的情感，渲染气氛，增添文章的感染力。请看下面一段文字：

被窝中的温暖，温暖了我儿时的记忆，也点亮了我一生的道路。

犹记得，那个腊月的天空，如一块块的橱窗玻璃般坚硬、冰冷。过往人们的身上都裹着厚重的棉袄，脖子上戴着暖和的围巾，手上套着结实的手套。从人口中哈出的团团白气，犹如一个个跳跃的音符，奏响了我儿时的回忆。

作者通过对冬日的天空景象和人们在寒冬季节穿着的描写，引出下文对儿时的回忆。文字真实细腻，营造出了浓郁的寒冬气氛。

再看下一个片段：

渐渐地，风起了，日落了，我也烦得无法思索，更无法继续往上爬了。就在那个混沌的时刻，昏暗的世界里突然闪出一道亮光。我被这闪电击中，犹如醍醐灌顶，我猛然发现了——我不能耽于幻想，只有付诸实际行动，才能登上高峰，才能见到精彩的世界。

这段景物描写，真实而细腻地写出了作者在登山途中的心态变化：遇到挫折踯躅不前，最终鼓起勇气奋力前进。

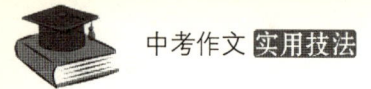

再如:

当太阳爬到头顶时,我知道我将离开我的母校了。我将要离开我的同学和我敬爱的李老师。

橙色的教学楼,六年来为我遮风挡雨。直到今天,我才发现原来她是如此的高大而美丽。人总是失去了才懂得珍惜,我想,我也是如此吧。心中的焦虑催赶着我加快脚步,我必须得去与李老师告别了。在此时,我才发现原来时间是如此短促,美好总会惩罚那些不珍惜它的人,让他们所拥有的幸福像天蓝色玲珑剔透的水晶球般在瞬间破碎。

不知为什么,我的心里此刻格外平静,没有平时的紧张感。我走进这熟悉的办公室,看到了熟悉的场景。我要把这儿的一切刻画在我的脑海中,珍藏在我的心中。

作者借景抒情,抒发了对母校的眷恋和对老师的感激之情,描写细腻,感情真挚,达到了情景交融的境界。

请看凡达同学写的一篇例文《雪》:

那冰冷的雪,静静地飘落。它藏不住内心极强烈的火热,它渴望着纷飞与歇斯底里的咆哮,厌恶自身的消融。旋风将它卷起,无休止地快活着。它洁白得如同高山上终年不化的冻土。它从天空而来,唤醒了风的灵魂。比起沙尘暴和海啸,其声势之浩大,有过之而无不及。漫天飞舞的雪花当真如花儿一般,热烈地交融,散发出耀眼的光芒,带给人深深的震撼。

还有那点点的、沙粒一般的雪,仿佛是这暗黑世界里无数银白色的萤火虫,又如同吹拂的白发,在诉说着沧桑的岁月。伴随着永不磨损的灵魂,它像一匹白色的马驹正迅疾地飞驰着,一阵阵地嘶吼。

它就要飞上天去,将整个宇宙变成白色。

雪,所蕴藏的巨大能量,正是为了这一刻猛烈的觉醒,用它那燃烧的身体,去销毁一切杂色。这寂静的雪,终究还是像火山一样喷发了,向着四面八方汹涌而去。

这篇文章虽然简短，却写得生动精彩，极有气势。作者以丰富的想象，通过一系列比喻，给雪赋予了不屈的奋斗精神和巨大的力量。

第五章　学会表达

孔子说过："言之无文，行而不远。"意思是文章没有文采，就不能流传很远。我们写文章时应该讲究语言艺术，让它更加生动活泼，引人入胜。语言表达是写作的基本功。如果把文章比作一个人的话，那么结构便是骨架，材料便是血肉，语言就是外衣。外衣是否漂亮，决定了文章的形式是否完美。但是，语言美要与内容美相结合，才能实现完美。一味追求语言形式的华美，而不重视内容的质量，就会陷入形式化的泥潭。

怎样才能让语言变得更美？以下几种方法简洁而实用，希望能给大家带来帮助。

一、善用描写

记叙文以记叙为主，但如果是一叙到底的话，文章难免会显得单调。如果在叙述中适当穿插描写，将一些叙述性的语言改为描写性的语言，将普通的叙述和抽象化的情感转化为具体可感的形象，就会顿生文采。

请看以下例句：

普通句：秋天，阳光照在大地上，我的心里感到很温暖。

文采句：秋日的天空是那么的蓝，没有一丝云。阳光照耀着大地，纯净、无瑕，像孩子的笑容，看得人心里暖暖的。

后面的句子采用了拟人化的描写手法，把秋日的阳光比作孩子的笑容，纯净、无瑕，让"我"的心里感到暖暖的。相比前一句，后一句更有韵味。

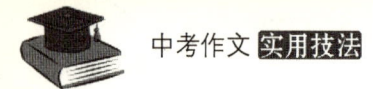

普通句：每个人都有自己不愿说的秘密，我们所要做的，就是尊重他人。

文采句：每个人都有自己不愿说的秘密，就像小蕾头发秀长却永远不愿摘掉帽子，小宝胃口很好吃饭却总要挡住脸，小乖身材很好却怎么都不去游泳……面对这一切，我们所要做的，不是好奇，而是尊重！

相比而言，前一句以叙述为主，显得过于平淡。后一句以描写为主，列举了三个事例来说明尊重他人秘密的重要性。显然，后一句更加生动。

普通句：作为一名中学生，做任何事情都要有责任感，不管事大事小，都要牢记一个道理：做事要对自己负责任。

文采句：作为一名中学生，要学会对自己负责任。不管事大事小，都要牢记心中。当你吃完一个冰棍，小心地将包装纸投入到垃圾箱时；当你遇到不懂的问题虚心求教，诚实而不自欺时；当你看到同桌的笔坏了而主动递上时；当你乘车途中将座位让给身边的妇孺老者时……你就肩负起了应尽的责任。

后一句把抽象的道理化为具体的行动，将"责任"落实到具体的事情当中，相比前一句更为生动具体，更有实际意义。

普通句：新年到了，家家户户都变得热闹起来了。

文采句：新年到了，家家户户都变得热闹起来了。院落里人声鼎沸，大人们似乎比以往更加忙碌了；心急的孩子们早已等不及了，一边穿着新衣裳，一边在院落里唱起了民间小调："新年到，真热闹，穿新衣，戴新帽，敲锣鼓，放鞭炮……"

前一句只点明了"热闹"的大致意思，没有具体的描述。后一句则将"热闹"一词具体化了，从大人的忙碌到小孩的言行，用生动的事例把"热闹"的意思具体化了，因而更有文采。

二、巧用修辞

常用的修辞手法有比喻、拟人、排比、夸张、设问、反问、反复等，巧妙运用修辞手法，有助于提高语言表达能力，增加语言的文采。

例一：

家，是一所结实的房子，有着坚固的墙壁；家，是一棵参天大树，在土壤里埋下深深的根，风吹雨打岿然不动；家，是一首轻音乐，疲惫的时候会使人心旷神怡。

这个句子运用了比喻和排比的修辞手法，把"家"分别比作"墙壁""大树""轻音乐"，表达了作者对"家"的特殊情感。文笔优美，节奏鲜明。

例二：

爱就像空气，每天围绕在我们身边。虽然无影无形，我们却离不开它。生活中缺少了爱，我们就会像缺少空气一样难受。如果我们人人都持有一颗爱人、爱国的心，那世界将会更加美好。

这段文字采用了比喻的修辞手法，把"爱"比作"空气"，不易觉察却难以缺失，最后引申到人人都要有爱心的道理，自然贴切，易激发读者的同感。

例三：

青春充满欢乐，充满魅力；青春象征着智慧，象征着力量；青春标志着成长，标志着未来；青春意味着拼搏，意味着进步。

这段文字运用了排比的修辞手法，表明"青春"分别象征着"智慧""力量""成长"等，寄寓了对青春的热爱、向往之情。句式整齐，节奏分明，充满气势。

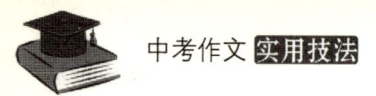

例四：

这棵老树，始终以坚强的意志，坚韧的身躯，顽强地与风雨搏斗。最终，无情的风雨使老树倒下了。但老树的根却牢牢地抓住大地，似乎永远不愿分离，永远与大地母亲的血脉交汇在一起。

这段文字运用了拟人的修辞手法，小作者发挥了丰富的想象力，给老树赋予了人的特性，写出了老树的美好形象和顽强不屈的奋斗精神。感情真挚，语言生动，情感鲜明。

例五：

那一丛丛薰衣草开了花了，一大片，一大片的，迎着天空，衬着树叶，映在我们的脸上。草儿们也不甘示弱，仅仅一季过去，竟已没膝了。夏夜是一个值得兴奋的特殊时刻，星星犹如小明灯，发出静谧的光。树叶在抖动，蝉儿和蝈蝈在低吟。这样的夏夜，怎不让人流连？

这段文字运用了拟人的修辞手法，给薰衣草、星星、蝉儿、蝈蝈等赋予人的情感，想象丰富，用词精妙，把夏夜的美写得生动精彩，令人回味。

三、变化句式

在写作中，学会变化句式，对陈述句、疑问句、反问句、祈使句、感叹句等进行合理的变换，可以增强表达效果。句式变化要尽量做到整散结合、长短交替，让语言变得生动形象，活泼有趣。

例一：

回到家，老妈看到我，不由得愣了一下，本来正在往嘴里塞东西的手顿在半空中。她脸上的表情，由诧异，到惊悚，再到愤怒！

那是怎样的一种愤怒哦！那份喷涌而出的母爱，令天地为之失色；那张因焦急而扭曲的脸，让河山为之动容。我不由得，鼻子一皱，眼眶一红，哭将起来。

这段文字用灵活多变的句式,写出了母亲为我担惊受怕时的复杂情感。"她脸上的表情,由诧异,到惊悚,再到愤怒!"句式由短到长,感情由浅入深。"那是怎样的一种愤怒哦!"采用了感叹句式,抒发了母亲出离的愤怒之情。"那份喷涌而出的母爱,令天地为之失色;那张因焦急而扭曲的脸,让河山为之动容。"这句话用对偶的形式,写出了母亲对孩子的爱之深切。

例二:

　　小草看见我的努力。它不明白,在这荒无人烟的谷底,就算你开得像茉莉一般芳香,像牡丹一般华贵,像百合一般纯洁,又有谁看得到呢?我笑了笑,失去了梦想,也就注定了一生的碌碌无为。我不理会它的不解,只是日复一日地追逐梦想。

这段文字句式整齐,情感强烈。作者运用排比的手法,写出了自己如花儿一般,即使香气四溢也无人赏识的孤寂和失落。但作者很快一笑了之,感悟到了一个真理:失去了梦想,人生就会黯然无光。

例三:

　　模仿与创新,在某种意义上也是一种递进关系。在迷茫彷徨之际,模仿他人,试着照别人的路子走,何尝不是一种上策?尽管饱受他人非议,甚至于被认为是失去人格独立的表现,可回想日本动漫创作的经验,若没有前期的模仿积淀,哪来现在的辉煌?

这段文字运用了反问的修辞手法,列举生活中的实际例子,说明模仿并非毫不可取,没有模仿就没有创新的道理。采用反问句式,比陈述句式的语气显然更为强烈。

例四:

　　记性这东西,就像是手中的一捧沙,无论双手如何护着,终有随风远去的一天;如果用力过猛,沙子便会加速从你手中流失出去;用力过轻,

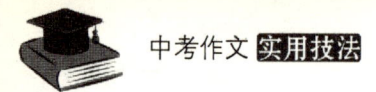

指间定然流失不少。有时,就在一刹那间,一阵凉风刮过,身体一颤,鼻子一酸,一个喷嚏,再回神一看,就全然消逝了。

这段文字的句式长短不一,语气忽紧忽松,写出了记忆如沙一般容易消逝的道理。尤其是"一阵凉风刮过,身体一颤,鼻子一酸,一个喷嚏,再回神一看,就全然消逝了"这一句,写得尤为生动传神。

四、活用词语

在写作中,灵活运用动词、形容词、叠词、拟声词等常用词语,有助于增强语言的表达效果,增加文采。

朱自清的名篇《荷塘月色》在词语的运用上达到了极其精妙的程度。请看下文:

> 曲曲折折的荷塘上面,弥望的是田田的叶子。叶子出水很高,像亭亭的舞女的裙。层层的叶子中间,零星地点缀着些白花,有袅娜地开着的,有羞涩地打着朵儿的;正如一粒粒的明珠,又如碧天里的星星,又如刚出浴的美人。微风过处,送来缕缕清香,仿佛远处高楼上渺茫的歌声似的。这时候叶子与花也有一丝的颤动,像闪电一般,霎时传过荷塘的那边去了。叶子本是肩并肩密密地挨着,这便宛然有了一道凝碧的波痕。叶子底下是脉脉的流水,遮住了,不能见一些颜色;而叶子却更见风致了。

荷叶,用"田田"来形容,突出了它的宽阔柔美和高低层叠之感;白花不是"开"在其中,而是"点缀"在其中,这个词突出了荷花开得并不茂盛,犹如宝石一般镶嵌在荷叶当中;对于荷花的形态,作者用"袅娜地开着""羞涩地打着朵儿"这样的形容词和动词结合起来,生动地写出了荷花的柔美和清新;流水,用的是"脉脉"一词,为的是体现其静默与恬静;叶子,又用了一个更为绝妙的词:"风致",为的是突显其风雅本色;至于"缕缕清香",作者运用了通感的手法,将其形容为"渺茫的歌声"。

鲁迅先生在其小说《社戏》中也有一段精彩的描写:

两岸的豆麦和河底的水草所发散出来的清香,夹杂在水气中扑面的吹来;月色便朦胧在这水气里。……渐望见依稀的赵庄,而且似乎听到歌吹了,还有几点火,料想便是戏台,但或者也许是渔火。

"月色便朦胧在这水气里"这一句话中的"朦胧"一词原为形容词,这里活用为动词,巧妙地写出了"我"和小伙伴们看戏途中见到的美丽景色,衬托出欢快的气氛。

以下是一位学生描写雪景的句子:

　　雪花飞快而沉重地敲击着窗户,屋檐上冰溜子断裂时发出的"咔嚓"声时不时地响起。

"雪花飞快而沉重地敲击着窗户"这句话中的"敲击"一词用得很巧妙,作者把雪花拟人化了,写出了雪花纷飞的速度和力度,十分生动。

请看李倩怡同学写的一篇例文《故乡的炊烟》:

　　夏天的傍晚,总是可以看见故乡被徐徐升起的炊烟笼罩着。

　　夕阳为云朵涂抹上了一层浓浓的水彩,犹如抹了蜜糖的棉花,被风舔舐着。孩子们在田野里奔跑,在池塘里嬉戏。看到烟囱上袅袅升起的炊烟,他们就如听到母亲的无声呼唤,带着满身污泥奔回家去。夕阳映照在他们黝黑的脸上,我看到了他们灿烂的笑容。

　　又回到故乡,第一眼看到的是缥缈的炊烟。哪里有炊烟,哪里就有生命;哪里有炊烟,哪里就有温暖;哪里有炊烟,哪里就有质朴的清新。炊烟下,小狗在吠;炊烟下,小鱼在游动;炊烟下,农作物在悄悄地生长。炊烟随着微风升上苍穹,温暖夕阳,温暖云海。朦胧在余晖中的炊烟,温暖了人心,抛掉烦恼。

　　清晨,炊烟在朝阳的陪伴下从烟囱中冉冉升起。整个村庄被炊烟唤醒,沉睡了一夜的村庄,又显出了勃勃的生命力。淳朴的人们在农田中辛勤地劳动,活泼的孩子们在田野中尽情地玩耍。

午间的炊烟，如一缕缕细细的丝线，一头系着无尽的碧空，一头系着饥饿的我。

　　傍晚的炊烟与夕阳融合在一起，充满了诗情画意。炊烟是房屋升起的云朵，是柴草灶火化成的幽魂，是农村特有的气息。

　　"我看见那故乡的炊烟，如今就在眼前。我看见那故乡的炊烟，依然飘在天边。"故乡那飘飘袅袅的炊烟，一头系着我的心，一头系着拥有我童年的记忆。

这篇文章语言优美，用了很多独具特色的动词和形容词来描绘故乡的炊烟。如："看到烟囱上袅袅升起的炊烟，他们就如听到母亲的无声呼唤"一句中的"袅袅升起"写出了炊烟升起的动态，"朦胧在余晖中的炊烟，温暖了人心"中的"朦胧"一词活用为动词，写出了炊烟亦真亦幻的状态。再如"午间的炊烟，如一缕缕细细的丝线，一头系着无尽的碧空，一头系着饥饿的我"这一句中的"系"字，用得也很绝妙，写出了作者对故乡的热爱与思念。

五、引用诗文

在写作中，适当引用诗文，不但能增添文采，还可以深化主题，增强文章的感染力。需要注意的是，引用诗文要适度，更要得当，否则就会出现喧宾夺主的情况。

例一：

　　再读一遍《绿山墙的安妮》，我的倦意完全消失了，独余清新与恬静。这不正好印证了"书读百遍，其义自见"这句话吗？

这段文字引用了"书读百遍，其义自见"这句名言，写出了作者在读完《绿山墙的安妮》这本书后的顿悟与感叹。

例二：

　　我费了九牛二虎之力，花了整整一个上午的时间，几乎把我的房间翻了个底朝天，最终也没有找到这支钢笔。没想到这么轻易地被妈妈在我的口袋里找到了，真是"踏破铁鞋无觅处，得来全不费工夫"啊！

这段文字引用了"踏破铁鞋无觅处，得来全不费工夫"这句古诗，写出了作者突然间找到心爱之物的狂喜之情，引用十分贴切，增强了表达效果。

例三：

就在我绞尽脑汁，怎么也解不开这道题时，李老师走了过来。他在平行四边形的外端作了一条垂线，然后用手一指——我顿时就明白了。这真是"山重水复疑无路，柳暗花明又一村"呀！

这段文字借用了陆游的诗句，表现出作者在苦思冥想之际，获得老师点拨后的顿悟之情，写出了我的豁然开朗之感。

例四：

高尔基曾说过："世界上的一切光荣和骄傲，都来自母亲。"是的，母亲给予我们生命，将我们抚养成人。在迷茫时给我们信心，在失败时给我们鼓励，在成功时给我们流下欣慰的泪水。

上面这段文字引用了高尔基的名言，表达了对母亲的赞美和歌颂，恰到好处。

例五：

"慈母手中线，游子身上衣。"其实，从穿上那双鞋开始，我就发现了永恒的母爱。

本段文字引用了唐代诗人孟郊的诗句，从一双鞋子入手，表达了母亲的爱子之情，情真意切。

第二部分
分类练习

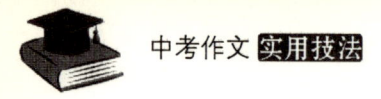

一、成长岁月

【写作指导】

对于成长中的青少年而言,"成长"是一个不可回避的话题。在成长路上,每个人都会遇到各种各样的困难,也会取得各种各样的成绩。每个人会经历各种各样的事情,有的令人忧伤,有的令人喜悦,有的令人激动,有的令人振奋……

冰心老人在一首诗中曾写道:"成功之花,人们往往惊羡它现时的明艳,然而当初,它的芽儿却浸透了奋斗的泪泉,洒满了牺牲的血雨。"这句诗告诉我们,不要只羡慕别人的成功,更要去关注别人成功背后付出的努力。没有经历过奋斗的人生,是难以取得大的成就的。

用文字记录成长的历程,把成长路上最精彩的一幕幕写出来,是一件非常有意义的事。要写好这一类作文,要从以下几方面入手:

(一)选材要精练

成长路上的事情很多,写作时不能随手拈来,要选取生活中最有代表性的事件来写。具体而言,可以分作四大类来写:

第一类是带给自己感动的事情,如"成长路上,有你真好""幸福的时刻"等。

例如,黄可欣同学在《有你,真好》一文中,叙述了这样一件事:

> 前几天,我记错了画的完成程度,没有带勾线笔,也就是说,我这一节课就要无所事事了,而美术作业也完成不了了。钰子看我急得不行,便对我说将她的笔借给我。我听了之后,有些不好意思地问她:"怎么办?"她笑着说:"没事,我画得比你慢,刚好。"
>
> 接过勾线笔后,我就飞速地勾起线来。钰子一直低着头,将画掩住,我便放下心来。恍然间,我一转头,瞄见了钰子正盯着画发呆,尽管她迅速地将画掩住,但我还是清晰地看到了纸上那未完成勾线的铅笔稿。我的

心突然觉得很沉重，还有一种无法言说的内疚……我三两下描完了画，正欲将笔还给钰子时，交稿的时间到了。看着两张截然不同的画稿，我怔怔地，不知如何是好。钰子却向我笑了笑，仿佛什么事也没有发生。

自此，钰子"小气"的形象在我心中被彻底铲除了，她那矮小的身影好像变得高大起来。

作者叙述了默默无闻的好友钰子帮助自己的故事，真实感人。这样的事例，在学习期间是不难见到的。选材时，要从小处着眼，充分发掘事例的动情点，做到"以小见大"。

第二类是带给自己烦恼的事，如"成长的烦恼""世上没有后悔药"等。例如，沈彦妤同学在《那些绯闻》一文中，这样写道：

在我们这个祥和的校园里，暗藏着一种"生化武器"——绯闻。无论是课堂上的哄堂大笑，还是那种跳进黄河也洗不清的委屈，抑或是老师、父母严厉的呵斥，都给我带来过快乐或烦恼。

在我这个个性张扬的班级里，这种"武器"使用的频率屡创新高。无论是在课堂还是课间，随着一声"哦——"你就知道又一个目标"中招"了。教室里瞬间升起一团无形的烟雾，并迅速弥漫开来。所有人立刻被传染，纷纷望向"事发地点"，迫不及待地问起来龙去脉……

这段文字以轻松幽默的笔调写出了成长历程中的"烦恼"——情感问题。这也是大多数学生在成长路上遇到的问题。写作时，可以选择一些轻松幽默的场面来写。

第三类是带给自己启迪的事，如"那一刻，我长大了""风雨过后，定有美丽的彩虹"等。

例如，袁龄同学在《长大的感觉真痛》一文中这样写道：

也许成长就是摔了一跤。

每个人都要摔跤的。当我们摔了一跤后总归是会痛的，而且痛得刻骨铭心。但为了不永远停留在摔倒的地方,我们挣扎着站起来,继续前行。然后,当我们终于以一种平静的心态重新开始行走时,这便意味着我们长大了,那些摔倒时留下的伤口便会愈合。

那时,脑海中就会有一个人在悄悄地对你说:"亲爱的,这就是成长。"

作者由上学途中一次摔跤的经历,联想到成长需要磨炼的道理,富有真情实感,选材十分典型。

第四类是表达内心情感的事,如"童年的气球""梦里花落知多少"等。例如,杨凡仪同学在《徘徊在黄昏的街道》一文中写道:

早晨的大街是多么得繁华、热闹,可是现在似乎连一根针落到地上都听得到。的确,这里静得令人发怵。低下头,看到风把落叶轻轻地推到我脚前,又静静地飘走了。看来连这样一片枯黄的落叶都不愿与我靠近,这是多么可悲的一件事啊!我不断地寻找人的身影,可最终看到的只是一条冰冷的街道。

作者以低沉凄婉的笔调,触景生情,描述了独自站在街头时的孤独与无奈之情。这段文字真实动人,生动细腻地写出了小主人公的复杂心绪。

选择最典型的材料,是写好作文的重要一步。在写作此类作文时,要注意材料的真实性和典型性。

(二)结构要完整

为了使文章的结构更加完整,下笔之前,最好列一个提纲。提纲的内容要根据个人的构思而定。在小学阶段,很多同学通常采用三段式结构:开头—经过—结尾。到了初中阶段,我们应该提升一个层次。我们可以在三段式结构的基础上,尝试进行四段式、五段式甚至六段式结构。特别要注意的是,段式的变化,并非指简单的内容上的叠加,而是要在内容和形式上进行整体的优化。

例如,"范文引路"中韦怡婷同学写的《风雨过后,定有美丽的彩虹》一文的提纲：

（1）哲理式开头：人生路上，愈是艰险的道路，愈能让人感到奋斗的乐趣。

（2）由相册引出对童年的回忆。

（3）童年学走路的经历。

（4）竞选国旗下讲话名额的经历。

（5）我的感悟：风雨过后，一定会出现美丽的彩虹。

有了具体的提纲，文章就好写了。从结构上来看，文章也会更加完整。

再如，"范文引路"中丁凡真同学写的《童年的气球》一文的提纲：

（1）由对街头气球的注目，引发对童年的回忆。

（2）回忆童年时代玩气球时的美好时光。

（3）抒发感慨：长大后，气球已逐渐被新鲜的事物取代。

（4）描写当下一些学生因沉迷于电子游戏而荒废学业的情景。

（5）感悟：童年的气球，是我最美好的记忆。

（三）注意开头结尾

"成长类"作文主要以记叙为主，兼以抒情、描写和议论等手法。开头结尾是否合理，直接关系到作文的质量。一般而言，开头结尾可以从以下几个方面去考虑：

1. 对比式开头

把"现在的我"与"过去的我"进行对比，既突出成长的主题，抒发对童年的怀念，又能使文章条理清晰，结构完整。

如：

> 树上嫩绿的叶子，总有一天会化作沃土；山野美丽的火焰，也会在天空消失殆尽。逝去的日子回不来了，童年的船儿远去了，但我那颗火热的心却依然在激荡。
>
> ——郑辰晓《回首童趣》

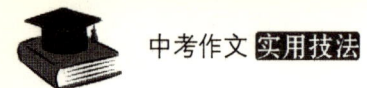

2. 巧用修辞开头

运用排比、比喻等修辞手法，可以让作文语言变得优美动人。

如：

父母是大树，儿女是青藤。父母是藤蔓，儿女是花朵。成长路上，有父母的陪伴，是一件多么美好的事啊！

——柳彦青《无声的赞歌》

再如：

"天坛的明月，北海的风，卢沟桥的狮子，潭柘寺的松。唱不够那红墙黄瓦的太和殿，道不尽那十里长街卧彩虹。"不用说您就知道我说的是哪个城市。没错，就是北京！这是一个带给我无数美好回忆的地方，更是我成长路上最值得铭记的地方。

——周知远《成长路上》

3. 引用式开头

根据文章的主题，引用适当的诗歌开头，会增添文章的诗意。

如：

"清明时节雨纷纷，路上行人欲断魂。"灰蒙蒙的天，沉重而厚实，似乎要隔绝人们的思念。殊不知，人们的心啊，早已越过了天际，飞到了亲人的身边。

——黄可欣《清明》

4. 哲理式结尾

用哲理性的语言结尾，能让读者产生一种回味之美。

如：

四个季节，四种与众不同的旋律。仔细聆听，你会发现，你在享受一场奇妙的音乐会。这场盛会的演奏者，便是大自然。

——农祯芸《四季协奏曲》

5. 比喻式结尾

把生活中的某种事物生动设喻，让读者去体会文章的深刻内涵。

如：

在早春的风声里，周庄小镇就像一杯芳香的新茶。每一种恬淡、每一种清新，都深深地烙印在我的心里。

——龙汶欣《老街》

6. 托物寄情式结尾

把情感寄托在某种物体上，以抒发内心的情感。这种结尾，可以增加文章的厚度。

如：

（1）老式的缝纫机中，寄托着莫名的情愫，"嗒嗒嗒"的声响和机身上"华南牌"三个大字，陪伴三代人，走过了三个时代。

（2）不愿醒来！我看到长梦似水，载着我的童年和喜悦的长梦，载着我对姥爷无限依恋的长梦，载着我全部幸福的长梦。水向东流，我的视线渐渐模糊。

【提纲示例】

题目：育才，我的成长之所
主题：叙述在育才学校读书时的难忘经历，表达对母校的依恋之情。

结构： 片段组合式。

正文：

开头： 今昔对比，由花草追忆起走进小学校园的情景。

主体：

一、回忆广播室里接受锻炼的经历。

二、回忆图书馆里当小管理员的经历。

三、回忆毕业典礼的难忘时光。

结尾： 育才，是我一生受用不尽的精神财富。

手法： 记叙中穿插抒情，注意首尾照应，突出重点。

【范文引路】

育才，我的成长之所

姬圳妮

光阴荏苒，岁月匆匆，乍一回首，我已在育才学校读了七年书。在这七年时光里，当初那个胆小爱哭的小女孩，已长成如今这胆大自信的我。

育才四小，留下了我儿童时代最美好的记忆。学校开办之初，我就在那读书。那里的点点滴滴，一草一木，都伴着我成长。

清晨，我步行去上学，学校旁边那一墙茂盛的爬山虎便日日伴随着我，带给我清凉的慰藉。夏日，踏着那片片树荫去学校，校园里高大的木棉树便是我最向往的处所。

追着回忆的脚步，我看到了那间我曾播过音的广播室。我永远都记得一字一句地播音时的那份自豪感。那方小小的天地锻炼了我，也带给了我自信。

沿着教学楼的楼梯拾级而上，墙上挂满了学弟学妹们用童心织成的画。稚嫩的线条，给人一种充满童趣之感。四楼，是四小精致的图书馆。那时，每天下午放学后，我便会跑去图书馆，阅读自己喜欢的课外书。去得多了，也不由自主地加入了小图书管理员的行列之中。我确实想帮管理老师减轻些负担，但也有我的私心——我可以凭借管理的"资历"多借几本书。就这样，一直到小学毕业，我竟读了近30本世界文学名著。毕业后，一批新的小图书管理员接任我们的位置。心中虽很不舍，我却只能紧跟着时间的步伐，迈进中学的门槛。

毕业典礼是在四小那辉煌气派的音乐厅举行的。我是主持人之一。典礼开始之前，悉心培养我三年的韩老师感慨地说道："时间过得真快啊！转眼间你就要小学毕业了，这可是你在小学的最后一次主持了，一定要好好表现，不要留下遗憾！"我是笑着答应老师的，可泪水却早已流向了我的心里。我没有给自己留下遗憾，雷鸣般的掌声告诉我，那次主持发挥得近乎完美。典礼之后，我独自一人静静地走遍校园的每个角落，轻抚那摇曳的竹叶，哭得好心痛。我终于明白，尽管我有万般的不舍，想留下来也只是一种奢望。

人终究是要长大的。四小五周年校庆时，我有幸重回四小参加了校庆典礼。校门两侧新添了两个秋千，几个小学生围着它玩闹着。我看着看着，舒心地笑了。自上初中以后，我已好久不曾见到这样欢快的场面了。我曾"工作"过的图书馆，已从四楼搬到了一楼大厅。我轻轻地拉开门，一种久违的感觉迎面扑来，温馨至极。我仿佛又回到当初当图书小管理员时的幸福时光。在这里，我见到了昔日的馆长——花老师。能有机会再见上一面，真是难得的享受。四小越来越漂亮了，我由衷地感到自豪。

初中，我依然就读于育才——育才三中。三年了，三中给我的却还是一种陌生感。记得第一天进校，没有小学老师灿烂笑脸的迎接，迎面而来的是班主任严厉的学习要求和无尽的压力。

没有多余的课外活动。整日耳边总是少不了各种唠叨。同样是育才集团的学校，小学和初中的差别竟如此之大，这不能不让我感到些许害怕。后来，我才想通了——到了初中，就是如此。学习，是这个阶段最重要的任务。学习，唯有学习，才能让自己找到存在的意义，才能为自己的美好明天打下坚实的基础，才能让自己在这茫茫的人海中不被挤下去。

如今，我的初中生涯也将结束。尽管这里留下了我很多酸甜的趣事，但育才——这个响当当的学校留给我的，是一笔一生也受用不尽的精神财富。

育才，我的成长之所。未来的日子里，我将把你揣在怀里，藏在梦中。

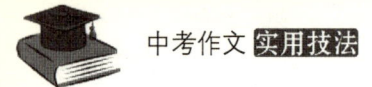

点评：

　　本文以一个孩子的角度，叙述了在育才学校读书学习的难忘经历。小学时的天真烂漫，与初中时的沉重压抑形成了鲜明的对比，令人感慨万千。文章语言优美清新，感情真挚。例如，"典礼之后，我独自一人静静地走遍校园的每个角落，轻抚那摇曳的竹叶，哭得好心痛。我终于明白，尽管我有万般的不舍，想留下来也只是一种奢望。"有些段落描写非常细腻，生动地表达了作者对育才学校的真挚情感。结尾"我将把你揣在怀里，藏在梦中"这一句，含蓄隽永，令人回味悠长。

风雨过后，定有美丽的彩虹

韦怡婷

　　人生的道路虽然漫长，但愈是艰险崎岖，就愈能让人感到一种奋斗的美趣。

　　翻开我人生的相册，一幕幕经历如电影般浮现在我的眼前。其中最让我刻骨铭心的，是那些受挫折时的经历。

　　孩童时代，我就是一个十分要强的孩子。那时还正在学习走路。妈妈对我说，每一个小孩子都要迈出人生的第一步，只要你有足够坚定的意志，那么你就能稳稳当当地站立起来。听妈妈说，刚开始学走路的时候，我不知摔了多少跟头。但小小的我摔倒了也很少哭，总是想更加努力地站起来。也许从那时起，我不服输的劲头就显现出来了吧。妈妈说，当我终于能自己站起来独立行走时，我一颠一颠的，脸上特别兴奋，似乎有了一种旁人体会不到的成就感。也许，小小的我，那时就知道了"求人不如求己"的道理吧。听了妈妈的话后，我更加相信：只要我付出比常人更多倍的汗水，就没有做不成的事情。

　　在读四年级时，有一次轮到我们班做国旗下讲话。对于一个渴望在大众面前展示自我的人来说，这是一个多么宝贵的机会啊！班上的每个人都希望能被老师选中。但名额只有一个，这是多么激烈的竞争啊！作为班长，我当然也十分想得到它。为此,我回家特地精心准备了一份演讲稿。我每天上网,翻书,只为让演讲稿变得更加完美。除此之外,我还每天在房间里练习,让妈妈为我提意见。

　　正当我自信满满地认为这个人选必定是我的时候,老师却向全班说,名额给了我另外一个好朋友。那时的我,犹如遭受了当头一棒,许多美好的幻想也成了泡影。后来,我认真进行了自我反省,发现我身上的确有很多缺点。事后证明,被选上的那位同学的确胜我一筹。所以,从那以后,我花了很多时间来改正自己的缺点,虚心地向他人请教。现在,我的自信心又复燃了,这正应了一句话——留得青山在,不怕没柴烧!

　　回忆这两段刻骨铭心的经历,我感慨万千!我明白了,挫折带给我们的不仅仅是打击,它还会让我们懂得人生的道理,让我们重拾奋斗的信心和勇气。挫折就像人生中的风雨,风雨过后,一定会出现美丽的彩虹!

点评:

　　　　文章选取了童年时代的两件小事来写,无论是不愿意借助别人的帮助独自站立,还是竞争国旗下讲话失败的经历,无不体现了小作者的顽强意志和愈挫愈勇的奋斗精神。作者文笔细腻,用语精妙,对主人公的心理刻画相当细腻。文章结构完整,首尾呼应。结尾进行了拓展延伸,让人回味无穷。

童年的气球

丁凡真

　　那天去辅导班的路上,车有些堵,来往的人很多。眼看就要迟到了,我焦急地望着车窗外,无意间瞥见一个小女孩手中牵着一个红色的气球。

　　那是一只很普通的气球,红色的球面上描绘着白雪公主和小矮人,很简单也很粗糙,在女孩子手中显得轻飘飘的,给整个街景增加了一抹绚丽的色彩。气球飘荡在空中,也飘荡进我心里,勾起了我童年的记忆。

　　那是我童年时期极为重要的期盼。

因为离老家远，我只有过年时才能回去。过年那几天，街上处处可见这种气球。老爷爷或老奶奶们干枯瘦削的手里握着一大把绳子，绳子捆绑着一个个气球。气球上印着不同的卡通人物，花花绿绿，五颜六色，吸引着小孩子们竞相购买。那个时候，我总喜欢拉着父母的手跑过去，央求父母给我买一个。气球有些贵，五元、十元一个，可小孩子哪有"贵"的概念，只要看见气球就会高兴得蹦起来。幸运的是，父母在这个时候也总会满足我的要求。

最幸福的事，莫过于拿着气球走在乡间小路上的经历。路边绿树成荫，小鸟在树上叽叽喳喳地唱歌。我把气球升到最高，希望小鸟也能看到我的气球。与邻家孩子玩时，也会炫耀般地带着气球。不知为什么，一只小小的气球会有那么大的魅力，以至于不小心搞丢时我会难过好久好久。

老家开发得较慢，还有很多地方是农田。姑姑家楼下有一块很大的菜田，绿油油的，透出无限生机。童年的我喜欢拉着气球，赤着脚和姑丈一起下田看菜的长势。五六岁的年纪，哪里会对这些蔬菜感兴趣，只会百无聊赖地东逛逛西走走，手里却一直不离气球，就好像怕被人抢走似的。那些五彩缤纷的气球对幼小的我来说，就是整个世界啊！

随着时间的流逝，我慢慢地长大。成长中不断有新鲜的事物取代那小小的气球，它也在我的岁月中悄悄消逝。

现在离喜欢气球的日子已经五六年了。过年时，家乡的街头依旧有人在卖气球，却比以前少了好多。小孩子最爱的气球已逐渐被手机、ipad等电子产品所取代。记忆中那些天真烂漫的孩子们，大都成了"低头一族"。

是的，时代在进步，科技在发展，电子产品已日渐进入人类的生活。我在想，这一切也许是时代进步的结果，可原先那种类似气球所带来的欢乐，那份纯真而简单的心灵体验，以后又有多少人会懂？

更令人担忧的是，现在有多少学生因为沉迷于电子产品和电子游戏而荒废了学业，虚度了青春。电子产品有时就像毒品一样侵蚀孩子们的心灵，让他们逐渐迷失，远离了最简单的东西所带来的快乐。

车在拥堵中慢慢地往前走，不远处就是辅导班的牌子了。车窗外依然走过匆匆的人群，那个小女孩已经走远，气球也已消失在我的视线中，但我的思绪依然停留在故乡，停留在童年——那五彩缤纷的气球。

点评：

　　本文的选材很有特点，以一个红色气球引发出对童年时代欢乐生活场景的回忆。那五彩缤纷的气球，可以说是作者童年的写照，也可以看成一个逝去年代中普遍存在的单纯的快乐。作者采用对比的手法，写出了当今社会电子产品对儿童心灵的深刻影响，表达了对纯真快乐的美好追求，读来令人深思。文章的结构也很有讲究，作者采用了插叙的手法，由去辅导班的路上所见的红气球，引发出一段回忆，可谓联想丰富，耐人寻味。文章的开头和结尾相互照应，由车窗外的气球开始，由车窗外的气球而终，寄托了作者的美好愿望。文章最后一段对开头的呼应写得很好，给人以强烈的心灵震撼。

我又长大了一岁

〔韩〕朴俊荣

　　时间过得真快，昨天像还是读中学的第一天，今天就已经读完了初二的上学期。在这段时间里，我的中文水平比以前提高多了，还学会了很多东西：伤心的时候要怎样忍住眼泪，不想学习时怎样逃课，感到寂寞时应该怎么做。

　　从那时候开始说吧：2007年，我搬到我学校前面的公寓，这个公寓离学校很近，走3分钟就能到学校，所以我从来没有迟到过。但是这个公寓有一个缺点：经常停电。有一次晚上，我正在看恐怖电影，刚好看到鬼从电视里爬出来的场面，我家突然停电了。也许是我的想象力太强了吧，我以为是鬼停了我家的电。我吓得不轻，差一点就晕过去了。

　　有一天，我在电视里看到歌手"F.T. ISLAND"弹吉他的样子好酷，便跑进厨房纠缠着母亲说："妈，我想买把吉他！"

　　我母亲当然不知道我为什么说这句话，问："买吉他干啥？你想干吗？"

　　"买来弹喽！"

　　"为什么想买呢？"

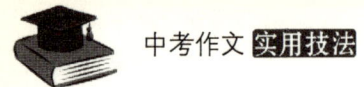

我什么都没说，我想我的理由实在太幼稚了。

"哎呀，不要问啦，就买一个给我好不好？"

我和母亲谈了几个小时，母亲终于同意了我的条件：如果买吉他，我每天帮她洗碗。我们来到乐器商店，我本来想买把电吉他，可是电吉他太贵了，母亲不肯买，所以买了一把997元的木吉他。买了后，我母亲说："我猜测，你两三个月后肯定把吉他放在仓库里。"我母亲猜对了，过了不久，我真的把吉他放在仓库里了。

这一年，对我来说是学习最不认真的一年。史社课，每节课都玩；数学课，根本就没听讲；政治课，不必说啦……我应该有了低谷的时刻吧：身体总是很累，脑海里只有三个单词："伤心""郁闷""无聊"。我整天不想学习，整天感到孤独，连最喜欢的电脑我也不要了。我的性格渐渐地变坏了，母亲发现后，开始担心起我来。

有一天放学回家，我打开房门，发现我的房间有了变化。墙的颜色由白色变成了粉红色、青绿色等让人感到活泼的颜色。墙上还写着一句话："YOU CAN DO IT！"我的心为之一振，这句话给我带来了希望，也告诉了我母爱是什么。

就这样，冬天来了，一年又过去了，我的14岁也结束了。成长的历程，充满着复杂的情感。那里有快乐、伤心、浪漫、苦恼、欲望、挫折、爱、友谊和恨，但是我们决不可以指着一个东西说，这是人生的全部。

我又长大了一岁！

点评：

本文是一位在中国读书的韩国学生所写。文章围绕"我又长大了一岁"这个主题，叙述了成长过程中的难忘经历：看鬼片受到惊吓，央求母亲买吉他，母亲用改变环境的办法帮助儿子成长……每件事都很新奇，带给读者新鲜的感受。在这些小事的背后，我们看到的是一个异国少年成长道路上的复杂情感及母亲对儿子的殷殷关切。文字朴实细腻，写出了真情实感，是一篇令人欣赏的佳作。

二、亲情驿站

【写作指导】

亲情是人类永恒的情感。广大青少年正处在成长阶段，人生的道路还需要家长的引领。我们就像一只只风筝，无论飞得多高、多远，都离不开父母的牵挂。感悟亲情，书写亲情，既是提高同学们语文能力的一个方面，也是增强同学们珍惜亲情意识的重要方式。

（一）要选择典型材料来写

也许是小学时写关于长辈的文章较多的缘故，面对亲情这个主题，有些学生可能会觉得题材老旧，缺乏新意。其实，亲情是一个永恒的话题，永不过时。很多同学缺少的不是亲情，而是对亲情的深入体会。因此，写好本次作文的第一步，在于选择材料。同学们要从日常生活中选取最能展现亲情的小事，从小事中感悟亲情，书写亲情，培养孝敬长辈、珍惜亲情的情感。

请看下面一则故事片段：

> 我接过袋子，用右手挽起母亲的左臂向前走去。行了几步，母亲停下来，松开我的手，捋了捋头发，左手接过我手中的袋子，绕到我的左边，就在母亲用她的右手牵起我的左手的那一瞬间，我明白了一件事：走在大街上，左边的人永远比右边的人危险，右边的人永远比左边的人安全！因为，左边就是车道。

这个故事讲述了一位母亲爱护子女的小事。作者从小事中看到了人间的大爱。读完这则故事，很多人会明白一个道理：母亲为子女所做的不都是轰轰烈烈的大事，大多是些平凡的小事。能否从这些小事中体会到母爱的伟大，取决于子女是否用心去体会。

除了父母亲外，一切与自己有着血缘关系的人都可称之为亲人。他们的生活经历、喜怒哀乐，他们对自己的关爱和照顾；他们对事业与生活的梦想与追

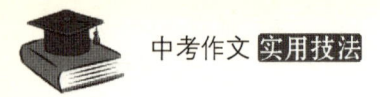

求,对自己的希望和要求等,都可以作为写作素材。

社会是个大舞台,作为一名中学生,对亲情的体会不仅可以来自家庭,还可以来自社会。同学们要拓宽视野,放眼社会,留心社会的细微角落,把日常生活中有关亲情的见闻作为写作的素材。例如,一位遭丈夫毁容的母亲坐在街头,用手从垃圾桶里掏出食物给怀中的幼儿吃。这样的事例,同样可以作为好的材料来写。

(二)要善于以小见大

"慈母手中线,游子身上衣。临行密密缝,意恐迟迟归。谁言寸草心,报得三春晖。"这是唐代诗人孟郊的名作《游子吟》中的句子。诗人以深情的语调,抓住母亲手中的针与线来写,真切地表达了母亲的爱子之心和骨肉亲情。诗歌感人肺腑,催人泪下,让人从小事中看到了伟大的母爱。

莫怀戚的《散步》一文,是描写亲情的典范之作。作者记叙了母亲、妻子、儿子和"我"一起外出散步的一次经历。在母亲和儿子为散步路线发生分歧的时候,"我"和妻子做出了一个重大的决定:"我"背起母亲,妻子背起儿子,一同向小路走去。从情节的角度来看,这个故事显然不是什么轰轰烈烈的大事,但正是这样一件微不足道的事,让人看到了作者一家相互关爱、相互体贴的浓浓亲情。

这些例子启发我们,写好亲情类的作文,不必写轰轰烈烈的大事,更不必为了感动他人去编造一些"感人肺腑"的假故事。要知道,生活中很多小事都凝聚着浓浓的亲情,父母的一举一动、一言一语,爷爷奶奶的唠叨,外公外婆的关爱……我们缺少的不是素材,而是一双善于发现的眼睛。

(三)要注意穿插抒情、描写或议论

在表达方式上,同学们还要注意在叙事中穿插抒情、描写或议论,以多种手法深化对亲情的理解。

朱自清先生在《背影》这篇文章里,叙述了父亲和我在车站分别时,父亲翻过月台为我买橘子的事情。语言朴素,感情真挚。文中父亲翻过月台的那一幕,尤为感人:

我看见他戴着黑布小帽，穿着黑布大马褂，深青布棉袍，蹒跚地走到铁道边，慢慢探身下去，尚不大难。可是他穿过铁道，要爬上那边月台，就不容易了。他用两手攀着上面，两脚再向上缩；他肥胖的身子向左微倾，显出努力的样子。这时我看见他的背影，我的泪很快地流下来了。我赶紧拭干了泪，怕他看见，也怕别人看见。

作者在这段文字中，对父亲攀爬月台时的动作、神态等细节，做了生动细致的描写，生动地表现了父亲对儿子的关爱。

《我的母亲》是胡适先生写的一篇怀念母亲的文章。作者在回忆了几件有关母亲的小事后，以一段抒情性的文字结尾：

　　我在我母亲的教训之下住了九年，受了她的极大极深的影响。我十四岁（其实只有十二岁零两三个月）便离开她了，在这广漠的人海里独自混了二十多年，没有一个人管束过我。如果我学得了一丝一毫的好脾气，如果我学得了一点点待人接物的和气，如果我能宽恕人，体谅人——我都得感谢我的慈母。

胡适的好脾气在文艺界和学术界都是有口皆碑的。据悉，由于思想见解的不同，鲁迅曾写过一些文章批评胡适。对于鲁迅的言论，胡适采取了不理、不驳的态度。鲁迅逝世后，胡适反而为他辩护，阻止别人骂鲁迅。鲁迅的夫人许广平当时正为《鲁迅全集》的出版而四处奔走，却没有人愿意帮忙。胡适得知消息后，立即帮忙运作。他这种从不计较恩怨得失、宽容大度的品质是难能可贵的。胡适在文中把这种好脾气、好品格归结到了母亲的教诲上。在他看来，没有母亲的谆谆教导，就没有他后来宽容、善良的品质。

当然，亲情并不都是用平常见到的"爱"来代替的。由于家庭环境、文化背景、个人性格的差异，亲人们表现出来的情感是各不相同的。有的是温暖的慈爱，有的是一味地溺爱，有的是严中有爱；有时是和煦的阳光，有时是狂风暴雨。如何正确地看待这些现象，取决于我们的认识程度。因此，同学们要结合自己的思考，穿插议论，让亲情的内涵更加深刻。

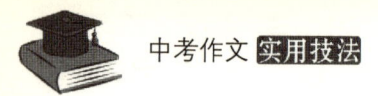

在结构上,同学们可以适当借鉴《我的母亲》《散步》等课文来安排。例如,《我的母亲》采用的是平行结构:作者围绕母亲的性格特点和对我的教育选取了几件典型的事例来写。《散步》则采用了纵向结构,一家人由"散步"到"发生分歧",再到"解决分歧",最后"各得其所"。虽一波三折,但始终不变的是浓浓的亲情。

【提纲示例】

题目:母爱是条永流不息的小河
主题:叙述母亲对自己的点滴关爱,表达对母亲的感激之情。
结构:片段组合,穿插细节。
正文:
开头:排比式开头,歌颂母爱的温暖。
主体:
一、母亲关心自己的生活片段:操持家务、关心学习、做热豆浆等。
二、回忆练小提琴受到母爱触动的经历。
结尾:反思自己,感恩母亲。
手法:记叙中穿插细节描写,注意首尾照应,突出主旨。

【范文引路】

母爱是条永流不息的小河

赵依涵

在我生命的长河中,流淌着一条小小的河流。它是那样一条平凡的小河,却又有着强大的力量。当我的心灵干涸之时,它缓缓地倾泻,将我心滋润;当我的情感受到创伤,它轻轻地流淌,将我情安抚。是的,它平凡,却平凡得伟大,平凡得动人。这条源远流长的小河呀，就是母亲给予我的最温暖最真挚的爱。

和所有母亲一样，妈妈所做的事无非是操持家务，体贴丈夫，关心孩子，顾全着家里大大小小的事。妈妈普通得不能再普通了，然而就是这样一位普通的母亲却给予我世上最大的幸福。上了中学，我每天的生活内容就是学习，吃饭，睡觉，一切已成为规律。学习的压力已让我感觉不到生活有什么新意，从来不懂得抬起头来品味一下生活。每次放学回家，妈妈都会不停地问我在学校的表现。她的嘴似乎从来都不会停息，每次都想在最短的时间内把我的学习情况问个遍。有时，我也会很不耐烦，就"哼""哈"地应着。她听着好像就舒了口气。待到我写作业之时，她便很少与我讲话。每当我心烦气躁时，她就会变戏法似的变出一盘水果。我吃着吃着，便觉得舒畅了。第二天一早，我喝着热乎乎的豆浆，又饱饱地上学去了。我把一切都当成理所当然。理所当然地吃着，理所当然地享受着她给我的爱。

有一天，我拉着小提琴，看起来精致典雅的琴，却被我拉得像锯木头一般，刺耳至极。我简直要发狂了。可一旁坐着的母亲，却不让我停下。我很无奈，只好乱拉一通。

"休息一会儿吧！"妈妈听出了我的急躁。

"拉得太烂了，我不练了！"我抱怨道。

"哪里，你拉得很好啊！和以前比，进步不少。"

我笑，心想：长这么大了，你还骗我！就只有你这个"傻瓜"爱听我拉琴。

忽然，妈妈问我："你以后要不要出国？"

"当然要！"孩子气的我总是自命不凡。

"我不舍得！"

"不舍得钱？"我气鼓鼓地说，"真小气，哪有你这样的妈呀！"

"不舍得你！"妈妈嫣然一笑。

"不舍得你！"这句话从妈妈的口中一说出，我的心就猛地震了一下。刹那间，一股巨大的幸福感袭上心头。这是一句多么平凡而真切的话，这句话让我顷刻间感受到了妈妈的爱。我的想法却那么简单狭隘，还常常忽略她，那么理所当然地享受着她的爱，从来都没想过去回报。在母亲面前，我是多么卑劣啊！我从来没想过妈妈每天清晨为我磨豆浆时，克制着困意；也从来没有想过妈妈工作繁忙之余要时时想着我，为我洗水果，倒牛奶……我没有想过的太多太多，而妈妈为我花的心思却远远不止我所见到的。妈妈，原来你是那么的伟大！

妈妈的爱如一条小河，永远流淌在我心间。她是那样清澈明亮，永不干涸……

点评：

　　本文的标题用了一个很有诗意的比喻——母爱是条永流不息的小河，极有韵味。文章的开头以"小河"喻母爱，做了一段精彩的描写："它是那样一条平凡的小河，却又有着强大的力量。当我的心灵干涸之时，它缓缓地倾泻，将我心滋润；当我的情感受到创伤，它轻轻地流淌，将我情安抚。"生动形象，十分贴切。文中叙述的事例十分普通，却让小作者感受到了一份浓浓的亲情：母爱无处不在，母爱无时不在。结尾照应了开头，言简意赅。

我的母亲

叶建琪

说起母亲，我不知从何说起。我是在外婆家长大的，从小就与父母有一种隔阂——特别是母亲。这种隔阂，直到两年前回到她身边时才有所减退。就在这一次，我发现了母亲对我的爱。

母亲是个比较挑剔的人，这点我特别不习惯。每次她带我去买东西，都是东挑西选。拿起这个看看，拿起那个瞧瞧，一会说这里不行，一会说那里不好，挑了半天，又把物品放回去，所以一挑到比较满意的，我就会赶紧说："不错，不错，就这个吧。"谁知她那双锐利的眼睛又发现了瑕疵，还教训我看东西不仔细，将来会吃大亏的。我只能站在一旁静听，无奈地看着她把东西拿起又放下，看了一间店，又到另一间店去搜寻她眼中十全十美的东西。

母亲不仅对物品要求十全十美，对我的学业要求也极为严格。

记得刚上小学的第一个暑假，我是和父母一起度过的。由于贪玩，学校布置的作业到了快开学我都未完成。一天晚上，父亲要我把作业本拿出来给他检查。我一听就蒙了，支支吾吾地不去拿。谁知父亲大喝一声："快点！"我只得拿来作业颤抖着交给父亲。父亲一页一页地翻着，脸色由白变红，最后变成吓人的黑色。我在一旁紧握双手，心里忐忑不安，汗不停地流下来。父亲终于爆发了，他把作业摔在地上，拿起一条小木棍就往我身上打来。母亲赶紧跑过来用身体护住了我，问发生了什么事。

父亲把棍子停在半空，冲着母亲吼道："你看看你儿子写的作业，都成什么样了？"

母亲一边安慰吓得大哭的我，一边拿起我的作业看了起来。我知道母亲看后也会生气的，便偷偷地瞄了母亲一眼。果然，母亲那温和的脸也怒色渐起。

父亲又举起棍子向我打来，我带着求助的眼神向母亲身边挪去。母亲却转过身去，任由父亲责打起我来。我的求助彻底无望了——棍子重重地落在我的脚上，剧烈的疼痛一下子钻进心里。我"哇"的一声大哭起来。母亲偷偷扭过头来，用略带抽噎的声音对我说道："打得好！"

我当时真是恨极了母亲。我恨母亲不袒护我，还在一旁做父亲的"帮凶"。

父亲打完我后，用不可抗拒的语调要求我把未做完的作业在当天晚上全部完成，否则不准睡觉。我只得哭哭啼啼地答应了。母亲摸了摸我被打的地方，然后默默地站在我身边。那一晚，我坐在桌前写到大半夜。母亲也未睡，一直默默地站在我身边，直到我写完最后一个字，才慢慢地把我抱回床上，静静地注视着我进入梦乡。

说来也奇怪，自从经历了那次痛彻心扉的"教训"以后，我就再也没有在作业上偷过懒了，并且还经常得到老师的表扬。现在回想起来，当初父亲打我时，母亲也是心痛至极的，但为了教育我，母亲只能狠下心来当"帮凶"。每次想到这里，我就觉得错怪了母亲，因为我身体上的痛肯定比不上母亲心里的痛。

如今的我,在学习上取得了一些成绩,在历次考试中,我总是名列前茅。渐渐地,我在老师和同学们心中有了一点地位。在为人处事上,我也保持着谦虚朴实的态度。这一点赢得了很多同学的喜爱,让我拥有了很多朋友。这一切,都得感谢我的母亲。

点评:

  这篇文章的题目很普通,内容却很特别。写母亲的文章很多,大多是关于母亲如何关爱孩子的。这篇文章中的母亲却有些特别:做事情爱挑剔,教育孩子很"冷漠"。然而,当作者长大后才发觉,母亲的"冷漠"是另一种爱——为了培养孩子的行为习惯不得不采取的教育方式。尽管有些"残酷",但促使了作者的转变,真是可怜天下父母心。文笔细腻,饱含真情实感。

母亲就是一棵大树

李奇伦

  是谁牵着我的手迎接我第十五年的第一缕春光?是母亲!冰心奶奶说过:母亲赋予我们灵魂和肉体,就让我们用灵与肉来回报母亲,探索人生。

  我出生在山西太原一个普通家庭,在这个普通而温馨的家庭中,我快乐地生活了六年,直到2000年我们全家踏上了深圳这片土地,我的生活才发生了改变。在深圳,我认识了许多新的朋友,可是生活中难以预料的事情也随之发生了。

  记得小学一年级时,我在学校楼梯间和同学推推搡搡,一不小心从六级台阶上摔了下去,右脚重重地落在地上,人也随即倒在了地上。当时,我并没有在意,继续和同学们玩耍。但一会儿的工夫,脚越来越痛,脚踝渐渐地肿了起来,后来几乎都不能走路了。母亲来接我放学,看到我不对劲,马上带我去了儿童医院,初步检查的结果是:右脚踝关节处断骨,需要手术。母亲瞬间惊呆了,眼泪如同开闸的大坝一般奔涌而出。当天晚上,我需要住院观察,当我兴奋而好奇地观看着医院的设施时，母亲却守在我的床边，几乎一夜没有合眼。母亲不希望我做手术，于是东奔西跑，请教医生和可行的治疗方案。母亲需要抱着很胖的我上下楼梯，在不同的医院和科室之间奔波。

记得有一次，天下着小雨，母亲背着我去一家医院。我看到母亲的脸上流下了很多水珠，不知道是汗水还是雨水。我吵着说热，母亲竟一整夜坐在我的床边，给我扇风。我偷偷地瞄了一下母亲的眼睛，上面布满了因劳累而留下的血丝。后来在一位老中医的建议下，我可以不动手术，但需要打三个月的石膏，母亲终于放下了一点心。但随后的两个月，母亲却更加辛苦，给我做好吃的饭，帮我按摩。在母亲无微不至的照顾下，我很快便恢复了健康。

面对母亲，我感受到了她深厚的母爱。如果说我是一片小舟，那么母亲就是一个给我保护的温馨港湾，时时供我停泊。

我幸福的家庭生活在2004年被打破了——父母离异了。我相信任何孩子都不希望父母离婚，但10岁的我真的没有太大的感觉，直到现在我才逐渐明白，可能是父亲在我脑海中留下的印象太少了的缘故。在我以后的生活中，母亲就是严父兼慈母。有一次，我看到母亲正在偷偷地哭泣。我对母亲说："妈妈，别伤心，你努力工作，我好好学习，我们会过得更好。"母亲抱住我，一滴眼泪滴在我的肩头，永远留在了我的心中。母亲将这句话反复讲给她的朋友听，她努力工作，我们的家里又充满了欢声笑语。她的工作非常出色，我想母亲正在用她的行动证明，她可以撑起这个家庭。

面对母亲，我体会到了一种强烈的责任感。如果说我是一棵幼苗，那么母亲就是站在我旁边的参天大树，时时保护着我。

我虽然缺少父爱，但并不缺少父亲般的爱护。母亲对我的要求非常严格，可能比一般的父亲还要严厉，我的学习成绩出现滑坡的时候，我最害怕母亲严厉的眼光，也害怕她一针见血的分析。她总能最准确地找出我的问题，并帮我制定出最有效的改进办法。母亲拥有两个硕士学位，在公司是负责人力资源的，她甚至将在公司使用的月度计划考核表应用到我的学习中。我在学校的每一次进步，都凝聚着母亲的功劳。

我的母亲是一个知识面广、心态年轻的人。我可以和她讨论任何问题，她也能够理解我们年轻一代的想法。我甚至可以和母亲共同讨论青春期的事情，

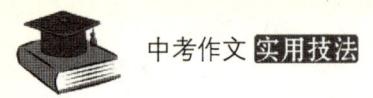

讨论我周围发生的一切。我将母亲当作一个无话不谈的朋友。母亲的学识和毅力让我敬佩，母亲的关爱让我感动。

母亲，是我生命中的一棵大树！

点评：

　　这篇文章巧于构思，精于选材。文章先是用了一个疑问句来开头："是谁牵着我的手迎接我第十五年的第一缕春光"，以引起读者的阅读兴趣。接着，文章引用了冰心说过的一段话做引导，点名了"母爱"这个主题。文章选取了两件典型的事例来写："我"患病时母亲的奔波，体现了母亲对我无微不至的关心；我学习上出现困难时，母亲亲力亲为地帮助我，体现了母亲对我的严格要求和殷切关怀。两件事情一是生活中，二是学习上，很有典型性。文章语言朴实，感情真挚，首尾呼应，主题深刻。

我的父亲

朱淑仪

　　有人说，十岁的小孩子崇拜父亲，二十岁的青年人鄙视父亲，四十岁的中年人怜悯父亲。对我来说，这个世界上最值得我崇拜的人便是我的父亲。

　　父亲是个厨师长，厨艺精湛，对做菜的要求很严格，甚至可以说苛刻。在厨房工作的厨师们都有些怕他，做菜的比例哪怕有一点点差错，也会招来父亲的一顿痛斥。然而，父亲在家里却是慈爱的，几乎从不发火——他的好脾气甚至超过了我母亲。

　　父亲的一生曲曲折折，几乎包含了"酸甜苦辣"四大阶段的各个要素。很小的时候，因为家庭贫困，身为家中老大的父亲不得不肩负起照顾家庭的责任。因此，父亲读到高中就辍学了。父亲十分清楚读书改变命运的道理，因此很看重我的学习。

　　有一次，我数学没考好，把卷子藏起来了，没有告诉他。父亲去学校接我的时候，从同学口中得知了我的成绩。在回家的路上，父亲一改平时慈爱的面容，一路上阴着脸，一句话也不说。回到家里，父亲终于按捺不住心中的怒火，把我责骂了一顿。我当时觉得很委屈，眼泪吧嗒吧嗒地流了下来。父亲看到我在哭，心中的怒火更上了一层，板起脸来对我吼道：你哭什么？有什么好哭的……我当时觉得眼前这个父亲很冷漠，也很陌生，完全不是我所熟悉的温柔慈爱的那个父亲。但我并没有因此怨恨父亲，我深深地明白：希望女儿有出息——这何尝不是父亲的一个最普通的愿望？

父亲是个不善于表达感情的人，与父亲在一起时，沉默的时候居多。也许是因为父亲长期在外工作的缘故，我与父亲几乎找不到共同话题。虽然有过几次谈话，但每次都很严肃，给人一种冷冷的感觉。可以说，我们父女俩好像从来没有一次真正的沟通。

有一件事，让我改变了对父亲的看法。

小时候，我在老家害了一场大病。当时的情况很严重，经过治疗后，我有了好转。远在千里工作的父亲接到消息后，急匆匆地从外地赶了回来。疲劳憔悴的他，一进门就把已经转危为安的我抱在怀里，几滴晶莹的泪水落在我的脸上。多年后，父亲只是淡淡地提过一句："那些山路，全是悬崖绝壁，想起来也有些后怕。"这件事，在我幼小的心里留下了很深的印象，让我深深地体会到父爱的伟大。

为了我，父亲不仅走过了那些令人毛骨悚然的悬崖绝壁，更一度为了我放弃了美好的前程。

父亲从事饮食行业很多年，且工作表现出色。在我很小的时候，有人邀请父亲去国外发展，待遇很好，可是父亲为了照顾还在襁褓中的我，最终放弃了这个难得的机会。当我知道这些事情时，我被父亲这种无形的爱深深地感动了。父亲在我面前很少提这件事，他对我的爱总是无形的，但又无处不在。

"父爱比山高"，这句话我可真切地体会到了。虽然父亲与我之间很少沟通，但是父亲在我的人生中却扮演着一个非常重要的角色。父亲的每一言每一语，都引导着我在人生的路上前进。

（指导老师：陈剑华）

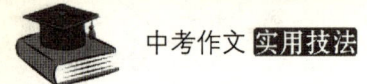

点评：

　　这篇文章采用了对比的手法，突出表现了父亲在我心目中的形象。文章先是写了父亲对待工作的严格，接着写了父亲对我的"冷漠"，给读者一种"不近人情"的感觉。然而，作者接下来笔锋一转，选择了两件有代表性的事例来写：我患重病时父亲掉下了眼泪；为了照顾我父亲放弃了出国工作的机会。这两件事生动感人，和前面父亲"冷漠"的形象形成了鲜明的对比，突出体现了"父爱如山"这个主题。文章语言朴实无华，感情真挚，对比效果十分强烈。

三、真我风采

【写作指导】

步入初中,同学们的生活翻开了新的一页。在经历了漫长的小学生活之后,很多同学怀着强烈的好奇心迈入了中学的校园。在一个陌生的环境里,稚嫩的你也许早已睁大了眼睛,观察着身边的一切:新的校园、新的同学、新的老师……

在芸芸众生中,每个人都有自己独特的个性和能力。所谓"人不可貌相,海水不可斗量",一个人的内心世界是难以窥测的。如何真诚而巧妙地介绍自己,让同伴尽快认识你、了解你,是同学们进入初中后面对的一个首要问题。

同学们可以通过自我介绍、自我推荐、模拟面试等活动,让你"初露锋芒"——展示自己的个性特点,让大家对你有一个初步的了解。但要想让大家更加深入地了解你,用文字来表达无疑是一种比较理想的方式。

那么,怎样才能更好地向他人介绍自己呢?容貌、身高等一切外在的东西别人都看在眼里,适当介绍即可。而人的内心世界则是他人一时难以了解的,因此,写好此类作文的关键在于写出自己的个性特征。

那么,人的个性包括哪些内容呢?心理学上所谓的个性指的是一个人在生活实践中经常表现出来的、比较稳定的、带有一定倾向性的个体心理特征的总和。我们这里主要是指人的性格、爱好、能力等方面的特点。比如,有的人勤劳,有的人懒惰;有的人勇敢,有的人懦弱;有的人大方,有的人自私……这些是个人的性格特征。有的人爱好运动、有的人爱好音乐、有的人爱好跳舞、有的人爱好绘画……这些是个人的爱好特点。在个人能力方面,有的人动手能力强,有的人思维能力强,有的人表达能力强,有的人运动能力强……凡此种种,都属于人的个性特征。

要写好这类作文,需要从以下几个方面入手:

(一)选好材料

材料相当于文章的"血肉",血肉充盈,文章才有可读性。选择最能表现

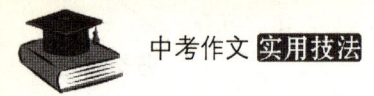

自己个性的材料,是写好此类作文的基础。

1. 描写自己的外在特点

在介绍自己的个性特征之前,一般要介绍一下自己的外在特点,包括外貌、性格、脾气等。这样写,有利于加深读者的印象。

在"范文引路"中,刘昱同学以《自题小像》为题,对自己的外貌进行了一番精彩的描写:

> 我生就一张国字脸,而且也并不很标准。圆中带方,方中有圆,虽然给人一种正经的感觉,但这其中也并不缺乏假正经的味道,这连我自己也觉得好笑。我头上的"杂草"不多,但是也让我十分恼怒。茂盛之时,犹如盘根错节的藤蔓一般难以理顺,摸上去还硌手,倘若抱只母鸡上来孵蛋,母鸡大概也会嫌它硬得扎脚!最难整的是,这头发有时还像一匹桀骜不驯的野马。只要它确定了形状,无论你用多少定型水,用多大力,也不能将它"扳"回原来的样子。这就是我晚上落枕,第二天上学被当作笑柄的原因……

在这段文字中,作者运用了白描、比喻、夸张等多种手法,用略带自嘲的口吻写出了自己的外貌特点。描写细致,语言生动,给人留下了深刻的印象。

2. 选择生活中最能反映自己个性特征的事

一位女同学在写到自己的特点时,毫不避讳地写出了自己的爱好——吃。她不仅爱吃,而且会动手做吃的。以下是她写的一段文字:

> 我爱吃,特爱吃。老妈说我有当美食家的天赋。可我对美食家一点儿都不感冒。我现在的目标就是成为一个"家庭大厨"。
>
> 我想成为大厨,不为追名逐利,仅仅是为了能给家人做一顿美餐。能让家人坐在一起,享受我的手艺,感受一份家的温馨,那可是一件非常美妙的事。
>
> 上周五,我去烹饪社学了一道菜——南瓜洋葱汤。哎,在学校望着食材流了一下午的口水,终于可以大展身手咯!
>
> 回到家,我扔下书包,便冲进了厨房。我卷起袖子,洗净手,把食材

洗干净、切好，放入平底锅爆炒。哇，橙色、白色、紫色，油滋滋的，就像一个个浓妆艳抹的舞蹈演员，在油锅中翻转跳跃，看得我赏心悦目。在"滋啦滋啦"的音乐声中，洋葱和南瓜的香味迅速蔓延开来……

这段文字写得十分精彩，作者围绕"爱吃"这一主题，通过一系列动词的运用，生动形象地描绘了自己做菜时的精彩场景，突出了人物的个性特征。

3. 选择个人的理想来写

每个人都有自己的理想。有的人希望自己将来当一个大法官，为百姓主持公道；有的人希望自己将来成为一名科学家，为科技进步做出贡献；还有的人想当医生、教师、航天员；等等。每个人也有自己的爱好，有的人喜欢运动，有的人喜欢跳舞，有的人喜欢下棋，有的人喜欢画画……以上种种，都可以反映出一个人的个性特点。选择其中的一点，并联系相关的事例来写，文章自然而然地就会从生活的源头活水里流出来。

《藤野先生》是鲁迅为纪念其在日本留学期间的教师藤野严九郎而写的一篇纪念性文章。文章写的是鲁迅留学日本的经历，这也是促使他人生理想发生改变的一次重要经历。鲁迅先生先是在东京学习，在目睹了清国留学生的种种丑态后，心生厌倦，决定到仙台去学医。在仙台医学专门学校，鲁迅与他的老师藤野先生相识、相知，并深得藤野先生的关爱。但在经历了"匿名信"事件和"看电影"事件的刺激后，鲁迅的民族自尊心深受打击，最终决定弃医从文。鲁迅告别了藤野先生，从此走上了文学创作的道路。鲁迅的人生选择，给了我们很深的启迪：选择最适合自己的人生道路，走能够为民族为祖国做出更大的贡献之路，才是人生最美好的理想，人生才会拥有更大的价值。

（二）写好细节

要写出自我的特点，除了选择典型材料，还要注意写好细节。抓住人物的神态、动作、语言、心理等方面的变化，进行深入细致的描写，会起到丰富人物形象、深化主题的效果。

在"范文引路"中，瑾沅同学的作文《向日葵盛开的季节》以深情的笔调回忆了自己小学一年级时的一次上课经历。作者自述自己从小便是一个"内

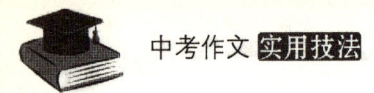

向、胆小，见到生人就一言不发，是一个腼腆而又羞涩的小丫头"。在一堂课上，"我"一时走了神。老师却要求"我"读出黑板上的"珍"字，我内心的慌乱可想而知。作者对这一细节做了十分生动的描写：

> 我犹如一只受惊的小鹿似的，心"扑通扑通"地跳个不停。这时只见全班人都在看着我，49道目光投到我的身上。此时，我感觉简直比在撒哈拉大沙漠里还要热，脸颊上不知不觉地出现了两片红彤彤的云。

当"我"准确地念出了"珍"这个字时，我得到了老师和同学们的热情鼓舞。这时，作者写道：

> 我缓缓抬起了头，只见周围的同学向我投来羡慕又略带佩服的眼神，老师也赞许地看着我。我第一次发觉，原来老师也有这么美的一面，原来老师也是照顾着我们的一位神圣的天使！

这两段文字，运用了比喻、夸张的手法，对"我"的心理进行了生动细腻的描写，十分传神。在这一细节里，作者抓住同学们和老师的眼神来写，十分生动地写出了作者受到鼓舞后的激动、兴奋之情。

"我手写我心"。如果我们用心去选择最能体现个性特点的材料，写好人物神态、动作、心理等细节，作文就一定能够写好。

【提纲示例】

题目：别样的我
主题：描述了自己的外貌特点、爱心与特长，表达内心愿望。
结构：总—分—总。
正文：
开头：概述自己的基本情况，总说自己独特的性格。
主体：

一、描述自己的外貌特点。
二、描述自己和善的内心。
三、描述自己和善的爱好。

结尾： 总结自己，实现理想。

手法： 总分相照，记叙中穿插细节描写，突出个性。

【范文引路】

别样的我

高宇辰

我叫高宇辰，如今已走过了14个春秋。现在的我，是深圳市育才三中的一名学生。我有着大多数人身上的共同点，也有着与众不同的一面。

我不是帅哥。我没有托尔斯泰犀利的眼光，但我有一双小小的近视眼。一副黑框树脂眼镜给我增添了几分斯文气息，而那碎齐的发型又给我增加了几分豪迈与洒脱。大大的耳朵时常给我带来几分福气——人们不是常说"大耳多福"吗？通常，能说会道的人都有一副磨不烂的嘴皮子，我当然也不例外，我曾用我的厚嘴唇"舌战群儒"，并在关键时刻一举击败对手。我看起来高大威猛，实际上只有高大是真的，威猛却是对我微胖身材的讥讽。

外表壮硕的我，内心却是和善的。我不像有的人一样心胸狭窄，别人打他一拳，他要还回十拳。我的心胸很宽广，在成长的道路上，很少有我容不下的事。这也许就是所谓的"大丈夫能容天下难容之事"吧。如果别人打我一拳，我不会还手，并且一转身的功夫，就把它抛在脑后了。和善的我也同样阳光，我是乐天派，凡事都朝乐观的方向想。我热爱有氧运动，足球、排球、羽毛球都是我的强项。连父母都叫我"阳光男孩"呢！我心中同样不乏仁爱之光，在为我们的对口帮扶学校举行的捐款活动中，我毫不犹豫地捐出了500元钱，献出了一份爱心。汶川大地震过后，全国各地掀起了捐款热潮，我又拿出了自己

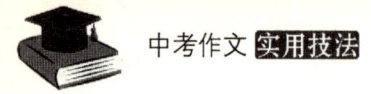

的1000元压岁钱,汇给了红十字会,那时的我,感觉特别幸福。

我这个人擅长两种"东西":音乐和体育。从小便开始学电子琴的我,刻苦练习,从不叫苦叫累。经过一段时间的学习,当初那个对音乐一无所知的孩子已成为一个热爱音乐的少年。我尤其喜欢唱歌,在班级的演唱会上,迎接我的往往是期待的目光,而欢送我的则是热烈的掌声。练琴曾经占据了我大部分的业余时间,我虽然没有考级,但实际上已经达到了电子琴七级以上的水平。我想,这与我的刻苦练习是分不开的。体育同样是我的强项,我是个"体育全能王",从小便开始训练各种体育技能。虽然我接触篮球不过五六年的时间,但通过刻苦锻炼,我已由一个"菜鸟"蜕变成一只"雄鹰"了!

我的学习成绩在班级里还算不错,在年级里保持在前五十名以内。我的目标是冲到年级十五名以内。经过这一年多的努力,我离目标越来越近了。我的学习态度很认真,不完成作业绝不"善罢甘休"。

我曾经想要一本《中国成语大全》,现在这个想法依旧强烈。这个沉淀了许久的愿望正被我一点一点地付诸实现。最终,我通过攒零花钱、帮父母做家务等各种方式攒了一笔钱,准备买这本书。用不了多久,这个愿望就会达成的。

我也有自己的得意之处,那便是我出国"留学"的经历。我曾去加拿大"留学",虽然只有短暂的两个星期,但我却体味到了许多东西。我这14天是在寄宿家庭中度过的。不一样的民族,不一样的文化,在这个多元的大家庭里,我收获了许多东西。

我的老师曾经说过:要立长志,不要常立志。作为一名学生,我的理想从未改变,就是成为一名科学家,从事高科技发明创造工作。我必须从现在开始坚持不懈地努力学习,为早日实现自己的理想而奋斗!

点评:

本文是一篇独具特色的个人自画像。文章先以俏皮的口吻描述了自己的外貌特点,然后着重叙述了自己的爱心和特长,最后简单写了一下自己的愿望。文章语言顺畅,活泼有趣,写出了自身的特点。例如:"我的心胸很宽广,在成长的道路上,很少有我容不下的事。这也许就是'大丈夫能容天下难容之事'。如果别人打我一拳,我不会还手,并且一转身的功夫，就把它抛在脑后了。"这段文字十分生动，既有引用，也有对比，突出了小作者心胸宽广的特点。结尾引用的老师的话"要立长志，不要常立志"。富与哲理，耐人寻味。

我的理想，父亲的愿望

周敏

时间过得真快，转眼间一年半过去了。看着时间一点一滴地流逝，却没有做什么有意义的事，我的心里感到空落落的。静下心来后，我开始思考起我以后的日子来。

我很喜欢音乐，喜欢唱歌，还想学韩文、日文，我的理想是成为一名歌星。可我每次和爸爸妈妈说，我想学，他们的答案都是"NO！"

如果我真的可以成为歌星，我所做的第一件事就是去看看我的偶像。之后，我会好好开创自己的音乐事业，因为这是我喜欢的。我对这份工作很感兴趣，所以，为了以后的音乐事业，我可以努力学习，改掉缺点。

父亲常问我："你有什么特长？"我回答说："我会唱歌。"他却反驳我说："唱歌谁不会啊，特长的含义就是别人不会的而你会，这才叫特长。"他总是这样打击我的信心，我的心里真不是滋味，但他说的是对的。只要有特长，走到哪里都不会被人甩在后面。有时还会令人刮目相看，不管到哪里都会是焦点。

父亲很在意我的学习，也很注重对我的特长培养，可是每到最后，我都让他失望。我对父亲的愧疚，总是那么深。

或许我真的应该好好努力了。父亲说，他最大的愿望就是能够看到他这个不争气的女儿考上大学。他说："如果你考上大学，爹地就很开心。"每当听到这句话，我的眼泪就会不由自主地流下来。我的脑海中总是响起这句话。每当课时懵懂，正想偷懒时，我的脑海中就会回响起父亲以开心的面孔说出这句话。每当我正要放弃剩余的困难题目时，我忽又良心发现，而且增加勇气了。

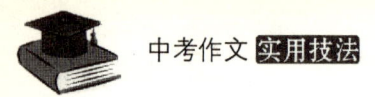

于是提起精神,继续为父亲的期待和以后的事业奋斗。

我的理想,父亲的愿望,我该怎么选择?

或许有一天,我真的会让父亲的心里乐开花,再次看到他满意的笑容。

点评:

　　这篇文章以自述的口吻,写出了一个孩子的理想和愿望。文章通过写与父亲的一段对话,表达了自己想成为一名歌星的愿望,要发奋读书,实现理想的决心。文字朴素,感情真挚。

自题小像

刘昱

　　我的脸长得不好看,自打记事以来我就认为自己长得奇丑无比,甚至觉得自己生来就是做下人的。上小学时,我觉得班上任何一位男生都比我长得帅气,我很憎恶我的这张脸,并打心底里产生了一种深深的自卑感与厌世感。

　　我生就一张国字脸,而且也并不很标准。圆中带方,方中有圆,虽然给人一种正经的感觉,但这其中也并不缺乏假正经的味道,这连我自己也觉得好笑。我头上的"杂草"不多,但是也让我十分恼怒。茂盛之时,犹如盘根错节的藤蔓一般难以理顺,摸上去还硌手,倘若抱只母鸡上来孵蛋,母鸡大概也会嫌它硬得扎脚!最难整的是,这头发有时还像一匹桀骜不驯的野马。只要它确定了形状,无论你用多少定型水,用多大力,也不能将它"扳"回原来的样子。这就是我晚上落枕,第二天上学被当作笑柄的原因。虽说"修剪"了之后,这些问题就没有了,但是还有令我苦恼的地方呢。在剪了头发之后,我那尖尖的脑袋暴露无遗,看上去与岩石没什么两样。有一回我去庐山看日出,拍了一张相片,由于光线不好,效果很差。大多数人看到这张照片时,第一反应就是:"呦,这日出之景咋还拍进了一个怪石?"

　　远看我这脸还算说得过去,近看的话,连我自己都觉得恶心。皮肤表面坑坑洼洼，藏污纳垢。鼻翼两侧更是如此，犹如被地雷炸得千疮百孔的战场。额头上也不乏青春痘"践踏"之后的痕迹，虽然没有那种脸上不见一寸完好皮肤的惨状，但是也已经够难看了。

我的眼睛不大也不小，形状是普通得不能再普通的三角眼。瞳仁不黑，是棕色的。瞳仁外包着一层黑里透灰、灰里透白的东西，还带点黄边。而白色的部分也不是纯白，有点儿泛黄，很像那种鱼死后翻肚子的那种样子，这使我的眼睛看起来一点儿生气都没有。眉毛与睫毛都像扫把似的（还是那种掉了几撮毛的扫把），覆盖在它们应该覆盖的位置。虽然面积挺广，却很稀疏，犹如一片沼泽上的几根芦苇那样，只看这部分就颇有些凄凉之感。

我那酷似山脉的鼻梁，从正面看倒还没什么特别之处，但是一转到侧面，便会发现一排连绵的山峦横亘在眼前，特别是以往戴过眼镜的地方会明显地显现出一道沟壑，与旁边的"山体"形成强烈的反差。而这还不是最显眼的，待我一张开我的大嘴时，你会惊奇地发现那嘴唇是由上颌那两颗巨硕无比的门牙顶起来的。只要我一张开嘴，这两颗门牙就像是抢了整张脸的镜头一般，十分引人注目。我也为此伤了不少的脑筋，直到最后给它俩套上个铁环，它俩才消停。我的耳朵是我这张脸上最完美、最对称、最让我喜欢的物件了，它没有头的怪状、鼻的畸形、牙的张扬、头发的犟劲以及脸的无常和眉的凄凉，因为它是给我普通感最多的一样东西。

当然，无论这张脸长得多丑陋多不成样子！这张脸仍是我的，一张属于我这个人物、这个形象的脸，而且我现在也并不讨厌这张脸了，因为它是无可替代的。换句话说，我这张脸虽然不如别人的帅，但我可以将它变成艺术品！

点评：

  细读本文，不难发现，文章的手法酷似茨威格的《列夫·托尔斯泰》。尽管是一篇仿写的文章，但作者的描写和想象能力仍然令人惊讶。作者抓住了五官的特点，多方设喻，并融入丰富的想象，极尽描绘之能事。带给读者丰富的想象空间，值得赞叹。

向日葵盛开的季节

瑾沅

小时候的我，内向、胆小，见到生人就一言不发，是一个腼腆而又羞涩的小丫头。然而，在向日葵盛开的季节里，通过一次勇敢的尝试，我懂得了什么叫作真正的自信，什么才是真正的勇气。

一年级时，刚入学校的我，对一切事物都感到陌生。那时，不仅仅是老师，甚至是校园里的一草一木，或是蝉儿的鸣叫，都会使我绕道而行。

有一节课，老师正在台上讲课。尽管已经和班里的人相处了一个多星期，其他同学早已经疯成一团，可我还是小心翼翼的，不敢有半点儿马虎，生怕会犯什么错误。我把耳朵竖得尖尖的，每一个细胞都不敢松懈。

知了在课室外尽情地歌唱，现在是向日葵盛开的季节。尽管我一再提醒自己不能走神，可是不知道怎么回事儿，还是经常托着下巴望着窗外若有所思起来。老师许是见此现状，对我说道："来，这位小朋友，请你回答。"我仿佛是一只偷吃灯油的老鼠被猫发现了一般，惊慌失措地撒开手，慢吞吞地从椅子上站了起来。

我犹如一只受惊的小鹿似的，心"扑通扑通"地跳个不停。这时只见全班人都在看着我，49道目光投到我的身上。此时，我感觉简直比在撒哈拉大沙漠里还要热，脸颊上不知不觉地出现了两片红彤彤的云。

见我不语，老师温和地跟我说道："这位同学，请你回答一下黑板上的这个字怎么念，其他同学可都不会呢！"

这就像一缕清泉流过心田，又似一束阳光洒在心房。我猛然抬起了头，只见老师向我投来慈祥的目光。那目光，就像一池深深的潭水，让我想起了妈妈。

我看了看那个字——"珍"，对于识字量较大的我来说，读出它来根本不在话下。于是，我轻轻地念了出来，声音小得像蚂蚁爬行时所发出的声音那样。我不安地捏着我的衣角，因为我听小伙伴说过，小学的老师是很厉害的，经常会批评人。想到这儿，我不禁倒吸了一口凉气，低下了头，等待着老师的

"发落"。

老师缓缓地开了口:"很好,这位同学真棒,让我们为她鼓掌!"顿时,掌声整齐而又有力地响起。我缓缓抬起了头,只见周围的同学向我投来羡慕又略带佩服的眼神,老师也赞许地看着我。我第一次发觉,原来老师也有这么美的一面,原来老师也是照顾着我们的一位神圣的天使!

在老师的谆谆教导下,我举手发言的次数多了起来。老师对我的鼓励、信任一如既往。

我想,如果没有那一次勇敢的尝试,就不可能会有我在课堂上踊跃发言的表现。

我行,我能行!我将永远铭记在心,勇敢自信地去迎接人生每一次挑战。像向日葵一样,骄傲地抬起头颅,追随自己所向往的,永不放弃!

点评:

　　文章真实而生动地记叙了作者童年时代由腼腆而羞涩走向成熟而自信的历程,毋庸置疑,教师的循循善诱和天使般的爱心是孩子成功的主要动力。文章最大的亮点是在叙述中穿插了抒情和描写,把读者带入了作者的内心世界。"这就像一缕清泉流过心田,又似一束阳光洒在心房。我猛然抬起了头,只见老师向我投来慈祥的目光,那目光,就像一池深深的潭水,让我想起了妈妈。"这么细腻的描写,这样真挚的情感,没有深刻的感悟是难以写出来的。作者用了一个恰当的比喻做结尾,映照出了作者积极乐观的人生态度。

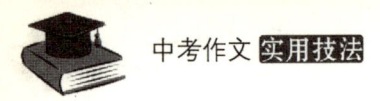

四、人与自然

【写作指导】

在人类文明进入高度发达的时代,环境保护已成为世界各国共同面临的问题。人与自然如何相处,如何爱护我们共同的家园,是关系到我们人类的生存质量甚至能否继续生存的问题。因此,写好环保类作文,不仅仅是提高作文水平的问题,也是提高广大中学生环保责任意识的问题,值得我们高度重视。

写好环保类作文,可以从以下几个方面入手:

(一)选择主题,确立中心

环境问题涉及面广,主题众多。从大的方面来看,环境问题主要包括以下几个方面:水资源枯竭及污染、土地荒漠化、大气污染、生物种类衰减、能源枯竭等。

1. 水资源枯竭及污染

我国是一个水资源短缺的国家。据有关资料统计,虽然我国的水资源总量居世界第六位,但人均占有量只有2500立方米,约为世界人均水量的1/4。我国已被联合国列为13个贫水国家之一。从世界范围来看,世界上至少有10亿人缺少干净的饮用水,而每天有多达6000人因缺水而死亡,其中大部分是儿童。

从污染角度来看,我国水资源质量整体呈下降趋势,水环境持续恶化,黄河、长江、辽河等七大水系均受到不同程度的污染。由于污染所导致的缺水和事故的不断发生,不仅使工厂停产、农业减产甚至绝收,而且给人民群众的生命健康带来了威胁。据《西安晚报》报道,江苏省盐城市阜宁县古河镇洋桥村,因为靠近一家农药厂、两家化工厂,该村于2001—2004年有20多人死于癌症。因空气和水污染,村民睡觉时以湿毛巾捂口鼻,鸭子不在水边而在猪圈里放养。盐城市阜宁县杨集镇东进村,受巨龙化工厂严重污染,2001—2006年,死于癌症的村民近100人。四川省什邡市双盛镇亭江村躲过了地震却难逃污染,至2008年,癌症致死者达五六十人。最新的癌症村来自"中国长寿之乡"山东省莱州市,日益严重的化工污染使当地部分村庄成为"癌症村"……

水资源的枯竭及污染，给人类生存带来了巨大的威胁。同学们可以选择合适的角度，搜集材料，展开写作。

2. 土地荒漠化

土地荒漠化指的是土地在退化，变成类似于"沙漠"的模样。1992年，联合国在巴西里约热内卢举行的联合国环境与发展大会上指出，荒漠化是由于气候变化和人类不合理的经济活动等因素，导致干旱、半干旱和具有干旱灾害的半湿润地区的土地发生了退化。1996年，联合国防治荒漠化公约秘书处发表公报指出：当前世界荒漠化现象仍在加剧。全球现有12亿多人受到荒漠化的直接威胁，其中有1.35亿人在短期内有失去土地的危险。荒漠化已经不再是一个单纯的生态环境问题，而是演变为经济问题和社会问题，它给人类带来贫困和社会的不稳定。到1996年为止，全球荒漠化的土地已达到3600万平方公里，占到整个地球陆地面积的1/4，相当于俄罗斯、加拿大、中国和美国国土面积的总和。到20世纪末，全球将损失约1/3的耕地。

土地的荒漠化，意味着人类将失去赖以生存的基础。保护土地，合理利用土地资源，已成为人类义不容辞的责任。

3. 大气污染

随着机动车尾气的大量排放，燃煤污染及工矿企业有害气体的排放，还有森林火灾、火山爆发等自然因素的作用，愈来愈严重的大气污染问题已成为各国政府面临的严峻问题。据历史记载，1952年12月初的一天，英国伦敦突然出现了阴雨天气，天空中灰黑色烟雾缭绕，并有浓重的生葱头似的辛辣味。由于伦敦上空的能见度太低，因此飞往世界各地的班机全部取消。浓雾中，粒径小米般大小的黑色晶体纷纷扬扬地降落着，撒落在街道上、建筑物上、人们的衣服上，天地之间仿佛降了场黑雪。整个伦敦开始了一场集体性烟气中毒。医院里咳嗽、呕吐声不绝于耳，4天之后，伦敦城死去4000多人；2个月后，伦敦市统计部门统计，这次黑色浩劫共夺去了8000位无辜市民的生命。这就是震惊世界的英国伦敦烟雾事件。

大气污染给人类生命健康带来的灾害是巨大的，同学们可以就身边的事例写起，如机动车尾气污染、工矿企业污染等，搜集素材，表达观点，在写作中提高自身的责任意识。

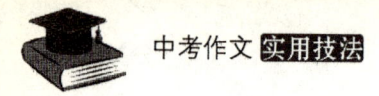

4. 生物种类衰减

由于环境污染、人类的滥捕滥杀等原因，地球上的很多生物种类正在衰减。世界自然基金会曾公布了濒临灭绝的十大濒危物种名单，它们是：虎、小葵花凤头鹦鹉、波纹唇鱼、亚洲象、大白鲨、小虎鲸、印尼白木、叶尾壁虎、猪鼻龟、红豆杉等。据《中国青年报》报道，有一个城市每天吃蛇10吨以上，一年至少3650吨。按平均每条蛇0.5公斤计算，那就是730万条，情况令人震惊。

5. 能源枯竭

随着世界各国工业化的发展，能源危机正离人类越来越近。据美国石油业协会估计，地球上尚未开采的原油储藏量已不足2万亿桶，可供人类开采时间不超过95年。在2050年到来之前，世界经济的发展将越来越多地依赖煤炭。其后在2250—2500年，煤炭也将消耗殆尽，矿物燃料供应枯竭。

如何渡过即将到来的能源危机？我们唯有珍惜现有的自然资源，一方面厉行节约，一方面开发新的能源，这样才能为人类未来的生存问题提供保证。

（二）巧妙构思，以情动人

确定了主题后，要广泛深入地搜集材料，以充沛的事例和严密的说理来表达自己的观点。

日本作家星新一的小说《喂——出来》一文，采用循环式的结构。小说开头写庙被台风卷走后，出现了一个无底洞，引发了人们的种种议论。接着写洞出现后，人们的种种反应。再写到人们把各种垃圾、废物都扔进了洞里。最后写施工的工人听到了一个奇怪的叫声"喂——出来"，并飞出了一块小石头。这样的结构呈现一种循环的状态，结局似乎就是开头。作者这样安排，实际上是为了提醒人类："自然的规律是不以人们的意志为转移的，扔进洞里的垃圾总有一天会成为压在人们头上的灾害"这一观点。

《特殊的葬礼》是一篇有关环保的记叙文。作者描写了巴西著名的塞特凯达斯瀑布由昔日的雄伟壮观到最终枯竭的过程。1986年9月，在拉丁美洲的巴拉那河上，巴西总统菲格雷特穿着黑色的葬礼服，亲自为这个美丽的瀑布举行了一个葬礼。这篇文章构思巧妙，作者先回忆了大瀑布昔日的雄伟景象，接着描述了大瀑布如今枯竭的情景，前后对比鲜明，震撼人心。文章以对比的形式,深刻地说明了破坏环境给自然带来的严重危害,告诉我们要珍惜环境,保护环境。

(三)对比反衬,生动描绘

《罗布泊,消逝的仙湖》这篇课文,讲述了罗布泊从美丽的仙湖变成荒漠的故事。文章运用了对比的手法,把从前的罗布泊的美丽景象和当今的惨状进行对比,用鲜活的事例说明了罗布泊的消逝是人为破坏生态的恶果。作者表达了内心的痛苦之情,发出了拯救生态环境的强烈呼声。

文中,作者还运用了拟人、比喻等多种修辞手法,生动地描写了罗布泊边缘的植物的变化。例如:"站在罗布泊边缘,会突然感到荒漠是大地裸露的胸膛,大地在这里已脱尽了外衣,露出自己的肌肤筋骨。站在罗布泊边缘,你能看清那一道道肋骨的排列走向,看到沧海桑田的痕迹,你会感到这胸膛里面深藏的痛苦与无奈。"这段话运用了比喻、拟人的修辞手法,生动地写出了罗布泊如今的惨状,表达了作者对环境被破坏、对绿洲消失的痛惜与无奈之情。

"人与自然"是一个具有很强的现实意义的作文话题。写作时,我们既要考虑主题的确立,还要考虑结构的安排和手法的运用。只有做到内容和形式的完美统一,文章才会更有价值。

【提纲示例】

题目:春天的赞歌

主题:描写春天的景色,赞美春天的美丽与活力。

结构:总—分—总。

正文:

开头:由景入情,概述春回大地的喜悦。

主体:

一、描述春雨的特点。

二、描述春风的特点。

三、描述春天里草木鸟兽的变化。

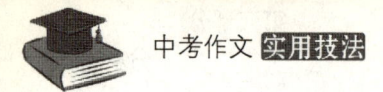

四、描述人的活动。

结尾：照应开头，赞美春天。

手法：记叙中穿插细节描写，运用比喻、拟人等多种手法。

【范文引路】

春天的赞歌

章耀霖

伴随着和风细雨，带着丝丝暖意，当春风吹拂大地，当春雨滋润起万物，这世间的一切都从睡梦中惊醒。因为她——春天来到了。

她依然是那样温柔，那样美丽，像个羞涩的姑娘，在不知不觉中来到你的身旁，也许不知什么时候，她已默默注视了你许久许久。春天带来了她的礼物，那是她馈赠给这个世界最好的礼物了。这一点，她又像个天真无邪的孩子，有着一颗纯洁、童真的心，毫无保留地把她美好的一切送给了这个她所深深喜爱的世界。于是，这世界便得到了她这美好的礼物。

雨，淅淅沥沥地下着。那是春天的雨，是极滋润甘甜的雨。绵绵的细雨散落大地，它是那样细密，如牛毛花针；它是那样柔软，轻轻地散落在地上，落在房屋上，落在花草树木上，声音小得几乎察觉不到；它又是那样及时，大地上的万物早已饥渴难耐，这滋润甘甜的春雨啊，给万物带来了生机。万物开始有了活力，有了向这个世界展示自我的力量。

风，伴随着雨，在轻轻地吹着。"吹面不寒杨柳风"，那是阵阵温暖的风，温柔的风，轻轻地吹拂着你的脸颊。各式各样美丽的花朵在春风中苏醒过来，不多久，大地变得五彩缤纷。然而风并没有停下来，它带着各种花香，夹着泥土的气息，继续唤醒其他的生命。

让我们看看大地的变化吧，放眼望去，那是一片耀眼的绿啊。树木重新长出了嫩绿的枝叶，逐渐茂密起来。鸟儿们也回来筑巢了，轻巧可爱的小燕子，掠过天空，划过湖面，唱着欢快的歌回来了。它们那一身黑色显得那样活泼，它们飞舞着、盘旋着，似乎在向人们述说春天的美好。无数花朵也已经悄然绽放，它们争相展示着自己的艳丽，你不让我，我不让你，红的、黄的、白的、蓝的、紫的，像火、像雪、像天空、像云彩，把大地装点得五颜六色。花朵们的阵阵香气与甜味早已吸引了成群的蜜蜂与蝴蝶，它们闹着叫着，在花海中穿行。看那桃花，看那杏花，上面早已停满了它们的追随者。草地上，鲜嫩的小草冒了出来，散发着阵阵清香，嫩嫩的、绿绿的。这花、这草、这树、这燕子、这蝴蝶、这蜜蜂，共同谱写了一曲春天的赞歌。

在这美好的春色下，人们都纷纷从屋里出来，尽情享受这大好的春光。大人们走在林间小路上，走在清澈的湖水边，欣赏春天带来的姹紫嫣红，感受无处不在的暖意。草地上闪耀着孩子们的身影，他们笑着、跑着，放起了风筝。天空中，各式各样的风筝互相映衬，给这个春天增加了几分童趣。

这个世界，因得到了春天的礼物而变得精彩。这伟大的春天啊，难道她不值得赞美吗？

点评：

　　这是一篇写景的文章，文章以"春天的赞歌"为主题，选取了"春雨""春风""大地""人"等景物来写，形式多样，各具情态。文章最突出的是采用了比喻和拟人的手法来写。"也许不知什么时候，她已默默注视了你许久许久。""她又像个天真无邪的孩子，有着一颗纯洁、童真的心，毫无保留地把她美好的一切送给了这个她所深深喜爱的世界。"这些拟人手法的运用，深化了春的美好形象。"绵绵的细雨散落大地，它是那样细密，如牛毛花针。""红的、黄的、白的、蓝的、紫的，像火、像雪、像天空、像云彩，把大地装点得五颜六色。"这些比喻句，进一步写出了春天的美丽与活力。整篇文章文笔优美，描写细致，寄寓了对春天的赞美之情。

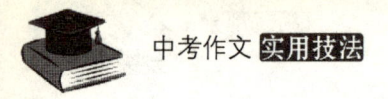

感谢自然

张漪琦

在去年的哥本哈根会议中，一位总统在发言时突然泪如泉涌，因为此时的发言让他想起了他那即将被不断上升的海平面淹没的岛国。一国之首，此时在台上却显得那么无助，那么诚惶诚恐。

如今，千疮百孔的地球向依旧只知索取而不知奉献的人类发出了一系列的警告和报复。越来越频繁的地震，百年一遇的旱灾……如此种种，表面上看上去是自然早已忍无可忍；但归根结底，这些惨剧的制造者正是人类自己。

时至今日，地球已经走过了46亿个年头。历经亿万年的岁月，地球已成了一切生物赖以生存的空间。因此，仁慈的大自然常常感动于她所缔造出的生物的景仰，毫无保留地将自己奉献了出去。殊不知，自然的奉献也是有限度的。人类之所以能够生生不息地繁衍下去，是因为自然的奉献。我们人类拥有了阳光雨露，而自然，又得到了什么？自然，常常感动于我们的景仰，而我们为何不能在索取的同时去保护她呢？

实际上，自然遭受着刀割一样的苦难已不是近一两年来才有的新鲜事。可以说，自然一直都在沉默。她很坚强，以至于在疼痛难忍时可以一声不吭；她很有涵养，以至于在愤愤不平时可以保持沉默。可是，没有哪一句真理表明沉默者不会在突然之间爆发。果不其然，自然愤怒了，她用先前竭力保持的那股力量，在瞬间之内爆发，飓风、海啸、火山喷发、沙尘暴等，让无数人吃尽了苦头。但令人悲哀的是，面对这一切，人类似乎才刚刚觉醒。

为什么？不言而喻，人都是有感情的，但是这感情的局限性实在太大，仅仅只局限于自己的同类之间。我们常常为失去同伴而流泪，但是我们却不曾为即将失去的优越的自然环境而流泪——甚至没有一点挽留，没有一点叹息。

没有了自然，人类还能生存吗？面对即将失去的自然，难道人类还在无动于衷吗？

所以，不要认为别人为你服务是理所当然的。特别是在这种情形下，你最好多个心眼儿：想一想你在获得的同时，失去了什么？

点评：

　　这篇文章以"感谢自然"为题，提出了保护自然的严峻问题。文章以哥本哈根会议上一位总统的流泪场景为开头，十分新颖。接着，文章又写到了自然在做了无私的奉献之后向人类发出的警告和报复，提出了自然的承受力是有限的，人类必须学会保护自然这一观点。文章观点鲜明，文笔流畅。作者在文末采用了疑问式的结尾方式：想一想你在获得的同时，失去了什么？给读者留下了思考的空间。

蟋蟀的故事

吕诗扬

　　我是一只蟋蟀，一只年老的蟋蟀，一只年老得能够见证家园变化的蟋蟀。

　　我的家原本住在无人的郊外。那儿山清水秀，每天晚上我们在唱歌时，小溪都会为我们伴奏，还有夜莺美妙的歌喉。白天，我们在草丛中嬉戏，互相比赛相扑。花朵是我们的雨伞，草地是我们的家，我们在这片净土上无忧无虑、无拘无束地玩耍。

　　有一天，草地上传来了噩耗。我们的家园来了一群人。他们一个个身强力壮，凶神恶煞。他们手中拿着斧头，向那已经有了几十年甚至上百年历史的树木们砍去，我们听到了树木们的哀号。他们太恐怖，一下子就把我们的家园给毁了，在家园上建起了一栋栋高楼大厦、一座座工厂。

　　从此，来的人越来越多，小溪越来越脏，草地越来越少。我们唯一可以栖息的地方就只有路边人工种植的草里。车越来越多，空气不再清洁，雨水不再干净，天气不再凉爽，树木、小溪不复存在。有的人放着人行道不走，偏偏走在草地上。他们随意乱扔垃圾，草地成了垃圾堆；他们的工厂随便排放废气，天空中总是笼罩着一层黑烟，蓝天已难得一见。

　　我的身体越来越弱，我的伙伴们都早已承受不住，已经不在了。我无论如何都要挺住，这样才是对人类最好的抗议。每天晚上我不再唱歌，因为已经没

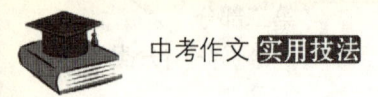

有了小溪和夜莺,白天我不再玩耍,因为家园已经不复存在。

愚蠢的人类还认为自己很了不起,但他们其实也是受害人。如果人们学会并坚持把垃圾分类扔到垃圾箱中,如果人们少开些汽车,如果工厂少排些废气,如果人们节约用水些……一切也许都会不一样了。

(指导老师:宋文健)

点评:

  这篇文章采用了童话的方式,赋予了蟋蟀人的情感。文章的对比手法十分鲜明。前半部分写蟋蟀居住的优美环境:"那儿山清水秀,每天晚上我们在唱歌时,小溪都会为我们伴奏,还有夜莺美妙的歌喉……"在这里,"花朵是我们的雨伞,草地是我们的家,我们在这片净土上无忧无虑、无拘无束地玩耍。"接着,作者笔锋一转,写到了人类给他们带来的巨大伤害:"他们一个个身强力壮,凶神恶煞。他们手中拿着斧头,向那已经有了几十年甚至上百年历史的树木们砍去……"家园被毁后,环境变得极端恶劣,蟋蟀们也不再歌唱。文章的结尾直抒胸臆,既指出了人类的愚蠢,又指出了人类发展的方向,强调了环保对人类的重要性。

再见了,曾经的美丽

黄冉

  俯瞰荒凉的大西北,会看到充满神秘味道的敦煌。再仔细一看,会发现一弯静立在沙漠中央的"月亮"。这弯"月亮"周围,装饰着许多生机勃勃的树,红柳围绕在"月亮"四周,傲然挺立在漫天的黄沙中,在茫茫的沙漠中异常醒目。再大的风,再多的沙,也遮不住这弯"月亮"带来的浓浓绿意。

  聪明的你,也许早已猜到了它是什么。

  没错!它就是被人们称作"沙漠第一泉"的月牙泉。多少年来,她就像一位窈窕淑女静静地矗立在大漠深处。

它有一泓碧水，形如弯月。历来水火不相容，沙漠清泉就更不可能共存了，但月牙泉宛如一轮新月落在黄沙中，在沙山的怀抱中安静地躺了几千年；就如一叶绿色的扁舟，安静地行驶在黄沙河流中。虽常遭到狂沙的侵略，但依然碧波荡漾，水声潺潺，常年水清如碧。

但是，现在可不是这样了。

近几年来，由于人类胡乱建修水坝，肆意抽取地下水，那里的生态平衡遭到严重破坏。这个绿洲中的绿，不知什么时候开始褪色了，水，变浅了。当年的"窈窕淑女"，如今已成了"风中残烛"。

现在的月牙泉，水位不到两米，泉边的树木在做最后的挣扎，不想被铺天盖地的黄沙所淹没。不知哪一天，月牙泉会干死在黄沙上，在漫天的飞沙中变成一个传说。

有多少次，我们经过流着水的水龙头，却装作视而不见；有多少次，我们刷牙时，懒得伸手去关一下水龙头；有多少次，我们看见清水白白地流入废水沟里，却不采取任何行动。

不经意间，我们身边的美丽在一点一点地离去，如凋零的花朵，如枯萎的枫叶，虽然已没有生命，却清晰地记载着曾经受到的痛苦，还有人类的罪恶。

其实，世界上还有着千千万万的"月牙泉"，那些正在受着苦难、暂时用双眼还看不到面容的"月牙泉"。面对这残酷的景象，难道人类就没有感到过痛心吗？

我不知道要到哪一天，人类才能发现，原来的地球已变成灰色！要到哪一天，人类才能对着早已枯死的胡杨发出忏悔！要到哪一天，人类才能发觉世界上的最后一滴水，其实就是自己眼中的眼泪！

也许有一天，狂沙会把这一切都吞噬，然后堵塞住人类的双眼，堵塞住人类的喉咙，最后堵塞住人类那早已干枯的心。

点评：

　　这篇文章以月牙泉的今昔做对比，生动地描绘了月牙泉往日的卓越风姿和现今的衰败景象，给人以深深的震撼。接着，作者做了进一步的引

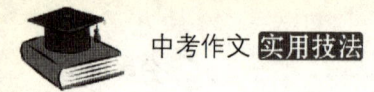

申：其实，世界上还有着千千万万的"月牙泉"，那些正在受着苦难、暂时用双眼还看不到面容的"月牙泉"。写到这里，作者发出了惊天叩问："面对这残酷的景象，难道人类就没有感到过痛心吗？"

　　文章的结尾以想象的形式，设想了一个可怕的后果。这幅场景在提醒人们：如果再不采取有利的保护措施，下一个消失的可能就是人类自身。

五、读书三味

【写作指导】

"读书三味"在此指的是"读后感"。读后感属于议论文范畴，指的是读完一本书或一篇文章后内心的感受。写好读后感，主要从以下几个方面入手：

（一）概述内容

概述原文的有关内容有两大好处：一来可以让读者了解作者所读文章的大意，二来可以为后文表达感想提供事实依据。概述大意一定要简单明了，切忌冗杂堆砌。例如，袁龄同学在《今天，我们该怎样做学生——读〈送东阳马生序〉有感》一文中对原文的概述是这样的：

宋濂先生在求学的道路上，曾经遇到了各种各样的问题，但他总是以平静的心态去面对，光是这一点就很值得我们学习。作者宋濂先生小时候家里贫穷，只得借别人的书来抄写，然后再如期归还给别人，一点也不会拖时间；宋濂先生又担心没有大师教自己，因此曾自己去百里之外寻名师，请教名师；宋濂先生家境贫困，但他不为此而烦忧，不与同学攀比，仍以学习为主，以学习为乐。宋濂先生勤奋学习、不怕困难的精神值得我们学习。

这段文字着重突出了宋濂求学时战胜困难的坚强品质和对老师的尊重态度，可谓言简意赅。丁凡真同学在《生命的意义——读〈借我一生〉有感》一文中，对原文做了如下概括：

《借我一生》这本书，犹如一部奇妙的个人传记，把我带进了作者的记忆深处。书还未读到一半，我的感慨就如奔涌的潮水，难以用言语诉说。我只觉得人生的沧桑，生命的脆弱，尽在其中。这本书记录了秋雨先生的大半生，从幼年、中年到老年，每一件事似乎都很完整。秋雨先生没有苦难的童年，长大后去城里读书，然后考进了上海戏剧学院。就在他多彩的大学生活刚刚开始的时候，"文革"开始了——苦难也随之而来。这本书，便是秋雨先生对这段苦难的历史最深刻的回忆。

一部数十万字的书，作者寥寥数语便概括出了其主要内容。至于书中的细

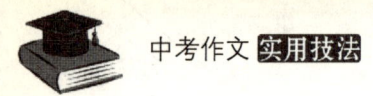

节，不必过多叙述，可以根据观点的需要从书中采撷。

（二）亮明观点

在概述原文主要内容的基础上，再把自己感受最深的观点表达出来，这是写好读后感的第二步。这个观点，就是本文的"中心论点"。对于中心论点，要力求做到"准确""简明""深刻"。"准确"指的是观点要正确，要准确地反映作品的基本观点，不能出现明显违背作品原文意图的现象。"简明"指的是观点要简单明了，让人一看就懂。"深刻"指的是观点要有一定的深度，要能引发人的思考和共鸣。

例如，《今天，我们该怎样做学生——读〈送东阳马生序〉有感》一文的观点是这样的：

这篇文章除了让我们学到了如何对待学习以外，最重要的是提醒我们要做到常挂在嘴边的四个字：尊师重道。观点鲜明，令人深思。

再如《生命的意义——读〈借我一生〉有感》一文的观点是这样的：

"整本书看下来，最让我为之触动的，不是悲惨苦难的'文革'，而是秋雨先生面对坎坷依旧不屈的坚强意志。"观点很明确，让人一看就懂。

（三）展开论述

亮明观点后，要联系原文及实际展开论述。论述过程要做到两个方面：既要紧密结合原文，又要紧密结合实际。结合原文指的是和论点相关的原文材料，结合实际指的是现实生活中的实际事例，包括个人经历、名人轶事、社会现象等。例如，一位同学在读了《送东阳马生序》这篇文章后，有感而发，把宋濂与当今一部分学生进行了对比，充分论证了无论哪个时代都必须尊重教师的观点：

宋濂先生勤奋学习、不怕困难的精神值得我们学习。相比而言，当今许多学生不但在学习的勤奋度上与宋濂难以企及，在生活中更是无法与之比拟。有的同学家境优越，却不知珍惜，将父母辛勤挣来的钱花在吃喝打扮上；有的孩子买一双鞋要上千元，买一辆单车几千元，还有价格昂贵的手机、随身听等物品。这些现象，与宋濂相比，不能不令人感叹！

这段论述事例生动，说理透彻，很有说服力。

（四）归纳总结

在紧密结合原文和生活实际进行充分论述之后，要进行归纳总结，得出一个整体的看法。

例如，一位同学在《像海豚一样突破风浪——读〈蓝色的海豚岛〉有感》一文中，结尾是这样写的：

> 她告诉了我，做人不能畏惧困难，不能碌碌无为，宁愿做一分钟的英雄，也不要一辈子苟延残喘。只要你敢奋斗下去，就会见到最终的光明。

作者在仔细品读了《蓝色的海豚岛》之后，内心深受启发：印第安女孩卡拉娜靠自己的力量在危机四伏的海豚岛上生活了18年，这种力量来自于她内心强大的生命力。有了这种力量，人生中还有什么困难不能克服呢？观点突出，振奋人心。

【提纲示例】

题目： 今天，我们该怎样做学生——读《送东阳马生序》有感
主题： 列举宋濂等人的事例，突出尊师的重要性。
结构： 概括—议论—联想—结论。
正文：
开头： 引述《送东阳马生序》的事例，概述尊师的重要性。
主体：
一、举出《送东阳马生序》中有关尊师的事例。
二、举出当今社会一些个性独特的学生让老师受"窝囊气"的现象。
三、论述老师在人生中的重要意义。

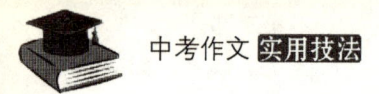

结尾： 得出结论，尊敬老师都是道德问题和个人修养问题。
手法： 叙议结合，运用对比的手法，证明论点。

【范文引路】

今天，我们该怎样做学生
——读《送东阳马生序》有感

荣成

古人云："古之学者必有师。师者，所以传道授业解惑也。"的确，没有人天生就是奇才，但凡从古至今有名的学者、文豪，都是经过长期的学习和实践才造就的，而这其中，老师就是最重要的一环。在读完课文《送东阳马生序》之后，作者宋濂的求学经历使我更加深刻地体会到了老师对于人的成才所起的作用。而正因如此，"尊师"也就成了我从这篇文章中学到的另一个概念了。

本文的作者宋濂自幼家贫，但十分好学勤勉，成年后向前辈学者师从请教。身为学生，作者对师长无比恭敬，有时请教问题遭到训斥，却会更加礼貌。也正是这样赤诚的学习态度、对老师的尊敬成就了他后来的文学造诣。从宋濂的事迹中不难看出，老师在"传道授业解惑"的过程中，无形中也教会了学生处世之道、待人之礼。正是这些，才使得人类社会不断进步、不断发展。

可到了现在，学生们早已不甘心做俯首帖耳的小绵羊，于是便大有"标新立异、追求个性"者。而作为"传道授业解惑"的人生导师，老师们近年来却饱受"独立派"学生的"窝囊气"。在我看来，毕竟现在时代不同了，追求独立的性格本身并不算错，可几千年以来，学生和老师的身份从未变换，即使在今天也不例外。作为老师，一个人一生中最重要的人之一，难道不值得后辈学生敬重吗？

《送东阳马生序》告诉了我一个真理：在无涯的学海中，尊重老师不仅是一个道德问题,还是一个个人修养问题。一个连老师都不尊重的人,他本身也无法得到尊重。今天,我们该怎样做学生,宋濂等前辈的事例,已告知了我们答案。

点评:

　　本文是一篇读后感,是作者在学习了《送东阳马生序》这篇课文后的感悟之作。文章观点鲜明:在无涯的学海中,尊重老师不仅是一个道德问题,还是一个个人修养问题。文章采用了正反对比的方法,论述了尊师的必要性和重要性。作者先举出宋濂自幼勤勉好学、对老师谦逊有礼的事例,再列举当今社会一些个性独特的学生让老师受"窝囊气"的现象,论证了一个道理:无论时代怎样变迁,尊敬老师都是道德问题和个人修养问题。文章结构严谨,事例生动,说理透彻论证严密。

生命的意义
——读《借我一生》有感

丁凡真

　　我喜欢读书,喜欢荡一只小舟在文学的海洋里领略人生的奥秘。每到寂静的夜,我总会沏一杯热茶,坐在床上翻开一本书,让心踏上旅途,徜徉于每一行文字,感悟生命的意义。

　　上完《信客》一课后,我便迷上了余秋雨。很喜爱他的文笔,平和却不失锐利,让人不经意间就为他驻足。从此,《文化苦旅》《山居笔记》等书就不离我左右,枕边更是放有一本《借我一生》伴我入眠。读他的文章,就像读中国的历史,好像站在永恒的时空中,看他经历过的人和事,感受"文革"时的血和泪,从而洗涤心灵,沐浴灵魂。

　　《借我一生》这本书,犹如一部奇妙的个人传记,把我带进了作者的记忆深处。书还未读到一半,我的感慨就如奔涌的潮水,难以用言语诉说。我只觉得人生的沧桑，生命的脆弱，尽在其中。这本书记录了秋雨先生的大半生，从幼年、中年到老年，每一件事似乎都很完整。秋雨先生没有苦难的童年，长大后去城里读书，然后考进了上海戏剧学院。就在他多彩的大学生活刚刚开始的时候，"文革"开始了——苦难也随之而来。这本书，便是秋雨先生对这段苦难的历史最深刻的回忆。先生浓墨重彩地描写了他以及他的家庭在那个年代的遭遇，文字中渗透出来的压抑、痛苦、愤怒、委屈等情绪，压得我喘不过气来，看到中间部分时，我甚至都后悔阅读这本书了。"叔叔自杀了""表哥自杀了"，这样悲惨的片段太多太多，让人心酸到想要流泪。

  一直以来，我对"文革"的概念只停留在书本上，认识到这是一场由"四人帮"挑起的运动而已。说实在话，我并不真正懂得"文革"期间到底是怎样的一种痛，有些地方真的没怎么看懂，只能明白个大概罢了。

  整本书看下来，最让我为之触动的，不是悲惨苦难的"文革"，而是秋雨先生面对坎坷依旧不屈的坚强意志。我终于明白，生命的脆弱是因为轻易的放弃，而生命的意义在于坚持、坚韧和坚强。正是由于这份坚强，让他最终能挺过寒冬，迎来了自己人生的春天……我想那应该算是春天吧。他担任了上海戏剧学院的院长，开始了从政生涯。在这里，他看到了希望，看到了阳光。正当学院工作蒸蒸日上时，他又辞去了院长一职，全身心投入了新的学术研究。我不清楚秋雨先生这样做的缘由，但很欣赏他这样的舍得。或许这就是所谓的"中通外直，不蔓不枝，香远益清，亭亭净植"的人生境界吧。

  秋雨先生有一种勇气，一种直面人生，不畏曲折，抗争困境的勇气，这是我最钦佩的。一路走来，尽管遇到了那么多的风吹雨打，可他依旧笑对世界。"文革"中，他遭受了那么多的苦难，却顽强地站起，以一种超人的毅力默默忍受，永不放弃。面对权力和地位，这抹风雨后的暖阳，他可以选择弃之不顾，这是淡泊名利的精神，是一种君子的气节。

  这样的人，在中国的文化界里又有多少？秋雨先生这样的人，是我梦想要去炼成的。从今往后，面对生活中的苦难和磨砺，我将学会面对，保持乐观，不畏坎坷，永不放弃，像秋雨先生那样在逆境中坚持，坚强而乐观地活着。

点评：

　　本文以一个初中生的角度，表达了她读完《借我一生》这本书后的深刻感受。小作者着重写了两点：第一，该书的内容对自己的深深触动。"书还未读到一半，我的感慨就如奔涌的潮水，难以用言语诉说。我只觉得人生的沧桑，生命的脆弱，尽在其中。"作者是一个少年，并未经历过余秋雨先生一样的坎坷人生，能够获得这样深切的感受，不能不说作者已深深地融入了书中。第二，该书的精神深深打动了小作者。"整本书看下来，最让我为之触动的，倒不是悲惨苦难的'文革'，而是秋雨先生面对坎坷依旧不屈的坚强意志。我终于明白，生命的脆弱是因为轻易的放弃，而生命的意义在于坚持、坚韧和坚强。"小作者最为触动的，不是书中主人公的坎坷命运，而是主人公面对命运变迁时的坚定态度。至此，文章的立意又上了一个高度。

无价的收获
——《撒哈拉的故事》读后感

韦怡婷

　　你若要问我最大的爱好是什么，我会一口咬定是看书。你若要问我最幸福的事是什么，那当然是坐在一堆好似小山一般的"书山"上，做一只啃食书本的自由而又快乐的书虫。我特别爱看课外书，那种有趣、生动而且手法新颖的书对我的吸引更是毋庸置疑的。

　　《撒哈拉的故事》便带给了我这样难以形容的美妙感受。

　　《撒哈拉的故事》是一本记叙三毛和她的丈夫（荷西）在撒哈拉沙漠所见所闻的书。作者在这本书里，写了很多有关他们的有趣事情。许多看似平常的小事，但三毛和荷西总能像变魔法似的使它们妙趣横生。此外，还不乏一些关于撒哈拉沙漠的民风民俗以及三毛对于人生的感悟类的文章。

　　我坐在沙发上，花了整整一下午的时间把它品读完。徘徊在心间的，完是心灵的震撼与感动。虽然花去了一下午的时间，但我丝毫没有时间被荒废的感觉。因为这本书不仅带给了我丰富的知识，更带给了我对生活的一种感悟。它能让你身临其境一般，站在作者的角度去体会她的欢乐，她的苦恼，她的激动……

我印象最深的是一篇叫作《荒山之夜》的文章——那是一篇令我最惊心动魄的文章：一天，荷西下班后并没有像往常一样进屋，而是把三毛拉上车，然后告诉他要去沙漠中寻找乌龟和贝壳的化石。三毛听后十分兴奋，于是，他们就怀着激动的心情前往沙漠深处。车子渐行渐远，不久就到了"迷宫山"——这里是最容易迷路的地方。荷西下车探路时，一不小心陷入了泥潭，越挣扎越往下陷。三毛急得四处奔跑，希望寻找到路过的人。好不容易等来一辆吉普车，可那些令人厌恶的撒哈拉男人竟然想要非礼三毛。可怜的三毛，在寒冷而且刮着大风的夜里奋力挣脱了那些男人的追逐。当她回到荷西身边时，荷西几乎要被冻僵了，脸色苍白得如一张白纸，连说话的力气都没有了。三毛灵机一动，把身上的长裙脱下来，撕成布条，再取下车垫和轮胎，用颤抖的双手绑好了这条"救生带"，然后再把一端扔给荷西，另一端绑在车上。最终，荷西获救了。

看到这儿，我心头紧绷的一块石头终于落下了地。从这件事中，我看见了他们面对困难的乐观态度，也看到了三毛的智慧、荷西的毅力，这一切都让我心生敬佩之情。

因为这本书，我度过了一个美好的下午。因为这些文字，我爱上了读书，并增加了许多对于写作的感悟。感谢《撒哈拉的故事》带给我无价的收获。这份收获，必将让我受益终生。

点评：

本文以生动轻快的笔调，记叙了阅读《撒哈拉的故事》一书给自己带来的深刻感受，字里行间洋溢着收获的喜悦。文章一开头便以设问的方式表达了自己对待读书的喜爱。接着，作者举出了阅读《撒哈拉的故事》一书的例子，具体描写了读书带给自己的快乐。对于该书，作者既有宏观的概述，也有具体的情节简介。跟随着作者的叙述，读者的心情也不由得产生了起伏。这样生动的介绍，恰到好处地论证了自己的观点：读书会给人带来无价的收获。文章观点明确，事例生动，开头与结尾很有特色。

勤奋是制胜的法宝

李锦洋

"积财千万，无过读书。"这是我国古代著名教育家颜之推先生的名言。书，是一种奇妙的物体，也是一种精神财富。它里面蕴藏着一个个神秘的世界，等着你去探索；它里面包罗着一桩桩动人的故事，等待着你去发掘。

读书能够陶冶情操，修身养性，增长知识。历史上有关读书的故事数不胜数：凿壁偷光、悬梁刺股、囊萤映雪、牛角挂书……这些耳熟能详的故事，千百年来代代相传。不知大家有没有注意到一个细节，这些故事的主人公，大多勤奋好学，并且在人生的道路上取得过巨大的成就。原因何在？在于勤奋。没有勤奋的学习态度，他们是不可能取得成功的。可以说，勤奋是他们制胜的法宝。

《送东阳马生序》的作者宋濂，是一位学富五车的散文大家，朱元璋赞他为"开国文臣之首"，刘伯温赞他"当今文章第一"。谁能想到，这位官至翰林院学士承旨的大人物，幼时的学习条件却异常艰苦。小时候，他因家中贫困没有书读，便想方设法从别人家里借书来抄。为了能按时归还借来的书，他不分日夜、不管天寒地冻，将借来的书一字一句地抄写下来。成年以后，他冒着寒冬烈风，翻山越岭去外地求学。当他身处一群衣着华丽的同学之间时，却能做到心若止水，毫无羡慕之意，把一门心思扑在了学习之中。正是这种无比勤奋的学习态度，才使得一个寒门学子变成了一个伟大的文学家。

"书山有路勤为径，学海无涯苦作舟。"在读书的道路上，没有捷径可言。唯有勤奋，才能成就辉煌的人生。

和宋濂老先生一样，我自幼也喜欢读书。听母亲说，幼时的我，还不曾认字，图画书就成了我的最爱。那一幅幅生动有趣的图片，就像磁铁一般深深地

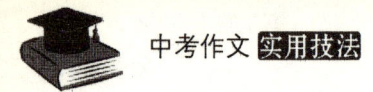

吸引着我，为我幼小的心灵打开了一扇通向世界的窗口。

上小学后，我已认得很多字了。于是，一本本故事书便向我招起了手。我飞奔过去，贪婪地阅读着每一本书。书中一个个精彩的故事，让我的内心世界变得丰富多彩。高年级时，我已不满足于浅显的故事，把目光转向了一部部经典名著。记得那时候，我最迷恋的名著，当属吴承恩先生写的《西游记》了。这本书写得太精彩了，以至于我一看起来就着了迷，忘了形。书中有心慈面善的唐僧，神通广大的孙悟空，好吃懒做的猪八戒，憨厚朴实的沙僧，还有白龙马、如来佛、牛魔王、白骨精……每看完一部分内容后，我就会如数家珍一般地把书中的情节活灵活现地讲给其他同学听，什么"大闹天宫""三打白骨精"，什么"小圣施威降大圣""师徒路阻火焰山"……看着同学们极其专注的神情，我的心比喝了蜜还甜。

如今，我长成了一名初中生。每当回想起那段如痴如醉的读书时光，我就感到异常的甜蜜。在同龄人中，我的学习还不算差。如果有人问我今天的成绩来自何处，我要告诉他：来自于勤奋读书。

荀子有言："锲而舍之，朽木不折；锲而不舍，金石可镂。"在学习的道路上，没有什么秘诀可言。唯有勤奋，才是制胜的法宝。

点评：

本文以生动的笔调阐述了一个深刻的道理：勤奋是人生成功的关键因素。作者先引用颜之推的名言"积财千万，无过读书"开头，点明了读书的重要性。随后，作者举出了历史上名人读书的故事，提出了本文的中心论点——勤奋是制胜的法宝。接着，作者联系《送东阳马生序》一文，简述了明初文学家宋濂勤奋读书的事例，再联系自己的学习经历，用事实论证的方法，论证了勤奋对于学习的重要性。摆事实，讲道理，深入浅出，娓娓道来。在文章结尾，作者引用荀子的话来突出文章的主旨，前后照应，结构完整。文章观点鲜明，事例生动，逻辑严密，论述充分，是一篇文质兼美的文章。

六、多彩校园

【写作指导】

学校是培养人的场所，初中三年，同学们的时间大多是在校园里度过的。校园里的一草一木、一情一景、一人一事等等，都能引发人的联想和回忆。从场所这个角度去看，教室、食堂、图书馆、体育馆等，都会留下同学们的足迹；从人物这个角度来讲，同窗之间、师生之间的故事是最值得回忆的。

写好"多彩校园"这一类的作文，可以从以下几方面入手：

（一）选材要新颖典型

材料的选择十分重要，它会决定文章的可读性和质量。校园生活这个主题，可从以下几个方面来选材：

1. **同窗友谊**

同窗三年，总会有很多难忘的事。课间游戏、考场见闻、生日聚会、军训轶事、旅途见闻，还有班上的"特殊人物""重大事件"等，无一不是写作的材料。

例如，一位同学在《友谊的香味》一文中，以诗一般的语言描绘出了同学们下课后在校园里尽情玩耍的情景：

当艳阳高照时，我们飞快地从教学楼飞奔到树林下，在炎炎夏日中寻求她温柔的庇护。在灿烂的阳光中，叶也绿得很清朗。它们随着风，摇动着自己柔软的身躯，在阳光中尽情地摇摆。我们也随着这轻柔的节拍，在树下摇摆，歌唱。我们的声音欢乐而响亮，回荡在校园的天空中。

我们最喜欢做的事，就是把那些最精致的树叶，连同那最欢腾的笑声轻轻折下，小心地夹在书页里，等着看岁月的手会给它们画上什么样的妆。

在下雨时，圆润的雨滴从天空滑落，落在绿叶上。叶儿微微一低头，雨滴便坐了个滑梯，滑到叶尖上。叶儿调皮地向上一弹，雨滴便腾空飞

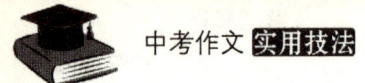

起，落在地上，四处飞溅。每当这时，我们就会疯了似的冲进雨里，仰头望天，尽情享受着大自然的洗礼，聆听花儿绽放的声音。

——黄馨怡《友谊的香味》

这段文字写得十分优美，可见作者的文字功底之深。作者抓住课间同学们在树下赏叶和在雨中玩耍两个场景来写，用极为生动的笔调写出了校园生活的美好，令人回味无穷。

再如，一位同学在《那一声鼓励》一文中，生动细腻地描写了自己参加演讲比赛时的紧张情景：

时间好像凝结了，小慧在一旁悄悄地对我说了一声："加油，你能行！"听到这样的话语，我的心里忽然有了一种特别奇妙的感觉。这种感觉让我热血沸腾，并迅速蔓延到我的全身。是的，我听到了同窗好友真诚的鼓励。我不再犹豫，站起身来向讲台走去。在离开座位的那一瞬间，我忽然觉得自己长大了。那一刻，我体会到了友谊的珍贵。

——曹翰卿《那一声鼓励》

这段文字描写细腻，生动地记叙了自己参加演讲比赛时受到同窗鼓励的激动心情。同窗的友谊，在这一刻显得无比珍贵。

2. 师生之情

校园里，师生之情是令人难忘的。关注学习中师生之间交往的细节，可以丰富写作素材。例如，精彩的课堂、坦诚的沟通、运动会、艺术节、户外活动等。这些精彩的场面，是校园生活不可或缺的内容。

例如，一位同学在《我的老师》一文中，记叙了一位美术老师对自己耐心教导的事：

在我上小学三年级时，爸爸看我有学美术的天分，便为我请来了一位美术老师——唐老师。他是一个看上去十分平庸的人，身材不高，总爱戴着一顶帽子，还时常留着到耳根的长发。看上去，唐老师还真像个艺术家呢。

有一件事，让我至今都难以忘怀。那是在我刚学绘画的时候，我经常完不成作业，这使得唐老师很生气。他问我怎么回事，我委屈地说："我不会画。"唐老师听了以后，好像明白了什么似的，便不再责备我了，反而更加努力地教起我来。

有一天，唐老师把我喊到他身边，语重心长地对我说："在美术的世界里，没有什么'天才'可言。只要你有一双勤奋的手，你就有可能成为人们心中的'天才'。"听完这句话后，我突然感到他一点儿也不平庸，他在不断升华他的思想。是他，开启我人生的第一个目标。从那以后，我再也没有偷懒了。我的绘画水平也在不断提高。

这段文字朴实无华，笔调生动，描写细腻。字里行间，充满了对老师的感激之情。

3. **精彩课堂**

精彩的课堂，往往令人十分难忘。老师的一举一动，一言一语，都有可能成为学生模仿、欣赏的对象。所以，选取这一类的材料来写，也是校园生活的重要方面。

以下，是邹宛珊同学在《雨外的笑颜》中描写的一个片段：

这时，我们才依依不舍地将注意力挪了回来，但时不时还会瞟一瞟窗外，看看还有没有在"依恋"这瓢泼大雨的人。而我们这些小动作都被老师尽收眼底，对于这样的我们，老师竟笑着说道："人果然都喜欢幸灾乐祸，把快乐建立在别人的痛苦之上啊！"

全班顿时被老师的话逗笑了，原本无味的课堂也变得活跃了起来，而我那沉闷的心也伴随着班上的琅琅书声被调动了起来。

用相互映衬的手法突出中心，展现了一幅快乐课堂的生动画卷。同学们的好奇、活泼，老师的宽容、幽默，化作了一幅最美的图画，令人回味无穷。

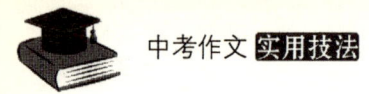

4. 校园活动

校园活动是校园生活中的一个重要组成部分，特别是体育节、艺术节等重大文体活动，更是同学们展示自我才华的舞台。选择其中的精彩场面来写，能够充分展现校园生活的风采。

一位同学在《难忘的运动会》一文中，对学校运动会的盛况进行了精彩的描述：

> "砰——"随着发令枪的响声，长跑比赛开始了。运动员们像开足了马力的机器一般，你追我赶，鼓足了力气向前冲去。
>
> 开始的几百米内，运动员之间的差距并不大。随着时间的推移，差距便显现出来了。到了最后，差距就更大了。领先的几个人进入了争冠的"第一集团"，落后的人则分成了几拨，稀稀拉拉地跟在后面。但他们都没有放弃，依然在努力地坚持着。
>
> "来了，来了……"人群开始骚动起来。跑道内，领先的几位同学已经开始冲刺了。跑道外，疯狂的呐喊声响彻云霄："加油！加油！加油……"这声音，惊天动地，气壮山河，如一排排汹涌的浪潮，卷着惊雷滚滚而来。在众人的呐喊声中，运动员们使出了最大的力气，一个个冲过了终点。即使是落在最后的人，也用极大的毅力完成了比赛。
>
> 欢呼声响彻云霄，哭泣声隐约传来。这里，有胜利者的欢笑；这里，有失败者的泪水。这就是运动会，这就是我们青春的舞台。
>
> ——章耀霖《难忘的运动会》

作者以精彩的语言，生动地描绘出了学校运动会上长跑比赛时的精彩场景。作者一面描写了选手们你追我赶的精彩场面，一面刻画了场外观众加油助威的场景，语言生动，气势宏伟，为读者展现了一幅充满生机的校园生活画卷。

（二）立意要深刻

校园生活虽然很平淡，但在构思时一定要注意立意的深刻性。在平凡之中见到不平凡，便是在立意上的要求。

魏巍在《我的老师》一文中，有如下一段描写：

  每逢放假的时候，我们就更不愿离开她。我还记得，放假前我默默地站在她的身边，看她收拾这样那样东西的情景。蔡老师！我不知道你当时是不是察觉，一个孩子站在那里，对你是多么的依恋！至于暑假，对于一个喜欢他的老师的孩子来说，又是多么漫长！记得在一个夏季的夜里，席子铺在当屋，旁边燃着蚊香，我睡熟了。不知道睡了多久，也不知道是夜里的什么时辰，我忽然爬起来，迷迷糊糊地往外就走。母亲喊住我："你要去干什么？""找蔡老师……"我模模糊糊地回答。"不是放暑假了么？"哦，我才醒了。看看那块席子，我已经走出六七尺远。母亲把我拉回来，劝说了一会，我才睡熟了。我是多么想念我的蔡老师啊！至今回想起来，我还觉得这是我记忆中的珍宝之一。一个孩子的纯真的心，就是那些在热恋中的人们也难比啊！什么时候，我能再见一见我的蔡老师呢？

作者用充满深情的笔调，回忆了蔡老师在教学中温柔、慈爱的特点，把一个严中有爱的老师形象展现在读者面前，带给人美好温馨的感受。

（三）结构要精巧

  校园生活丰富多彩，运用纵向叙述式和横向组合式进行布局都可以。纵向叙述式是记叙文写作中最常用的结构方法。这种方法的优点在于能够详细、准确地叙述事情的来龙去脉，让文章条理清晰，层次分明。例如《羚羊木雕》《我的老师》等。横向组合式结构适合于集中描写一个人物或一项事物的文章，这类作文往往要表现一个人或物的多方面特点。具体而言，可以采用片段列举式和标题分叙式等方式来记叙。例如，本书中编入的胡晓虹的《我长大了》、毛忆新的《我眼中的育才三中》等文章，便属于此类结构。

（四）手法要多样

  写作校园生活类作文时，要尽量避免平淡乏味的情况出现，因此，写作时，要充分运用多种手法来写。

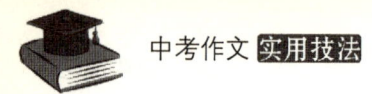

对于事件，可以采用对比反衬、以小见大等手法来写。魏巍在《我的老师》一文中，通过对蔡老师课堂上一个小小的举动，折射出蔡老师温柔善良有爱心，正是以小见大的具体体现。《羚羊木雕》中孩子之间的纯真友谊与大人们的冷漠势利形成鲜明的对比，深刻地表现出了同窗友情的美好，也揭示了上下两代人心灵的隔阂。

【提纲示例】

题目：雨外的笑颜
主题：记叙一幕课堂上的感人场景，表达真挚的师生之情。
结构：顺向叙述式。
正文：
开头：把低落情绪与教师的生动讲解相对比，写出自己的沉闷心情。
主体：
一、交代情绪低落的原因。
二、描写窗外学生在雨中飞奔，分散同学们注意力的情景。
三、老师巧妙的劝告引来同学们会心的笑声。
结尾：浓浓的师生情，让课堂变得更加轻松。
手法：在叙述中穿插场面描写和抒情。

【范文引路】

雨外的笑颜

邹宛珊

"叮铃铃……"那听了便会让我感到有些烦躁的上课铃又响起了，仿佛催促着放风的犯人赶快回去似的。落座后，课本中那些原本枯燥无比的文言文诗句，在老师的口中仿佛已经变成了一幅幅生动的场景，听他描述的人顿时有了一种身临其境的感觉。

但这一切，却难以调动我那颗因潮湿的天气而更加沉闷的心。

我无趣地望着窗外，昨天的体育课因为下雨而被取消。这让我们班很多同学都很扫兴，然而在这样的天气里，我们却没有一节户外活动的课。难道连"天公伯"都觉得我们班太过活跃而缺少和谐的学习氛围吗？

正当我想着在操场上我能和同学玩些什么时，伴随着巨大的雷声，倾盆之雨从天而降，天也随之慢慢地变暗了。

原本正在读书的同学瞬间将注意力转移了出去，离窗近的人将头探向窗外，离窗远的站了起来，那些还是看不到的人只好站在了桌子或者椅子上。看着那些在雨中奔跑的人，我们都哈哈大笑起来，有的人甚至笑得前仰后翻，摔在了地上。

透过玻璃窗，能看到那些学生在雨中飞奔，有些本来准备潇洒漫步回班的学生见雨势越来越大，也加快了脚步。老天似乎觉得大雨还不能满足他那狂野的本性，便刮起大风再次加强雨势。门外那两三米高的小树，此时已在雨中弯下腰，拜倒在披靡的大风之下。

那些跑过我们班窗边的人，没有不淋得全身湿透的。更难受的是，他们不仅要接受风雨的洗礼，还得忍受我们班同学那嘲笑的笑声。不仅如此，有的人甚至还冲着外面的人大喊着："小心点别摔了……"原本安慰的语句，从他口中说出却有一种很想看他摔倒的感觉。

看着我们这一帮同学幸灾乐祸的样子，老师只是笑了笑。他曾多次想打断我们，但都没成功地将我们的目光和注意力转移回来。无奈中，他也只能等那帮学生回到教学楼后，才缓缓说道："好了，人都跑完了，没有什么看的了，专心听课吧！"

这时我们才依依不舍地将注意力挪了回来，但时不时还会瞟一瞟窗外，看看还有没有在"依恋"这瓢泼大雨的人。而我们这些小动作都被老师尽收眼底，对于这样的我们，老师竟笑着说道："人果然都喜欢幸灾乐祸，把快乐建立在别人的痛苦之上啊！"

全班顿时被老师的话逗笑了，原本无味的课堂也变得活跃了起来，而我那

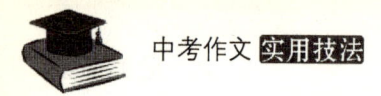

沉闷的心也伴随着班上的琅琅书声被调动了起来。

原来，一群爱玩爱笑的学生和一位愿意和学生一起玩一起笑的老师，能够使一个本该枯燥无味的课堂活跃起来，即使是在风雨交加、雷声不断的雨天。

点评：

　　作者以独特的视角，选取了一个特别温馨的画面，写出了一幕感人的场景，表达了真挚的师生情。文章不落俗套，描写细腻，引人入胜，用相互映衬的手法突出中心，展现了一幅快乐课堂的生动画卷：看到同学们的目光都集中在窗外雨中奔跑、追逐的少年们的身上，老师不但没有生气，反而用幽默的语气对同学们进行了劝告：人果然都喜欢幸灾乐祸，将快乐建立在别人的痛苦之上啊。幽默的话语、轻松的气氛，顿时化解了一场"走神"风波。在风雨交加、雷声不断的雨天，教室里充满的是欢声笑语和浓浓的温情。

瞧瞧班里的那些男生

姬圳妮

　　不是我八卦。上初中这两年来，班里男生的个性特点是越发明显，就连老师也不得不"佩服"他们。下面，我就给您讲一讲我们班里的几个"活宝"。

　　"活宝"之最首推"忍者"小陈。大家都知道，时下日本忍者十分受大家欢迎。小陈虽然不会忍术，但是他的举止、谈吐，非同常人，可以和真正的忍者相媲美。他一下课就跑去找"大高个"小胡。随即，两人就在班里大战一番。小胡一米九的个子，乍一看上去足以把一米六几的小陈打趴下。可结果却不然。只见小陈施展他如忍者般的"幻术"，迅速出手，见缝插针，巧妙利用自己个子小的优势，灵敏地躲过小胡的攻击。在小陈高超的"幻术"攻击之下，小胡自愧不如，感叹道："忍者就是忍者，太牛了！"

　　下面这位绰号很特别——羊驼，是当下火热流行的词。担得起这个美名的，非小黄同学莫属！这个绰号从何而来呢？上学期，"羊驼"一词在班里广为流传。个别男生吃饱了没事干，把小黄的长相和羊驼一比较，发现奇像！尤其是那两道眉毛，如锁住了无限凄愁一般，呈现出忧郁的神态。他有一个鲜明的特点：喜欢抱怨。

有一回，在他身上发生了一件令全班都捧腹大笑的事。

一天中午，他和"狗子"小俞一起去面包屋买泡芙，无意中发现地上躺着一个红色的钱包。他本想趁人不注意偷偷捡起来，不料小俞抢先一步，一个箭步，俯身迅速捡起钱包，举过头顶大声问："谁的？谁的钱包啊？"此时店员立即道："可能是哪个学生掉的吧，先放我这保管。"小俞听罢，把钱包交给了店员。刚跨出店门，"羊驼"立马骂起来："都怪你，如果那钱包里有很多钱，那我们岂不是发了？不管怎样，总能买几个泡芙吧！你真是太'二'了，你赔我泡芙吧！"就这样，"羊驼"从店门口一直骂到班级门口，大家闻讯都来凑热闹。听完事情原因后，小谢猛地问道："钱包什么颜色？"一番回答后，她大惊失色，原来那钱包是她丢失的！同学们望着小黄因过分激动而涨红的脸，不禁哈哈大笑。可"羊驼"却出人意料道："早知道就把里面的钱全用来买泡芙，把空包还给你。"好一个贪吃的"羊驼"！

和"羊驼"相比，这位可大相径庭。从开学第一天起，我就发现了这位仁兄的"不寻常"——头发是卷的。后来，陆续又有同学发现了他这一特点，遂封他绰号为"卷毛"，外加"电击小子"。久而久之，这绰号也就传开了。"电击小子"在班里同学看来特别好欺负——能忍则忍。说实话我倒挺欣赏他这点的。大家看他脾气好，于是就拿他和班里一女生开起玩笑来。他不气也不火，只是一脸无奈地望着你。一看到他滑稽的模样，我就止不住发笑。

最后一位是前面提到过的"狗子"小俞。乍一看，这外号也太不雅了吧！这可是同学们对他的亲切称呼。至于这外号的来历，我至今都不太清楚。他这个人很傻又很聪明。说聪明是因为他钻研起数学题来，兴趣极为浓厚。脑袋转上两三下，一道难题就解出来了。不过，这人夸不得，夸个三言两语他就飞天了。说他傻，那是因为他喜欢上了一个女生——小刘，以致不能自拔。他会想方设法去和小刘套近乎，献殷勤，以博得她的好感。小刘才瞧不起他呢！你学习有人家好吗？没有。这个他可是心知肚明，但仍死缠烂打，毫不罢休。对于他人的闲人碎语，他全当耳边风，"呼呼"几下就刮没了。为此小刘既无奈又郁闷。也难怪，这就是所谓的"情窦初开"吧！小俞我可在这儿奉劝你一下——回头是岸啊！

这就是班里的那些男生，他们给我们繁忙的初中生活增添了许多活力，让我们的生活不再单调无趣。就像是一幅画，勾好线后，需要有人去上色，而他们就是这幅画的上色者。因为有了他们，这幅画才变得栩栩如生，多姿多彩。我们则是赏画者，感受这幅画带来的美和惬意。

嘿，那些男生，你们永远是我们心目中独一无二的！

点评：

文章语言风趣，选材真实，把纯真热情的校园生活写得生动有趣，波澜起伏。文中既有身手敏捷的忍者"小陈"，也有诙谐幽默的"羊驼"，还有任何时候都不气不火的"卷毛"、聪明伶俐的"狗子"小俞……文章以生动细腻的笔调描写出了一个个生动的形象，可谓精彩至极。例如："你学习有人家好吗？没有。这个他可是心知肚明，但仍死缠烂打，毫不罢休。对于他人的闲人碎语，他全当耳边风，'呼呼'几下就刮没了。"语言诙谐，幽默风趣，读来令人忍俊不禁。结尾恰到好处地穿插进了议论，指出了这些男生给班级带来的欢乐，深化了文章的主旨。

我班的"包租婆"

陈璞

"还有哪个组没交语文作业！"

如果早晨你从我们班经过，听到这样的咆哮，你不要感到诧异，那是我们班人称"包租婆"的语文科代表郑骏敏在催促大家交作业呢！

不知谁接了句："今天不交，明天翻倍！"再后来就变成："今天不交租，明天翻倍收！"收租，交租，收租，交租，于是"包租婆"的形象被大家刻画了出来，简称"包租"。

每次语文早读，都是在"包租婆"的一声呐喊中开始的——"把语文书拿出来！"简洁干脆利落，却十分奏效，原本喧闹的教室迅速安静下来，但偏有那么几个反应迟钝的同学还在教室里游走。"快点回座位，把语文书拿出来！"语气中有种不容置疑的威力。

待到全班坐定，"包租婆"便双手高捧着书本，开始带着大家早读。无论哪个角落，都能听到她洪亮的领读声，1：47的音量常令我钦佩不已。如果全班读得不整齐，"包租婆"会略带怒气地嚷道："重来，重来！"于是杂乱的读书声戛然而止，大家齐刷刷地盯着"包租婆"，等她发号施令。她又习惯性地把书捧得很高，直到大家看不到她的脸。随即，她那极具穿透力的声音从书的那端传来："从第一段开始读——齐！"在她恶狠狠的指示下，我们重新开始朗读，并且异常整齐。当大家把读书的声音调控到最佳状态时，"包租婆"则会逐渐降低自己的音量，自然和谐地融入集体的朗读中。

老师让我传达消息，我自愧音量不够，所以常求助于"包租婆"。这时，"包租婆"常常会威严地扫视一下全班，然后用手扶一扶紫色框的眼镜，气运丹田，马尾辫一甩，大嘴一张，一阵震天动地的声音便会响彻整个教室。同学们闻之，无不伸颈，侧目，微笑，默叹，以为妙绝。

每天早上，同学们都会很自觉地交好语文作业，因为大家知道"包租婆"又要催"租"了：

"快点交齐语文作业——"

（指导老师：明敏）

点评：

　　这篇文章以欢快幽默的语言刻画了一位忠于职守、严格自律的语文科代表的形象。文章最大的亮点是语言生动活泼，把人物形象活灵活现地展现在读者面前，让人耳目一新。例如："今天不交租，明天翻倍收！""'快点回座位，把语文书拿出来！'语气中有种不容置疑的威力"等，语言诙谐活泼，充满童趣。再如："这时，'包租婆'常常会威严地扫视一下全班，然后用手扶一扶紫色框的眼镜，气运丹田，马尾辫一甩，大嘴

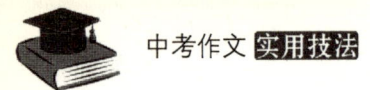

一张,一阵震天动地的声音便会响彻整个教室。同学们闻之,无不伸颈,侧目,微笑,默叹,以为妙绝。"这么生动的语句,不能不令人印象深刻,回味悠长。

我眼中的育才

高飞帆

一曲曲动听的旋律,一段段优美的舞蹈,曲高和寡的丝竹之音,震撼人心的管弦之乐,精彩纷呈的相声,爆笑幽默的小品,这就是艺术节,这就是育才,这就是我们的舞台。

艺术节前夕,我们班级的节目便开始风风火火地排练起来。整个节目的灵感和结构,来自我们的班主任陈老师较早前挥笔写就的一部剧本——《西游后记》。从看完剧本的那一刻起,我就坚信这是一部集观赏性、娱乐性、艺术性于一身的"巨作"。有这么一部现成的好剧本,我们怎能怠慢?我们立刻选拔出担当重任的演员,利用午休时间在老师的办公室进行排练。

在几个星期的排练中,时常能看见几位演员和幕后人在顶楼办公室刻苦排练的情景。陈老师每天中午都会在现场指导。尽管这一段经历有曲折,有艰辛,但这是我们一起努力的日子,值得我们所有人珍惜。

节目预选当天,我们剧组全体人员一起小试牛刀。不出所料,我们的演出力压群雄,引来了满堂喝彩,笑声接连不断,连严格的评审也不禁拍手称赞。

自此,我们的节目在艺术节中迈出了重要一步。虽然如此,我们并没有放松,依旧天天排练。与之前不同的是,我们开始了一次次排练:将每一名角色细致刻画了一番,人物的形象更加丰满生动了,整个小品也变得灵活有趣,臻于自然。

转眼就到了艺术节文艺会演的日子,《西游后记》在更大的舞台上隆重推出了。一个个鲜明的角色粉墨登场:虔诚庄重却又不失幽默的唐僧,忠厚老实又不失机灵的沙僧,依旧神通广大而又极具现代气息的孙悟空,鲁莽搞笑如今成了帅哥的猪八戒,还有那有模有样的"校长",活泼俏皮的高小姐……无不引人眼球,笑声不绝于耳。俏皮的台词,击穿笑点的夸张动作,加上一本正经的表情。台上台下,汇成了欢乐的海洋。表演完毕,台下响起了如潮般的掌声和欢呼声——我们的小品取得了巨大成功!

  这次成功的获得,与演员们的悟性和辛苦是分不开的,与那些在幕后台下出力的同学们是分不开的,更是与老师绝妙的文笔和恰到好处的指导分不开的。正道是"台上一分钟,台下十年功"。台下的我们虽然付出了辛劳,但台上的我们用汗水浇开了成功之花。这掌声,就是对我们全体成员最好的肯定;这舞台,就是一个展示才华的天地。

  在我眼中,育才,就是一个舞台。心有多大,舞台就有多大!

点评:

  本文以生动的笔调,真实地记叙了这个节目从排练到公演的全过程。文章最大的特点是详略分明,作者抓住了演前排练和公开演出这两项最主要的场景来写,对于其间的辛苦和劳累则一笔带过,突出了重点。文章的另一个亮点,是在记叙中穿插了议论和描写,如"正道是'台上一分钟,台下十年功'。台下的我们虽然付出了辛劳,但台上的我们用汗水浇开了成功之花。这掌声,就是对我们全体成员最好的肯定;这舞台,就是一个展示才华的天地。"结尾的"心有多大,舞台就有多大"一句,富含哲理,耐人思考。

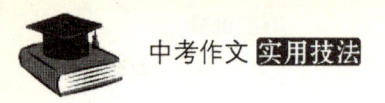

七、人在旅途

【写作指导】

随着年龄的增长,同学们的见闻也越来越广。正所谓:"读万卷书,行万里路。"旅途中各地的风土人情、名山大川和奇闻轶事,可以帮助同学们开阔视野,增长知识,陶冶情操。

自古以来,我国文坛就有云游四方、寄情山水的传统。唐代著名的大诗人李白、杜甫,青年时期就曾四处游历,并在游历途中写下了许多著名的诗篇。李白的《望庐山瀑布》《早发白帝城》《望天门山》等,杜甫的《登高》《望岳》《阆山歌》等都是其中的名篇。例如,杜甫的《望岳》一诗:

> 岱宗夫如何,齐鲁青未了。
> 造化钟神秀,阴阳割昏晓。
> 荡胸生层云,决眦入归鸟。
> 会当凌绝顶,一览众山小。

这首诗是青年时代的杜甫在游历泰山时所作。面对雄伟壮丽的泰山,诗人心潮起伏,志向高远,以"会当凌绝顶,一览众山小"这一传诵千古的名句作结,表达出勇攀人生高峰的豪迈之情。

要写好游记类作文,除了要重视观察和思考外,还须做到以下几点:

(一)要有一定的顺序

游记的作者就如导游一般,他怎么写,读者就怎么看。所以,写游记一定要言之有序。一般而言,游记的顺序有以下几种:

1. 以游览的顺序为序

把参观游览的顺序当作记叙的顺序来写,有利于写作者梳理游览项目,也有利于让文章条理清晰。例如,《故宫博物院》这篇课文是按照游览的景点顺序来写的,具体顺序如下:天安门—端门—午门—金水河—太和门—太和殿—中和殿—保和殿—乾清门—乾清宫—交泰殿—坤宁宫—御花园—顺贞门—神武门。条理清晰,让人一看就对故宫有了直观的印象。再如,柳宗元的《小石潭记》也是按照游览的顺序来写的:发现小潭—潭中景物—小潭源流—潭中气氛。文章脉络清晰,一目了然,写出了作者等人游览小石潭的经过和感受。

2．以地点变化为顺序

按照游览地点的变化,由远到近,由外而内,由高到低,由左到右等,可以带给读者直观的印象。例如《参观人民大会堂》一文,作者是按"正门—中央大厅—大礼堂—会议厅—走出大门"几个不同地点来记叙的,依次写了大会堂正门的国徽和柱子、中央大厅的天花板和地面、大礼堂、宴会厅和会议厅等景点。再如《记金华的双龙洞》一文,作者按照地点变化的顺序来记叙:金华城—罗甸—路上—洞口—外洞—孔隙—内洞—出洞,把金华双龙洞的总体情况生动具体地展现在读者的面前。

3．以时间为顺序

《藤野先生》一文,是按照作者到仙台前—到仙台后—离开仙台的顺序来写的,记叙了作者在日本留学期间的所见所闻和内心感受。陶渊明的《桃花源记》一文,采用了时间顺序来写。作者记叙了渔人发现桃源—小住桃源—离开桃源—再访桃源的经过,条理清晰,层次分明。

(二)突出重点

写游记,一定要突出重点,详略得当,切忌面面俱到,"眉毛胡子一把抓"。例如,《故宫博物院》这篇文章,作者游览的景点众多,如果每一个景点都做详细介绍的话,几万、几十万字都难以介绍完。所以,在写作时,作者根据景物的特征,重点抓住了太和殿和乾清宫这两项景物来写。因为太和殿是皇帝临朝的地方,是故宫的中心,也是三大殿的中心,是最能体现至高无上的皇权的地方,所以要重点介绍。乾清宫是皇帝处理日常政务、批阅奏章的地方,是内廷的中心,所以也做重点来写。

(三)写出新意

游记的写作,要尽量避免"人云亦云",力求写出新意。范仲淹所写的《岳阳楼记》,一改许多文人墨客流连山水、壮志难酬的小生文风,在写景中融入了个人的家国情怀,发出了"先天下之忧而忧,后天下之乐而乐"的壮志豪情，成为独具特色的千古名篇。在《醉翁亭记》一文中，作者在记叙了"山水之乐""宴酣之乐"和"乐人之乐"后，借景抒情，抒发了"与民同乐"的内心情感。

再如，《苏州园林》一文，作者没有介绍园林的哪些景物好看，哪些地点有意义，而是从以下四个方面写出了它的独特之美：（1）讲究亭台轩榭的布局。亭台轩榭在布局上"绝不讲究对称"，具有充满自然之趣的布局美。（2）讲究假山池沼的配合。假山的堆叠有自然之趣，让人忘却其为假山。池沼则"大多引用活水"，是因为活水才有生趣。（3）讲究花草树木的映衬。花草树木的映衬同样"着眼在画意"。（4）讲究近景远景的层次。文章不拘俗套，颇具新意。

（四）穿插抒情、描写

写游记，除了记叙旅途中的所见所闻外，还要注意穿插抒情和描写。"范文引路"中的两篇文章很有代表性：杨小宇同学在《草堂，跨越千年的对话》一文中，除了描写草堂的环境、杜甫雕像、小博物馆等景物外，还抒发了她对杜甫崇高精神的敬仰之情：想起当年诗人的忧国忧民之情，再联想到我们终日可得的太平生活，我始终感觉诗人的灵魂还在那尊汉白玉雕塑之中。他仍然手指青天，心忧天下，情系苍生。郭丽媛同学写的《阿木尔的冬天》一文，以优美的文字写出了东北家乡的美丽景色，也表达了对故乡的热爱和留恋。

再如，《满井游记》是袁宏道写的一篇游记小品。作者用精美简练的文字记叙了自己冒着早春的寒冷外出游览的经过，生动地描绘了满井一带早春的优美景色和渗透出的芬芳气息。作者触景生情，寓情于景："始知郊田之外未始无春，而城居者未之知也""夫能不以游堕事，而潇然于山石草木之间者，惟此官也"。这两句话，表达了他对春回大地的喜悦，也表达了他对官场的厌倦、对自由的向往和乐观旷达的人生态度，读后令人深思、默叹。

写好游记类作文，不仅要安排好合适的顺序，还要突出重点，写出新意，并在记叙之中穿插抒情和描写。有血有肉的文章才会吸引读者，也才会更有价值。

【提纲示例】

题目： 阿尔木的冬天

主题： 描写故乡阿尔木冬天的美丽景象，表达对故乡的真挚情感。

结构： 纵向叙述式。

正文：

开头： 写在火车上看到雪景时的激动心情。

主体：

一、描写阿尔木的美丽景象：房屋、森林、星空。

二、记叙在阿尔木雪地行走的经过（重点）。

三、描写惜别阿尔木时的场景。

结尾： 抒发情感，表达对阿尔木的依恋之情。

手法： 记叙中穿插抒情和描写，运用比喻、通感等手法，增添语言的韵味。

【范文引路】

阿木尔的冬天

郭丽媛

那年冬天，是一个寒冷的冬天，第一次看到雪的我在火车上就难以控制自己的情绪，总是有一种想要跳出窗外的冲动——去触碰雪。在火车上，我的两只脚止不住地乱抖。火车一停，我就急忙下车，哆哆嗦嗦地把手往雪堆里面插——这一幕，挺像把手插在米里面练铁砂掌。虽然雪很冷，但是触碰到肌肤的时候还是有一种很奇妙的感觉——与肌肤相撞的瞬间即化成水。

从小，我就受到爸爸的影响，有一股纯正东北人的气味（爸爸是东北的，妈妈是广东的）。所以，下车后，一听到周围人说话的味道，我马上就觉得到家了。我绷紧的神经也马上就放松下来，一口纯正的东北腔不自觉地流了出来。

我所到的地方,是爸爸小时候的故乡。爸爸童年的所有记忆都浓缩在这里——阿木尔。阿木尔是一个小镇,它的旁边就是漠河,也就是咱们中国的最北端。这里,最低气温可以达到零下五十多度。但是,这里也是全中国最美丽的地方。也许没有人宣传过,因为没有亲身体验,这种美是体会不到的。

这里就像一个放大的居民区,大部分人家住的都是平房,只有一部分是小高楼。因为没有过多的人和车,所以这里的空气非常好。深呼吸时,能闻到空气中淡淡的松树的味道。站在家门口,就能看到山林——大片大片的山林。这里种的大部分都是松树——因为只有它们,才能冒着严寒在风中挺立着。

这里,最美的风景在夜晚。夜晚,跨出房门,抬头一望,便会发现头上顶着一片巨大的星空。每一颗星星离你好像都那么近,它们就像一个巨大的幕席压在你的头顶,好像伸手就可以触碰到它们似的。

在阿木尔,我闻到了"纯净"的气味。

在阿木尔的第一个晚上,我是在大姑家的小高楼里面睡的。充足的暖气,让我以为我还在深圳。大姑对我很好,几乎把所有东西都给我准备好了,即使有一些东西我根本就用不到。我很感动,她竟然那么细心。晚上,我和一个刚认识的女孩儿妞妞(北方好多女孩儿都叫这个名字,也不知道为什么,不过叫着确实是好听)睡在一起。那晚,我和妞妞一直聊天到很晚很晚,具体聊些什么,我也记不得了。只记得那个晚上,我们两个挤在一起,看着外面的天,互相了解着对方,互相谈论着自己的未来。

在阿木尔,最令人兴奋的事是每天聚在一起吃饭时的场景。因为那个时候,所有我认识的人,爸爸认识的人都到了。吃什么菜不重要,最重要的是那股热闹劲儿。男人们在喝酒,女人们在唠家常,小孩儿们在电脑房里面抢着玩电脑。每天最喜欢的,就是吃饭时这股热腾腾的人气儿。

待了几天之后,爸爸说:"走,带你去林子里逛逛。"我就蹦蹦跳跳地跟着去了。"林子"就是不远处大山上的山林,去到那儿大概要走十分钟。还没走到那里的时候,我就已经在气喘吁吁了(在雪地里走十分困难,而且热量消耗巨大)。林子在一条小河对面,小河已经完完全全被冻住了。冰下时不时冒出几个拳头大小的黑东西,靠近一看,原来是被冻住的小蛤蟆。其中有一只的后腿还是伸展的,好像游泳时被瞬间冻住了一样,十分神奇。爸爸说:"它们现在有点儿类似于冬眠，冰一化，它们就活过来了。"

我们没有往森林深处走，只在边缘走了一阵。中午，阳光洒在雪地上，好像照在钻石上一样，闪闪发亮。林子里的雪，又松又厚，一脚踩下去，雪就没到了膝盖骨。这种感觉，比踩在面粉上还要奇妙。在林子周围走了又走，两只脚不停地乱踩，因为我喜欢听踩雪发出的嘎吱嘎吱的声音。

回到平房时，我就累得不行了。

在阿木尔待的这几天，我基本上就是穿梭在小高楼和平房之间，时不时去林子周围逛一逛，不是去大姑的饭馆吃饭，就是在电脑上和同学们聊天。在这儿待的这几天，我整个人就像度过了一个养生假一样，心情舒畅，气色红润。我的脑子里什么东西都不用装，每天就这么热热闹闹、无忧无虑地过着，好像把前几年的压力全部都释放掉了，一下子变得好轻松，好轻松。

玩了十几天，就要离开了⋯⋯

上车时，我的心好像被什么东西掏空了一般往下坠落。好像一切都要回归正轨，再也不能无忧无虑地呼吸这纯净的空气，享受这美丽的星空了，再也看不见热热闹闹吃饭的场景了。我们上火车的时候，谁都没有说话，生怕说一句话就会哭出来。短短十几天时间，我早已对这里的人、这里的物产生了感情，对他们的留恋早已经超乎了我的想象。我哽咽着上了车，默默地和大姑、伯伯们挥着手说再见。

那年，阿木尔的冬天。那年，永久的记忆。

（指导老师：宋文健）

点评：

文笔优美，感情细腻。写出了东北家乡的美丽景色，也写出了对故乡的纯真情感。字里行间，流露出一个在外地长大的少女对故土的特有情怀，真实而动人。文章最大的特点是语言精美，用词讲究。例如："每一颗星星离你好像都那么近，它们就像一个巨大的幕席压在你的头顶，好像伸手就可以触碰到它们似的。"这句话真切地写出了阿木尔静谧悠远的夜空景象；"在阿木尔，我闻到了'纯净'的气味"这一句，作者运用了通

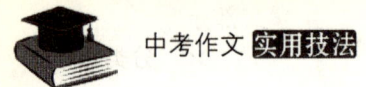

感的手法，写出了阿木尔的纯净之美；"阳光洒在雪地上，好像照在钻石上一样，闪闪发亮"这一句，运用了比喻的修辞手法，写出了雪后初晴的美丽景象。

别样漓江

李昕怡

清晨就来到漓江边，此时，江山被大雾笼罩。大雾连着天边的云，飘着，摇着；几束阳光迅速从云缝雾隙中逃出，照着隐隐约约的山。清晨的江水，似小姑娘一般，从那层层叠叠的山峰中探出头来，又躲进茫茫大雾中。耳边传来的，是那银铃般轻快调皮的嬉笑声。

刚来到这里，我便被这秀美的江山震撼住了。这里的山水仿佛都有生命与灵气一般，或婀娜，或雄伟，或连绵起伏，或孤傲挺立，竞相展露着人间仙境的风韵和魅力。

太阳慢慢揭开了层层面纱，露出了焕然一新的面孔。山峰的形态别具一格：有的如开天宝剑，直插天穹；有的则如卧虎，不怒自威；有的还如一块原石，被一刀斩断，露出高耸陡峭的悬崖峭壁。丛山之间，有一条宽阔的江面，似飘带一般从山间滑过，抚摸着这片威严的土地。她走着，迈过贫瘠的土地；她跳着，越过茂密的丛林；她滋润着，山们也慢慢变得柔和，显出了俏丽挺拔的姿态。这里的山，依着水；这里的水，傍着山。如知心朋友一般，不用说话，便明白了对方的心愿。他们用自己的长处，去填补对方的短处，最终得到了这人间仙境。

像小孩的脸一样，天气说变就变了。我坐在船上，雨把那连绵的山点缀得模模糊糊。山变得圆润起来，泛着点点的翠绿，绽放着生机。江水和雨水却欢快起来，放肆地唱着：刷啦啦，刷啦啦……音调忽高忽低，风儿为他们伴奏着，江水也高兴得跳起舞来。我们的船随着他们摇晃着，雨也调皮地泼洒在我们身上。我们被这一幕幕热闹的场景带动起来，大声地欢呼着，仿佛与大自然融为一体，畅游在这来自心灵的快乐世界，久久不愿从"美梦"中醒来。

点评：

  本文出自一位初一年级的学生之手，篇幅虽短，但十分精美。文章以"刚来到这里，我便被这秀美的江山而震撼住了"一句总领全文，着重描写了漓江的山水之美。写山，着重写其外形之美：有的如开天宝剑，直插天穹；有的则如卧虎，不怒自威；有的还如一块原石，被一刀斩断，露出高耸陡峭的悬崖峭壁。写水，着重写其秀丽之美：丛山之间，有一条宽阔的江面，似飘带一般从山间滑过，抚摸着这片威严的土地。她走着，迈过贫瘠的土地；她跳着，越过茂密的丛林；她滋润着，山们也慢慢变得柔和，显出了俏丽挺拔的姿态……文章运用了比喻、拟人等多种修辞手法，写出了漓江山水带给作者的无限温情：江水和雨水却欢快起来，放肆地唱着：刷啦啦，刷啦啦……音调忽高忽低，风儿为他们伴奏着，江水也高兴得跳起舞来了。文笔优美，似梦似幻，富有画面感，仿佛令人置身于秀美的桂林山水之中。不愧是"秀甲天下"的人间仙境！有一位同学读完此文后，情不自禁说道：如果这是一场梦，我便不愿再醒来；如果这是现实，那我便再也不要做梦。

草堂，跨越千年的对话

杨小宇

  "安得广厦千万间，大庇天下寒士俱欢颜！风雨不动安如山。呜呼！何时眼前突兀见此屋，吾庐独破受冻死亦足！"

——杜甫《茅屋为秋风所破歌》

  道旁庄重的古树，厚重的木门和青灰色的檐瓦，暗色的大匾额上，书有"杜甫草堂"四个苍劲古朴的大字。

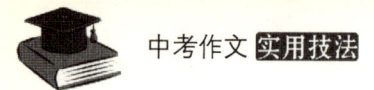

这就是千年之前，那个"白头搔更短"的诗人在蜀地的简陋居所。千年之后，人们怀着神圣的心情，向诗人致敬。

这就是杜甫草堂。

拜访杜甫草堂是在三年前。尽管时间已经久远，可是草堂中的古风遗韵和诗情画意仍留在我的心中。

跨过高大的门槛，是一条木结构的回廊。一块巨石上雕刻着草堂的历史介绍，悠悠岁月仿佛就在这里停下，静止在凝固的石块和那些文字中。草堂内的竹林小径，石亭木桥，处处令人像是穿越到了千百年前的大唐时代。在草堂正中，是一方莲花池。池中央，矗立着杜甫的汉白玉雕像。

右手捧卷，左手指天，离我们千年之遥的圣人仿佛还在为我们讲述那段久远的历史。眼神急切，蹙眉凝神，仿佛还在忧虑"烽火连三月，家书抵万金"的唐朝乱世，又仿佛在思考那"安得广厦千万间，大庇天下寒士俱欢颜"让天下人幸福的理想。

雕像背后是中国历代诗人的小型博物馆。一尊尊汉白玉上，抒写着穿越时空的诗意和旋律。韵律对仗、声调平仄，一首首美丽的诗作，寄托了他们多少希望，多少愁怨。

再往前走，诗圣的莲花池已被我们抛在身后，我们又重新踏上了青石小径，与竹林相伴。

谈笑间，诗人的故居悄然出现在我们眼前。因为没有注意脚下的路，此时真有些"突兀见此屋"的惊诧感。走进门，看到里面简陋的设施，真是不敢相信这就是被众人代代称颂的诗圣的居所。

斑驳的石墙，破旧的炕床，因年代久远而显出灰色的竹席和被褥，无一不让我们联想起那个年代诗人的生活是如何艰难。"八月秋高风怒号，卷我屋上三重茅。"这是国破家亡的时刻。我想象过诗人的贫苦，只是未曾料到是如此贫苦。

走出诗人的陋居，重新回到竹林小径中，园中清静幽雅的环境与诗人简陋至极的家形成了鲜明的对比。想起当年诗人的忧国忧民之状，再想到现在我们终日可得的太平生活，我始终感觉诗人的灵魂还在那尊汉白玉雕塑之中，他仍然手指青天，心忧天下，情系苍生。

点评：

　　本文以杜甫的名句开头，突出了文章厚重凝练的风格。作者以参观者的角度，陆续描绘了杜甫草堂的外形结构、陈设环境、人物雕像等景物。作者把笔墨着重放在了对杜甫居住过的"茅屋"身上："斑驳的石墙，破旧的炕床，因年代久远而显出灰色的竹席和被褥，无一不让我们联想起那个年代诗人的生活是如何艰难。"作者用朴素亲切的笔调，描写出杜甫生前经受的磨难，表达了对诗人的无限同情。文章的结尾照应开头，表达了对杜甫忧国忧民情怀的崇敬之情。

茶马古道

刘一方

　　云南丽江的拉市海旁，有一条蜿蜒在山间丛林中的小道。它时而平坦，时而陡峭，宽时可供三马并进，窄时只能一人侧身而过，途经瀑布、湖泉和数条小溪。这就是赫赫有名的茶马古道。

　　古时，当地的原著居民采摘了茶叶，装好后用耐力极好的矮脚马通过这条小道运输到各地以换取其他货物或收入，因年代久远，故得名"茶马古道"。在交通日益便捷的今天，自然是不需要马力运输了，所以这一古道便成了旅游景点。

　　当听到导游介绍我们的行程中含有游拉市海这一行程时，我便有些难以按捺的兴奋：一是因为我对茶马古道神往已久；二是我从小除了照相外从未与马匹亲密接触过，十分憧憬在马背上驰骋的一刻。

　　在车上颠簸了四十多分钟后，我们到达了景区口。复行十几分钟，终于到了骑马的起点。一路上，导游的讲解和在马背上欢笑的人们刺激着我的神经，让我的期待融入了些许焦急的成分。

　　跳下车后，我直奔马棚。第一眼见到的是一幅极为和谐的画面：棚内的马儿，或嬉闹，或打盹儿，或饮水，或进食。我一眼就相中了一匹垂头似作沉思

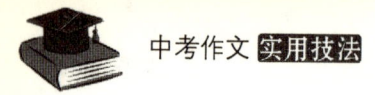

状的黑马，它个头不高，鬃毛梳理得很顺，服帖地搭在油亮的毛发上。我翻身上马，在牵马人的指引下，率先向茶马古道出发。

刚上马背，剧烈的摇晃差点把我从马背上摔了下来。我赶紧紧握缰绳，腰脊也因紧张而挺得笔直。

慢行了一段路，花草树木渐渐茂密，道路也越来越崎岖。牵马人告诉我们，这便算是踏上了所谓的茶马古道了。

也许是四周的美景让我得到了放松，在古道上行走了片刻后，我就基本掌握了骑马的方法，也不再有刚上马时的紧张。感受着胯下马匹走动时有规律的晃动，以及与马蹄相连的大地的脉动，还有山林中的草木的清香，刹那间，我有一种与大自然融为一体的感觉。

我们的牵马人是一位已经为祖母的阿嬷——当地原著居民纳西族的传统是女主外男主内，所以在外劳作的大多是女人。这位阿嬷十分敬业，也很开朗。她一人牵引两匹马——除了我还有另一位同行的阿姨也在骑。在她的带领下，我们一路都走得很顺利。阿嬷特意引领我们走到有些难行但风光旖旎的小道上。碰上比较崎岖的地段，她会把马儿引领得比较稳妥，尽量少让我们受颠簸。阿嬷一路操着不甚标准的汉语给我们讲解当地的一些民俗风情，偶尔还会说两个不知从何学来的英文单词，逗得我们呵呵直乐。有时她还在路旁揪下几根狗尾巴草，赶着马儿小跑几步，让我们体验在马背上奔跑的感觉……

快到终点时，一直跟我们唠着家常的阿嬷突然停止说话，转而开始哼起小调来。曲调高亢，带有浓郁的少数民族特色，引着我们也跟着她不知所云地哼了起来。

蓝天、白云，火红的夕阳，灿灿生辉的水稻，挥动尾巴驱赶蚊虫的水牛，成列的骏马，高歌的阿嬷和洋溢着微笑的马背上的游客，构成了一幅何等美好而温馨的画面啊！

临走前，我偕同驮着我行走古道的爱马和牵马人阿嬷合影留念。镜头里，阿嬷黝黑的脸庞上绽放出灿烂而真挚的笑容。这笑容，便是我对茶马古道一行最后的印象。

点评：

　　文章思路清晰，结构完整。开头写了山间的丛林小道，很有特色："它时而平坦，时而陡峭，宽时可供三马并进，窄时只能一人侧身而过，途经瀑布、湖泉和数条小溪。这就是赫赫有名的茶马古道。"接着，作者在牵马人老阿嬷的带领下，游览了历史悠久的茶马古道。最富情趣的不是沿途的风景，而是浓浓的人情味："阿嬷一路操着不甚标准的汉语给我们讲解当地的一些民俗风情，偶尔还会说两个不知从何学来的英文单词，逗得我们呵呵直乐。"接着，作者以蓝天、白云、夕阳、水稻、驱赶蚊虫的水牛、成列的骏马、高歌的阿嬷和洋溢着微笑的游客作结，描绘了一幅美好而温馨的画面。文笔流畅，语言生动，是一篇富有民族特色的游记。

八、风土人情

【写作指导】

风俗是指一个地方长期积累而成的风尚、习俗。《荀子·强国》："入境，观其风俗。"到了一个地方，就必须了解当地的风俗习惯，才能为当地人所接受。所谓"入乡随俗"，说的就是这个道理。

"风土人情"这个主题从属于游记作文，但与以写景抒情为主要特征的游记相比，这类作文更突出一个地方的民俗特征及文化特征。因此，写好此类作文，一方面要注意观察一个地方的风俗及文化特点，另一方面要展开联想，写出与当地风俗相关的故事、传说，还要写出对当地风俗文化的感悟。

（一）写出当地风俗特点

风俗是一种社会传统，地域不同，信仰不同，风俗也各不相同。所谓"百里不同风，千里不同俗"，这句话正反映了风俗因地而异的特点。写此类作文时，要根据各地的风俗习惯，写出其地域特点。

汪曾祺先生在《端午的鸭蛋》一文中，生动具体地介绍了家乡的习俗：端午节到来时，家家户户都要系百索子、做香角子、贴五毒、贴符、喝雄黄酒、放黄烟子、吃"十二红"，孩子们还要挂"鸭蛋络子"等。在众多的习俗当中，作者不惜以大量的笔墨，详细介绍了"端午的鸭蛋"：挑鸭蛋、玩鸭蛋、吃鸭蛋、赞鸭蛋等。每一个环节，作者都写得很详细：

挑鸭蛋："端午一早，鸭蛋煮熟了，由孩子自己去挑一个，鸭蛋有什么可挑的呢？有！一要挑淡青壳的。鸭蛋壳有白的和淡青的两种。二要挑形状好看的。别说鸭蛋都是一样的，细看却不同。有的样子蠢笨，有的秀气。"在普通人的眼中，鸭蛋的形状大同小异，并不引人注目；在作者眼中，鸭蛋竟然有"蠢笨与秀气"之别，这样精彩生动的语言，这样深入细致的描写，可见作者观察之细致。

玩鸭蛋：（1）挂鸭蛋络子——挑好了，装在络子里，挂在大襟的纽扣上。（2）装萤火虫——蛋黄蛋白吃光了，用清水把鸭蛋壳里面洗净，晚上捉了萤火虫来，装在蛋壳里，空头的地方糊一层薄罗。萤火虫在鸭蛋里一闪一闪地亮，好看极了！在作者笔下，这些玩法新颖别致，独具特色，带给读者美的享受。

吃鸭蛋：有带壳切开吃、空头挖开吃、炒菜吃、白嘴随时吃等。特别是"空头挖开吃"："平常食用，一般都是敲破'空头'用筷子挖着吃。筷子头一扎下去，吱——红油就冒出来了。"这些句子，带有鲜明的地方特色，读来令人垂涎三尺。

赞鸭蛋：作者先后以"鸭多，鸭蛋也多。高邮人也善于腌鸭蛋"和"我走的地方不少，所食鸭蛋多矣，但和我家乡的完全不能相比！曾经沧海难为水，他乡咸鸭蛋，我实在瞧不上"等句子，表达了对家乡鸭蛋的深深赞美和无比自豪之情。

汪曾祺先生把家乡的鸭蛋作为重点，主要是源于他深厚的家乡情结。以"鸭蛋"为对象来写家乡的风俗，表达对家乡的热爱，实在是一个绝妙的角度。

（二）分清层次，突出重点

在描写风俗特点的基础上，要注意分清层次，突出重点。这样写，有利于深化文章的主旨，增强文章的感染力。

例如，沈从文先生在《云南的歌会》一文中，先后写了三个有关唱歌的场面："山野对歌""山路漫歌""村寨传歌"。这三个场面层次分明，各具特色：（1）山野对歌——具有对抗性质，是对歌双方的才智大比拼。作者把重点放在了对唱歌人的描写上，对演唱者不惜浓墨重彩、工笔描绘，烘托出活泼欢快的场面，描绘出朴素动人的情景。（2）山路漫歌——即兴自由歌唱，唱歌人发乎性情，自然成趣。作者此处着力描写的是唱歌人所处的优美环境：天如此之蓝，花如此之美，悠悠鸟鸣如此婉转动听，而在这样美好环境中长大的女孩儿，自然是歌声动人、情韵动人。这是以优美环境映衬优美的人物、优美的歌。（3）村寨传歌——民歌传承，是一场盛况空前的民歌传授会，场面宏伟，气势壮观。作者重点描绘的是传歌的场面，既有整体描绘，也有局部刻画，既有大众氛围，也有人物特写。文章层次分明，重点突出，让读者领略到了浓郁的民族风情和我国民歌文化的丰富多彩。

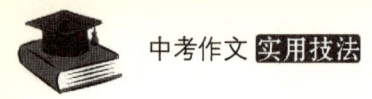

（三）写出独特的感受

写作文贵在新颖。只有在文中写出自己独特的感受，才不会陷入"人云亦云"的境地。写一个地方的风土人情，除了写好风俗特点外，还要写出自己的独特感受。

刘成章先生写的《安塞腰鼓》一文，生动细腻地描写了陕北农民表演腰鼓的宏大场面。文章动与静相结合，写出了作者的独特感受。文章先由静到动，为下文的宏大场面做铺垫。接着由静而动，写出了宏大热烈、震撼人心的擂鼓场面。在这个场面的描写中，作者没有仅仅停留在对打鼓者的描绘上，而是重点抒发了自己的独特感受：这腰鼓，使冰冷的空气立即变得燥热了，使恬静的阳光立即变得飞溅了，使困倦的世界立即变得亢奋了。使人想起：落日照大旗，马鸣风萧萧！使人想起：千里的雷声万里的闪！使人想起：晦暗了又明晰、明晰了又晦暗，尔后最终永远明晰了的大彻大悟！容不得束缚，容不得羁绊，容不得闭塞。是挣脱了、冲破了、撞开了的那么一股劲！

在描写陕北后生们酣畅淋漓的表演之后，作者又着力书写了内心的感受：黄土高原啊，你生养了这些元气淋漓的后生；也只有你，才能承受如此惊心动魄的搏击！多水的江南是易碎的玻璃，在那儿，打不得这样的腰鼓。除了黄土高原，哪里再有这么厚这么厚的土层啊！

可以说，如果这篇文章没有写出作者的独特感受，就难以调动读者的阅读兴趣，就难以真正体会作者对陕北民俗的由衷赞美和对年轻一代的殷殷期望。

在学习教材中有关民俗风情的课文时，我们不仅要学习作者在选材、结构、立意等方面的有益经验，还要结合自己的观察与思考，写出自己独特的感受。如此，才能写出题材独特、富有真情实感的文章来。

【提纲示例】

题目：北国滋味

主题：描写北方吃早点的丰盛景象，表达对故乡风味的怀恋。

结构：片段合叙式。

正文：

开头：由南方的寒冷联想到北方冬天的滋味。

主体：

一、描写北方冬天人们起床时的幸福景象。

二、描写北方早餐的丰盛景象：油条、馄饨、煎饼果子、豆腐脑等（重点）。

结尾：南、北方对比，突出对北国滋味的怀恋。

手法：注重细节描写，抓住人物的神态、动作等，突出表现北国早餐的丰盛。

【范文引路】

北国滋味

王一霖

今年，想必又要在南方过冬了罢？

裹着厚厚的衣服走上街头，看到一个哥哥牵着弟弟的手，走着。那弟弟抱怨道："冷啊！"那哥哥指向天边说："那边——很远的北国，这时正下着雪，比这儿冷多了，也比这儿有趣多了。"

我笑着想：也许只有在那冰雪之下，才会深藏着最好的滋味吧。

跨越上千里，又回到了梦境中的那个北国……

北国滋味，从睁眼开始……

东北人在冬天的起床不是艰难的，而是幸福的。窗外还蒙蒙亮，却已经有了踏雪声。裹好衣服，揉一下惺忪的睡眼，下楼，打开门，一阵冷风灌进胸腔——嗯，新的一天开始了。地上的积雪足以把脚淹没，深一脚浅一脚地走着，不出几步便看到了天堂般的景致：雪，还在纷纷扬扬地下着，街上早已排起了长龙，热闹得犹如一个小集市，那便是东北人买早餐的情景。一个个早餐铺子，销售着不同的滋味，销售着不同的希望。我想，也许一顿早餐就能完美地诠释"酸甜苦辣咸"吧。食客们有一搭没一搭地聊着天，权当这早餐是一种生活上的享受。

看那成捆的油条，闪着油光，还带着些余温。北方的油条巨大而金黄，不像南方的，娇小瘦长。买上一根，得撕扯上半天，咽到肚中，已是满满的幸福。如果再来上一碗香甜的豆浆，趁着腾腾的热气，递到嘴边一口吞下，这份享受是难以形容的。再看那巨大的蒸笼，有一人多高，冒着蒸气，徐徐上升。揭开笼屉，一阵蒸汽涌了上来，蒸汽散去，露出一个个白白胖胖的包子。顾客们把钱塞给老板，便迫不及待地抓起几个包子，幸福地在雪中咬上一口：嗯，不错！

若再来上一碗馄饨，是最好的。只见那大锅中浮着一层馄饨，偶尔有几个滚烫的气泡从锅底浮上来，破裂开来，溅出几滴汤汁。雪花在旁边纷飞，颇有情趣。在冰雪中抱着一碗馄饨，吃得人浑身滚烫，不但果了腹，还多添了几分暖意。

这时，再来上一个煎饼果子，更是完美。敲开两个鸡蛋，在煎锅上摊匀，刷上一点酱。东北人是喜辣的，辣椒酱自然要刷得厚一点。再撒上些晶莹的葱花，放上两块炸得金黄的"果子"，合上煎饼，驻足在一旁，眼睁睁地看着别人接过去，大快朵颐。看的人，就只有吞口水的份了。

那白花花的豆腐脑在冬日的阳光下晶莹剔透，撒糖还是撒咸菜就要看你的喜好，吃自己想吃的，这是关键。

甜的也好，咸的也罢，这一切合奏出和谐的乐章。是酸，是甜？是苦，是辣？这又有什么关系呢？高兴就行。

（指导教师：陈洁松）

点评：

　　本文以独特的视角描写了东北人冬天早晨的生活场景。文章以设问开头："今年，想必又要在南方过冬了罢？"给读者留下了一个悬念。接着，作者以一句："也许只有在那冰雪之下，才会深藏着最好的滋味吧。"照应前文，开启了下文对北国晨食的精彩记叙。在作者笔下，亮闪闪的油条、滚烫的馄饨、金黄的"煎饼果子"、白花花的豆腐脑，无不散发着诱人的芬芳。文章最有特色的是对北国晨食的描写："只见那大锅中浮着一层馄饨，偶尔有几个滚烫的气泡从锅底浮上来，破裂开来，溅出几滴汤汁。雪花在旁边纷飞，颇有情趣。在冰雪中抱着一碗馄饨，吃得人浑身滚烫，不但果了腹，还多添了几分暖意。"作者抓住混沌的热度、色泽、口感等方面来写，语句精妙，充满情趣，读来令人垂涎欲滴。

春节，在深圳

张漪琦

如果你在一天晚上，听见隔壁的空地传来烟花爆竹的爆炸声，看见房间里有忽明忽暗的火光影儿，你准会意识到，一年一度的春节来了。

在深圳这个大城市过春节，表面上看没有热热闹闹的年夜饭，没有走街串巷的街坊四邻，有的只是和平时别无两样的晚餐和朋友捎来的一点祝福。但是，我并没有在这个新春之夜感到丝毫的凄清和寂寞，只有一种避开喧嚣的尘世和被温暖包围的温馨。

腊月二十五左右，父母基本上都能放下手中繁忙的工作，一心一意地准备着过个热闹年。这几天，家里通常都是红红火火，充满了春节的气氛。我把门口的旧对联摘下，换上了新对联。这时候，我常常会联想到王湾《次北固山下》中的"海日生残夜，江春入旧年"。与此同时，在窗户上贴了将近一年的旧窗花也被揭下来了，新的窗花被贴了上去。由于我们对写对联和剪窗花都是外行，不免得付出一些代价——在这上面都有"中国平安"四个字。但是在这个充满新春气息的家中，这四个字不但不显得扎眼，反而还被赋予了引申义——不但是贴这副对联的家庭都要平平安安地度过这个春节，中国的千万户家庭都要平平安安，因为这样才能国泰民安！

一晃到了年三十，春节的重头戏也出场了。一大早，父母就开始准备晚上的年夜饭，这顿饭通常都是一年中最为丰富的一顿了，鸡鸭鱼肉一应俱全，再加上各式的水果和蔬菜，令人垂涎三尺。可惜因为是大年三十，很多店铺都关门了，所以未必能买到想要的食物。但是这并不影响我们的情绪和对这顿年夜饭的渴望。晚上，我们一家三口一边看着春晚，一边其乐融融地吃着丰盛的晚餐，好不热闹。在每个人的脸上，无不洋溢着一种辞旧迎新的喜悦和跟家人团聚的温馨。

年夜饭之后，这段时间内除了睡觉，什么事都能做。因为午夜12点是新的一年到来的重要时刻。为了不浪费这段宝贵的时光，我决定找回从前在农村过节的感觉——放烟花。

在深圳，尽管明文规定禁止燃放烟花爆竹，但是这个规定在某些地方形同虚设。我家附近有一个废弃的足球场，这里"山高皇帝远"，谁也发现不了。我点燃了一串巨大的"萤火虫"，"哧——"的一声，"萤火虫"在发出短暂的光芒后不知飞向了何处。一分钟以后，一小撮灰一定会在某个地方随风散去。也许，这短暂的光芒犹如人的生命一样转瞬即逝吧，这一撮灰就是所有的生命共同的归宿和结局。尽管对于我来说，这样的节日是盼来的，但是我今年已经14岁了。刘亚洲先生在《给儿子的一封信》中说过："十四过了，就是十八；十八过了，就奔三十；三十过了，就如江河一泻千里。"人生苦短几十年，所以对于这一天的盛会，我将倍加珍惜！

不知不觉中已近午夜12点，新年的钟声敲响了。在城市中虽没有"爆竹声中一岁除"的喜庆，可拥有一份同家人一同辞旧迎新的温馨，对于我来说，就足够了。

午夜1点多，兴奋过后疲倦袭来，我的眼皮终于不堪重负。但我还是在见周公前的最后一秒钟许下了一个愿望：祈愿我的亲友们在新的一年里步步高升，幸福平安！

点评：

  本文以一番热闹的鞭炮声为开头，引出了文章的主题——过年。文章选取了贴春联和窗花、吃年夜饭与放烟花这三个场景来写。写贴窗花这个场景时，作者还围绕"中国平安"这四个字展开了议论，表达了每个家庭祈求幸福平安的意愿。在写吃年夜饭这个场景时，作者着重抒发了一家人辞旧迎新的喜悦和全家团聚的温馨之情。放烟花这个场景是全文的高潮，着重表现了孩子们的天真喜悦之情。文章最后以内心的愿望做结尾，进一步表达了对亲人们的美好祝愿，体现了一个孩子纯真善良的美好品德。文笔流畅，感情真挚，写出了深圳新年的特色。

家乡的小吃

林东阳

今年过年，父亲忙里偷闲抽出了一点时间，带着全家人回老家——广东阳江去游玩了一趟。阳江虽然是一个不大的城市，但名气却不小，因为它有许多特产。

阳江的小吃，实在是太多了。阳江可以称得上美食城呢！炒米饼、咸水角、益智果，这些都是随口就能说出来的。还有一些孩子们叫不出名字来的食物，那就更不用说有多好吃了。来到阳江的外地游客，大概都会觉得阳江的美食不仅多，而且十分美味。只可惜，阳江的美食在全国的知名度并不算高，大概是因为缺少伯乐的缘故吧。

阳江最具有特色的小吃，当推炒米饼，这是只有阳江才会有的特色美食。父亲说，他对炒米饼有着特殊的感情。小时候，家里穷，只有逢年过节才有好东西吃，这里面包括炒米饼。炒米饼个头虽然不大，但是很能充饥，又香又酥。每家每户做炒米饼的时候，都会特别用心，还要拿模盖，既美观又美味。老一辈的阳江人，都对炒米饼怀着特殊的感情。炒米饼的料还真是不少啊，有甜有咸，里头有芝麻、花生等。父亲说小时候炒米饼里面的料没有那么丰富，因为条件没有那么好，可能是后来为了迎合大家的口味添加的吧。

还有益智果，一个大概也就小拇指指甲盖大小，酸甜酸甜的，很开胃。益智果我只在阳江见过，别的地方没有。或许，这就是它成为阳江特产的原因吧！

阳江还有一样东西很有特色，那就是豆豉。它是用黑豆或黄豆腌制的一种做菜的调料。在很多中国菜里面，都能看到它。阳江的豆豉可是一绝：不管做什么菜，只要放一小把豆豉，就能化腐朽为神奇，变无味为有味。别的地方的豆豉跟阳江的完全没法比。阳江的豆豉，放到菜里，便香气四溢，令人口舌生津，回味悠长。

这次回家乡，又吃了回炒米饼，父亲说跟以前比有了很大的变化。不知道父亲所说的变化，是味道呢，还是有更深的含义。但是不变的，是依旧纯朴的民风。

点评：

  本文以一个孩子的角度描写了家乡小吃的特点。作者选取了炒米饼、益智果、豆豉等小吃作为重点描写的对象。写到炒米饼时，作者还穿插了对爸爸儿时吃炒米饼的经历，更加突显了这种食品在饥饿年代的珍贵。在写益智果时，言简意赅，着重体现了这种小吃的地方特色。至于被称为"阳江一绝"的豆豉，作者字里行间，处处充满着自豪之感。文章的语言也很有特点，例如，"阳江的美食在全国的知名度并不算高，大概是因为缺少伯乐的缘故吧"。语言幽默，令人忍俊不禁。再如，"不管做什么菜，只要放一小把豆豉，就能化腐朽为神奇，变无味为有味"。语言生动诙谐，把内心的自豪感表达得淋漓尽致。

会稽印象

郭羽楠

  越剧《十八相送》的余音仍在耳畔萦绕。就这样，我渐渐靠近绍兴，靠近了会稽山脚下的古城。绍兴对我而言，无疑是神秘的，或许是因为戏词，或许是因为诗文，或许仅仅是因为绍兴曾拥有"会稽"这个有着历史厚度的名字。读者诸君，请恕我把"绍兴"写成"会稽"，只因为它实在承载了太多的内涵。

兰亭是个很美的名字，送给王羲之这样的文人墨客也不枉了。兰亭地处会稽西南，本为一处园林。据说越王勾践曾亲手植兰于此，故得名。我无法判断王羲之在兰亭里曲水流觞时的脸色，他的存在，使得这里碑文无数，墨客云集。据说，清康熙、乾隆二帝都曾在此挥毫泼墨，足见其地位之特殊。

正因此，漫步在兰亭竹林两侧，我未曾敢怠慢地抚摸兰亭之躯一下。我常想，他能默许我在他的脊背上匆匆踏过，对我而言已是莫大的殊荣了。我始终是虔敬的，敬畏地聆听逾越百年的风语。还敢奢望什么呢？

到底是什么使我情不能自已？对，是美！正是古人对美的固守，才使得兰亭以及兰亭精神保留至今。在王羲之，甚至更早的文人影响下，一种体现中华风骨的艺术——书法，被追求美、守护美的民族世代延续。

依我看，兰亭不可无一，不可多二，无一则生憾，多二则添足。兰亭折射着古人对信念的忠实。我常常扪心自问，步履匆忙的现代人，是否还会在心中存有一方净土？

不知会稽有无资格成为水乡，但在这里，乌篷船是常见的。这是种很讲究平衡的小舟。船上摇橹的老伯不停地提醒我们一行人："两个人分开坐，移动时小心点。"原来，乌篷船远未及我想象得那般逍遥。

乌篷的平衡源于它的定力。我猜想这大抵与人心相通。我坚信，一个把乌篷作为交通工具的民族，定是内心淡然、名利与精神分配平衡的民族。一个正直从容的民族，也注定会与文明结友，并创造奇迹。

乌篷船在历史的波澜中摇曳，这是必然的，亦是符合规律的。它实在负荷太重，一头安置灵魂，一头载放名利。乌篷左右摇摆，我们不必过分忧虑。只要我们有心去调整它，它终究不会沉没。

千百年，乌篷依旧荡漾，在一次又一次的危机与巨浪面前，它平安地摆渡至今。

在经济飞速发展的今天，现代人还允许乌篷船这种"行动迟缓"的工具存在，我是十分欣喜的。乌篷船的步调，辉映着现代人的从容心态。让生活节奏慢下来，有助于我们平静自己的内心。不知今日，还会有谁愿意长年累月地用乌篷来往？

我相信，只要你我心中信念还在，乌篷就绝不会翻沉。

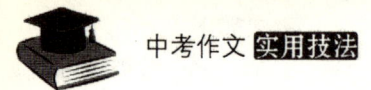

但愿乌篷船的桨声,能够荡涤我们的心灵。

会稽就是这样一座古城,填充着唯美与追求,自信与从容。我坚信,凭借深厚的底蕴和和谐的精神,会稽的唯美一定不会被商业的洪流侵蚀。会稽已不再神秘,取而代之的只有神圣与高洁。

哦,会稽,我的会稽。

(指导老师:曹燕侠)

点评:

　　本文内涵丰富,格调高雅,写出了作者对会稽这座古城的美好印象。会稽即绍兴,自古以来便是文人墨客云集之地。作者置身于会稽的大地上,漫步兰亭翠竹之间,徜徉乌篷小河之畔,触景生情,写出了一首荡气回肠、意境幽远的诗篇。作者对兰亭的敬畏,从"我未曾敢怠慢地抚摸兰亭之躯一下。我常想,他能默许我在他的脊背上匆匆踏过,对我而言已是莫大的殊荣"一句中体现得淋漓尽致。作者对乌篷船的欣赏,不在其外表,而在其精神。能够在游山玩水之间,获得深刻的感悟,不能不说是一种超乎常人的境界。

九、故园之恋

【写作指导】

"露从今夜白,月是故乡明。"提起故乡,几乎每个人都会有一种特别的情感。自古以来,思乡是历代文人墨客们永恒的主题。"独在异乡为异客,每逢佳节倍思亲。遥知兄弟登高处,遍插茱萸少一人。"这首诗出自唐代诗人王维之手,表达了诗人漂泊异乡的凄苦和佳节来临时对家乡的深深思念。"小时候,乡愁是一枚小小的邮票,我在这头,母亲在那头。长大后,乡愁是一张窄窄的船票,我在这头,新娘在那头……"这是当代著名诗人余光中先生的诗句,诗歌一唱一叹,回环往复,充满了对故乡的思念和对亲人的眷恋。

写好思乡类的作文,可从以下几个方面入手:

(一)注重选材

1. 写故乡的亲人

思乡,最重要的是思念故乡的亲人。故乡,有爷爷、奶奶、外公、外婆,还有童年的小伙伴,这是大多数人心灵深处最真最美的记忆。把这些印象最深、感情最真的人写出来,是一件十分有意义的事。

鲁迅先生的《故乡》是作者根据自己回乡接母的经历创作的一篇小说。在文中,作者以生动优美的笔调回忆了少年时代的好友闰土的形象:

> 这时候,我的脑里忽然闪出一幅神异的图画来:深蓝的天空中挂着一轮金黄的圆月,下面是海边的沙地,都种着一望无际的碧绿的西瓜,其间有一个十一二岁的少年,项带银圈,手捏一柄钢叉,向一匹猹尽力的刺去,那猹却将身一扭,反从他的胯下逃走了。这少年便是闰土。

这个名叫闰土的少年,在"我"的脑海中留下了极为深刻的印象:月下刺猹、雪地捕鸟、海边拾贝……"闰土的心里有无穷无尽的稀奇的事,都是我往常的朋友所不知道的。"

就是这样一个英俊勇敢、见识广博的鲜活形象，却在30年后的重逢中化为乌有。"我"再次见到闰土时，他已是一个苍老瑟缩、麻木守旧的中年人了。尤其是发自他嘴里的一声"老爷……"，令"我"不寒而栗："我似乎打了一个寒噤；我就知道，我们之间已经隔了一层可悲的厚障壁了。"封建时代的尊卑等级观念，早已深深地根植于闰土的心中，使得这个昔日的故乡好友变得如此陌生。作者通过闰土这个童年伙伴的描写，深刻地揭示了几千年来封建等级观念对中国农村的深刻影响，也通过对故乡的萧条和故乡人思想的落后的描写，表达了他对故乡的深深失望和痛苦，从而在结尾处留下了一个美好的愿望：希望下一代人能够打破心灵的隔阂，过上幸福美好的生活。

2. 写故乡的景物

故乡的一桌一椅、一草一木、一桥一屋，相信都会在每个人的心中留下印记，陈慧瑛写的《梅花魂》就是其中的代表。作者童年时代和外祖父生活时，深受外祖父的喜爱。外祖父家中的不少古玩，"我"偶尔摆弄，老人也不甚在意。"唯独书房那一幅墨梅图，他分外爱惜，家人碰也碰不得。"以至于我不小心弄脏了这幅墨梅图后，第一次听到了他训斥我妈："孩子要管教好，这清白的梅花，是玷污得的吗？"外祖父如此爱惜这幅墨梅图，原因何在？通过作者的叙述，我们终于得到了答案：外祖父爱梅花，就是爱梅花那种不怕严寒、不怕"风欺雪压"的品格，梅花身上具有的"顶天立地，不肯低头折节"的精神，就是我们中华民族的精神。作者正是通过一幅小小的"墨梅图"，写出了一位身在异国的华侨老人一颗眷恋祖国的心，表达了外祖父热爱祖国、坚守民族气节的高尚品格。

3. 写故乡的风俗

故乡的风俗各不相同，留在每个人心里的记忆也各不相同。汪曾祺的散文《端午的鸭蛋》很有代表性。文章先以"家乡的端午，很多风俗和外地一样"一句开头，先后介绍了"系百索子""做香角子""贴五毒""贴符""喝雄黄酒""放黄烟子""吃十二红"等风俗，接着重点介绍了家乡的鸭蛋：先后写了家乡鸭蛋的名声、特色、吃法等。这些风俗很有地方特色，令人耳目一新。

（二）讲究文采

写"故乡"题材的作文，语言表达要注意以下方面：

1. 语言要亲切自然

"思乡"是人们共有的情感。对于离开故乡，生活在外地的人们来说，这种情感尤为强烈。因此，对于以"故乡"为题材的作文，语言表达要亲切自然。因为，这种语言风格更容易引起读者情感的共鸣。

一位同学在《老街》一文中写道：

> 甜甜的食物的香味像麻雀一般围了过来，争先恐后地往我鼻子里钻。小吃店的女主人麻利地给我斟了一杯香浓的桂花绿豆汤。我小口小口地啜着漂着桂花的绿豆汤，看着香气四溢的松花红豆糕、切成薄片的糯米糖藕，我的心都醉了。
>
> 在袅袅的香气里，这个充满古典气息的周庄老街，圆了我一个清新脱俗的梦。
>
> ——龙汶欣《老街》

这段文字的语言亲切自然，笔调优美，充满了诗情画意。作者重点描绘了周庄老街的"小吃"带给自己的甜美享受，把周庄老街的美表现得淋漓尽致。

2. 要适当运用口语

适当运用口语，可以增加文章的亲切感，也可以增加文章的可读性。例如，叶圣陶先生在《想北平》一文的结尾写道："向来不恋故乡的我，想到这里，觉得故乡可爱极了。我自己也不明白，为什么也不明白，为什么会起这么深浓的情绪？再一思索，实在很浅显的：因为在故乡有所恋，而所恋又只在故乡有，便萦着系着，不能离舍了。譬如亲密的家人在那里，知心的朋友在那里，怎得不恋恋？怎得不怀念？但是仅仅为了爱故乡么？不是的，不过在故乡的几个人把我们牵着罢了。若无所牵，更何所恋？像我现在，偶然被藕与莼菜所牵，所以就怀念起故乡来了。所恋在那里，那里就是我们的故乡了。"这段文字朴实无华，毫无做作，完全出自作者的心声，这很容易引起读者的共鸣。

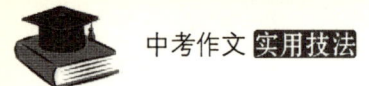

再如，在《端午的鸭蛋》一文中，作者对家乡鸭蛋的介绍是这样的："我的家乡是水乡。出鸭。高邮大麻鸭是著名的鸭种。鸭多，鸭蛋也多。高邮人也善于腌鸭蛋。高邮咸鸭蛋于是出了名。"其次，文中时时穿插十分朴素的"大白话"，这使文章生活气息更为浓厚："双黄鸭蛋味道其实无特别处。还不就是个鸭蛋！""我在北京吃的咸鸭蛋，蛋黄是浅黄色的，这叫什么咸鸭蛋呢！"这些句子都是脱口而出，自然亲切。

3. 语言要有情调

语言表达能力的高低，直接影响着文章的质量。在写作"故乡"题材的作文时，富有情调的语言，更能增加文章的可读性。例如，老舍先生在《济南的冬天》一文中，对于济南周围的群山是这样写的："小山整把济南围了个圈儿，只有北边缺着点口儿。这一圈小山在冬天特别可爱，好像是把济南放在一个小摇篮里，它们安静不动地低声地说：'你们放心吧，这儿准保暖和。'真的，济南的人们在冬天是面上含笑的。他们一看那些小山，心中便觉得有了着落，有了依靠。他们由天上看到山上，便不知不觉地想起：'明天也许就是春天了吧？这样的温暖，今天夜里山草也许就绿起来了吧？'就是这点幻想不能一时实现，他们也并不着急，因为这样慈善的冬天，干啥还希望别的呢！"作者采用了拟人化的手法，把小山和济南的关系人格化了，读来让人顿觉妙趣横生。

总之，写好"故乡"题材的作文，既要注重选材类别，也要讲究语言表达的技巧，只有两者有机统一，才能写出文质兼美的文章来。

【提纲示例】

题目：凝聚在故乡的爱

主题：叙述发生在故乡的精彩往事，表达对家乡的深切怀念。

结构：片段组合式。

正文：

开头：直抒胸臆，表达对故乡的怀念之情。

主体：

一、回忆在故乡小水塘里学游泳的情景。

二、回忆和爸爸一起抓螃蟹的情景。

三、描写乡村的优美景象。

结尾：引用诗句，表达对故乡的思念之情。

手法：在叙事中穿插描写和抒情，运用合适的修辞手法，讲究语言的意蕴。

【范文引路】

凝聚在故乡的爱

刘尧东

我的故乡是用欢笑与热情做的，在那远离城市喧嚣的地方，曾留下过我的欢笑。

在我的记忆中，故乡是用水凝成的。

我的老家有一处很大的池塘。在小水塘里，有许多小生命，童年的我便经常与之为伴了。

记得有一年夏天，我才刚学会记事。我和爸爸、妈妈，还有我的堂哥，一起来到了这个小水塘玩。

小水塘旁杂草丛生，但水特别清澈。我把脚探入水里，可以清楚地看见我那小小的脚趾。天气很热，随处可见的蜻蜓和蝴蝶在空中飞舞，流水声和着田间青蛙的叫声，汇成了一首动人的交响曲。空气十分清新，我们的肺似乎都要融化了。

"扑通——"，我跳进了小水塘。一波涟漪应声荡开，接着，又传来三下落水的声音，他们也跳下水去了。池塘里又泛起一波波涟漪，像一朵朵盛开的花儿。

在水里，爸爸正耐心地教着我和堂哥学游泳。妈妈呢，则坐在岸边，惬意地看着我们。这时，我看到有一群水蜘蛛，正一跳一跳地接近我们。虽然它们并不咬人，但我和堂哥依然很害怕。我赶紧跑开了，捧起一手水，洒到水蜘蛛身前，水蜘蛛向后退了几步，终于离开了。正当我们感到庆幸时，不知从哪里又来了一堆水蜘蛛。我鼓起勇气对堂哥说："我们一起泼水吧！"堂哥应声答道："好啊！"就这样，我们忘情地和蜘蛛大战起来。最终，水蜘蛛被我们赶跑了——我们获得了胜利。

战斗结束后，爸爸一把把我托起来，让我浮在水面上。一条条小鱼游了过来，与我"擦肩而过"，弄得我浑身上下痒痒的。堂哥看着我狼狈的样子，禁不住"咯咯"地笑了起来。他似乎也等不及了，吵着要爸爸把他托起来玩。就这样，我们俩折腾了很久，直到把爸爸弄得筋疲力尽罢休。

时间总是过得很快，转眼间，蔚蓝的天空擦上了一抹红色。太阳似乎随时都要掉到山里了，四周喧闹的虫叫声渐渐消失在暮色里。

爸爸看了看表，对我们说："我们去抓螃蟹吧！"说完，爸爸拉着我们往上游走。我时不时翻开一个个石头，发现小蟹了，便开心地大叫道："爸爸，这儿有！"爸爸便闻声而来，踩着石子"嗒嗒嗒"飞快地跑过来，以迅雷不及掩耳之势把小蟹抓起来，扔到小篮子里。时间一分一秒地过去了，小溪渐渐变得窄了，篮子里的小螃蟹越来越多了。天色暗了下去，我们便踏着月光，踩着丰收的喜悦回家了。

蟹香钻进了村子里的每家每户，这应该是我笑得最开心、最放肆的一次了吧。

"此情可待成追忆，只是当时已惘然。"童年的欢乐已渐渐远去，但我对故乡的爱却是永远停留在心中……

点评：

  这篇文章以优美的笔调深情地回忆了作者童年时代的欢乐场景。作者重点选取了爸爸教我学游泳、智斗水蜘蛛、抓螃蟹三个场景来写，每一项都清新扑面，充满了欢乐的气息，给人以纯真自然之感。作者字里行间充满着对亲情的珍惜，对童年的追忆，对自然的向往之情。结尾引用了李商隐的诗句，充满浪漫情调，表达了作者对逝去的童年生活的留恋之情，令人回味。

水墨故乡

程静越

  故乡有一条河，穿城而过，缓缓地流过我家门口。

  这条河可有些历史了，评述历史的书上说"隋炀帝在位18年，13年待在扬州，他是中国历史上第一个长时间待在南方的皇帝。"由于他老在扬州待着，所以上了年纪的人都说他修运河的一个重要原因就是想在这好地方玩！当然，修运河的目的还是以沟通南北交通为主，而我的家乡扬州也因为这条古运河而繁华了起来……

  在我很小的时候，我家住在古运河岸边。那时候，大人们每天都在河里洗衣洗菜。来来往往的船只不算太多，渡口上有足够大的地方给我们玩耍。那渡口旁有一个大的牌坊，上书"东关古渡"四个大字，苍劲有力。但我喜欢大牌坊，是因为那是我们捉迷藏的好去处。离运河不远还有一个园子，名曰"个园"，据说当年《红楼梦》中林黛玉的老家就在附近，老版《红楼梦》的电视剧也是在这里拍的。个园是个很有人文气息的园子，老人们都说个园的竹子品种多，数量多。当年的园主人在园中赏竹时，发现三片竹叶连在了一起，乍一看像是一个"个"字，于是将园林命名为"个园"。单是看着这名字，便知园主是读书人家，不是什么没有文化的暴发户。

  我上小学时，家里搬进了开发区。此时的运河早就不能洗衣洗菜了，而是建设成了一个景点。运河沿岸搞了灯光工程，自然更加美丽动人。微风习习，杨柳轻摇，十分美丽。河岸边，人们在放着风筝，欢笑声不绝于耳。那块牌坊，便成了游客们拍照留念的好地方。"东关古渡"四个字不知用新漆描了多少遍，但不变的是那依然苍劲有力的笔锋。个园和其他的园林景点在之后的几年里也进行了修整扩建，而且依然保持着原先的那份古色古香。

  小学毕业，我到了深圳上初中。每个假期，我总想着要回扬州，到运河边上走走，白天：晨练的，旅游的，放风筝的，跳舞的，伴着绿树繁花，音乐悠扬；夜深人静的时候，河岸的霓虹灯映照着波光粼粼的河面，宁静而温馨，似乎把我带回了童年时代。

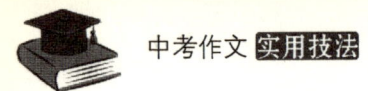

故乡有一条古运河,河边有一座牌坊,流动的河水和伫立的牌坊,共同见证着城市的发展,历史的变迁。

点评:

  本文的开篇十分优美:故乡有一条河,穿城而过,缓缓地流过我家门口。优美的语句,预示着这条河一定有着动人的故事。接着,作者以隋炀帝下江南的历史传说为例,衬托出家乡的美,达到了连皇帝都不愿离开的境地。接下来,作者描绘了现实中的运河美景:来往的船只、充满人文气息的个园、河岸的草坪等,文笔优美,亲切自然,令人回味无穷。在写重点景物个园时,作者先用老版《红楼梦》的拍摄地为例来衬托个园的特殊地位,再用个园的主人在园中赏竹时为个园命名的传说来彰显个园的神秘意境,达到了情景合一的境地。

故乡之冬

邹镓旭

  故乡的四季,各有各的特点,各有各的美丽。四季之中,我以为只有冬天最具韵味,最能带给人别样的感受。

  冬天的早晨,天亮得晚,已六点多了,仍是一片漆黑,但住宅小区却不寂寞。对面的几幢楼里已亮起了八九盏灯,人们都起床了。在那几个亮堂堂的窗口里,有时会冒出些油烟,还有炒菜和面条的香味。学生们也不赖床,匆匆扒了几口面条后,就迈着轻快的步子踏雪去学校了。

  七点过一点,天才大亮,早晨的第一场雪随即从天而降。这晨雪很温和,细密的雨丝夹杂着沙粒般的雪花滴落在身上,感到很清凉,很舒服,给去上学的孩子们一个愉悦的心情。

  这会儿,最热闹的要属学校了。刚开校门不久,操场上和草坪上都挤满了玩雪的学生。他们有的作业也不交,课文也不读,卫生也不打扫,就蜂拥而去。一间间教室空空如也，仿佛教室里还是黑夜，而外面的活动场上已迎来沸腾的早晨——还有哪个季节的早晨比这更有生机呢？

中午时分，雪停了。这时，太阳公公才伸了个懒腰，稍稍露出了笑脸，街道上的人也多了起来。经过一上午的车碾，人踏，雪已融化了许多，唯独宽广的十字路口还被冰雪覆盖着。人们骑车路过时，不是屁股摔疼了，就是车子摔坏了。这样滑稽的场景，总会给人们带来一些欢笑。在社区里，家家户户的门外都有两堆雪，中间一条通向院子的道上没有堆雪，那是被人铲去了，以便大家轻松方便进出院子。除了两堆雪外，每家院子里大多会有一个雪人。扫帚做的手，萝卜做的鼻子，冷煤球做的眼睛，像一个守卫家园的哨兵。穿梭于大街小巷的人们，只要望见院子里各式各样的雪人，心里总会乐一阵。

黄昏时，雪又下起来了。大概五点半光景，路上的行人就渐渐少了。黄昏的雪和早晨的雪可不一样。这时下的往往是鹅毛大雪，雪花飞快而沉重地敲击着窗户，屋檐上冰溜子断裂时发出的"咔嚓"声时不时地响起。就在这样的情况下，仍有人在雪中漫步。他们把自己浑身裹得不留一点儿缝，迎着刺骨的寒风，踏着一尺多厚的雪前进。你也许会说他不正常，其实不然，这才是故乡之冬的真正韵味。卸掉所有心头重负，来到路上独自漫步，在风雪中品味人生的甘苦，在风雪中寻找生命的本质。

冬夜。万籁俱寂，唯有时不时的寒风袭来。在这样宁静的夜晚，躺在床上，望着天上几颗若隐若现的星星，看着近处路边的朦胧的灯光，还有远处树林依稀的轮廓，你会感到无限惬意……

故乡之冬，活泼的美，情趣的美，勇敢的美，朦胧的美……

（指导老师：余娟）

点评：

  本文以时间为线索，生动细腻地描绘了故乡冬天下雪的场景。文章脉络清晰：早晨—中午—黄昏，每一时段都有不同的景象。早晨，作者以对比的手法写出了孩子们对第一场雪来临时的喜悦之情：仿佛教室里还是黑夜，而外面的活动场上已迎来沸腾的早晨——还有哪个季节的早晨比这更

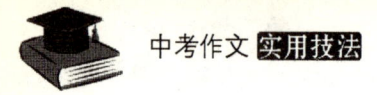

有生机呢？中午，作者着重描写了雪地摔倒的滑稽场景及家家户户堆雪人的场面。黄昏，作者重点写了雪地漫步的情景，在雪地里品味人生，在风雪中寻找生命的本质，这样的语句不能不令人深思。文章以"故乡之冬，活泼的美，情趣的美，勇敢的美，朦胧的美……"做结尾，令人回味。

难忘家乡的那片绿

李俊嵘

清晨，当人们还在香甜的睡梦中时，我已被屋旁田里的一阵阵蛙鸣声吵醒了。走出屋子，深吸一口气，啊，早晨的空气真新鲜，而且还带着一点泥土和青草的芬芳！我使劲地呼吸着这清新的空气，真是让人心旷神怡！

正午，当火红的烈日高高地挂在头顶时，树上的知了便开始热得直叫唤。人们也不住地擦着额头上的汗珠。这时，人们都不愿意出去，纷纷躲在自家的屋檐下吃着午饭、拉着家常，只有那些不怕热的孩子，扛着杆子背着竹编的篓子，站在田边钓青蛙。你看他们一个个兴致勃勃的样子，根本不去理会太阳下有多热，只顾着数自己竹篓里的青蛙。

傍晚，家家户户都开始吃晚饭了，这时的稻田，一眼望去一片漆黑，只听得见风吹水稻的呼呼声和青蛙"呱呱"的叫声了。

几年前的家乡之旅给我留下了深刻的印象。但今年回老家，几年前随处可见的稻田都已摇身变成了一片居民小区了，那清脆的蛙鸣声也已不复存在了。

到了爷爷那儿，我失望地发现这里的田野也不在了。记得爷爷家的房子，以前四周都有绿油油的稻田，在夏天，田里的水稻棵棵都挺直了腰杆，显得很精神，一阵风吹来，远远望去，稻苗就像大海里的波涛一样，此起彼伏。

不过，房前屋后的一些绿色还是让我略感欣慰。屋前的一块空地上，一边是用竹竿围成的两个窝棚，里面各养了一群鸡和鸭；另一边则是爬在地上的碧绿的南瓜藤，藤上还有零零散散的几朵黄色的小花，黄绿交衬，给人一种清新淡雅的感觉。屋后的墙边用竹子搭起了一排架子，葡萄藤和丝瓜藤的叶子在竹竿上相互交错着，严严实实地爬满了整个架子，在太阳的照射下，阳光零碎地从叶子的缝隙间撒下，就如同满地的金子一般。密密层层的叶子里，挂满了青色的葡萄和绿色的丝瓜，因此这儿可是夏季避暑纳凉的好地方。

架子旁还种着几棵枣树和梨树，虽然上面已经挂满了果实，但是都没有成熟，枣子是青黄色的，梨是黄绿色的，这似乎在我们的视野里放入了一片清凉。有时还能看到几个淘气的小孩爬上树，摘几颗枣子放进嘴里，嚼了几下后又皱着眉头"呸、呸"地吐了出来。

难忘家乡的那片绿！

点评：

本文以家乡的"绿"为中心，描写了家乡的美丽景色，抒发了作者对家乡的赞美和热爱之情。作者先以时间为顺序，回忆了正午时分家乡的人们在烈日当空的屋檐下吃饭聊天的情景，接着描写了傍晚时分田野里蛙声一片的景象，表现出家乡祥和安宁的生活环境。接着，作者着重描写了家乡的"绿"：绿油油的稻田、绿色的菜园、绿色的果园、绿色的田野。满眼的绿色，带给读者十分深刻的印象。结尾照应开头，再次表达了对家乡的赞美之情。

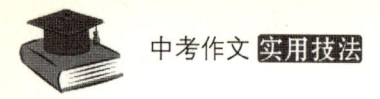

十、生活随笔

【写作指导】

著名教育家叶圣陶先生曾经说过:"作文这件事离不开生活,生活充实到什么程度才能做成什么文字。所以论到根,除了不间断地向着充实的路走去,再没有更可靠的预备方法。"生活是写作的源泉,要写好作文,就必须从生活中寻找材料,得出感悟。

那么,怎样才能从生活中选材,写好有关生活的作文呢?

(一)选择生活中的典型材料

1. 校园生活中的事

校园生活丰富多彩,无论是与同学之间还是与老师之间的事,只要是有意义的,都能作为写作的材料。同学们应根据自己的成长经历,选择一件富有典型性、能反映一定思想意义的事情来写。例如,有位同学在小学毕业之际,难以割舍对母校的留恋,选取了一则在散学典礼上领奖的事例来写。作者站在高高的领奖台上,心潮起伏,想起了这次获奖之后的一件往事:在一堂语文课上,他没有专心听讲,用笔在草稿纸上画画。老师发现后,一怒之下摔坏了他的钢笔。事后,老师也为自己的粗鲁行为深感歉疚,并鼓励"我"专心学习,以成绩赢得大家的尊重。"我"发奋努力,最终以优异的成绩当上了"三好学生"。在表彰大会上,老师特意发给了我一支崭新的钢笔作为奖励。望着这支崭新的钢笔,作者情难自已,以《一支珍贵的钢笔》为题,写下了一篇感人的文章。这类事情,是很多同学会遇到的。只要认真观察,精心选择,就可以从中找到写作的材料。

2. 实践活动中的事

课余和假日,是同学们放松身心的时候。课余的踢毽子、捉迷藏、踢足球、打篮球等活动,假日里的游泳、登山、野炊、郊游等活动,还有假期中参加的一些比赛,如钢琴比赛、绘画比赛、书法比赛等,都是写作的好材料。例如,王俊淇同学在上海世博会期间,参加了深圳日报社组织的英文小记者夏令营活动，前往上海参加采访活动。第一次采访，他虽然心里很紧张，但最终鼓起了勇气，顺利地完成了任务。这次活动，不仅锻炼了他的口语能力，还锻炼了他的勇气和胆量，让他在实践中得到了成长。随后，作者以《第一次采访》为题，写下了一篇生动有趣的作文。

3. 家庭生活中的事

家庭生活看上去平平淡淡，但如果同学们平时多留心观察，便会发现其中有很多事可写。例如，父母带着自己参加社区举行的联谊活动，爸妈发生争吵时自己想办法巧妙化解，通过努力让爸爸戒了烟，为争电视频道而发生的"家庭大战"，等等。这些事例举不胜举，细细体会，会发现很有意义。陈欣仪同学在《阿燕，我的保姆》一文中，以深情的笔调回忆了阿燕——我童年时代的保姆的形象，生动地刻画出了她爱打扮、胆小怕事、任劳任怨等特点。随着阿燕的离世，小作者的内心也感到了无限的愧疚和思念。这个童年时代最贴心的伙伴，在小作者人生道路上留下了刻骨铭心的记忆。作者以《阿燕，我的保姆》为题，写下了这篇感情真挚的回忆性文章。

4. 社会生活中的事

随着年龄的增长，同学们变得越来越懂事，也越来越喜欢参与到社会生活中去。社会是一个广阔的舞台，世间万象都不停地在这个舞台上上演。作为一个小学生，应该从小树立起正确的人生观，积极参与一些有意义的活动。例如，与小伙伴们一起，参加清洁街道、当小交警、做环保宣传员、为孤寡老人送温暖等；还可留心家乡的变化，反映改革开放的巨大成就；等等。

（二）巧妙安排记叙顺序

与一般的写人记事作文不同，"生活随笔"属于回忆性文章。因此，开头往往写的是事情的结果，再由结果引出事情的起因和经过，即采用的是"倒叙"手法。但不是每一篇作文都要求如此，也可根据实情按"顺叙"方式来写。在必要的时候，还可以进行"插叙"，让人物的形象更加丰满。在写作时，大家要根据主题的需要，巧妙安排，灵活运用。

例如，《珍贵的教科书》一文，是按事情发展的顺序即"顺叙"方式来写的，记叙了战争年代张指导员为了让同学们获得教科书而不幸牺牲的故事。

《爸爸和书》则正好相反,采用的是"倒叙"的手法。作者先叙述结果——《皇帝的悲哀》一书比任何一本书都要珍贵。再交代起因和经过——"我"小时候因家境贫寒买不起书,爸爸为了省钱给"我"买书,竟冒着严寒,背着"我"走回了家。"我"因此倍加珍惜这本书。

再如《老王》这篇课文,是杨绛女士为纪念一位熟识的三轮车夫老王而写的。文章以作者和老王的交往为线索,穿插了有关老王的几件事:代送冰块,车费减半;载我丈夫看病,不肯要钱;给客人改装三轮装护栏;临终前给我送香油和鸡蛋等事件。这些事件的叙述,用的都是插叙的手法。文章通过这些穿插其中的小事,把一个善良卑微、老实厚道的老王的形象刻画得淋漓尽致。

(三)写出心中的感悟

郁达夫说过:"一粒沙里见世界,半瓣花上说人情。"生活中的很多事情,不仅需要认真观察,更需要深刻感悟。只有对生活进行深入的思考,才称得上是生活的有心人。

在"范文引路"中,陈昊同学的《炒股》一文,写得妙趣横生。文章以幽默诙谐的语言,写出了作者和父母一同投身股海、奋力鏖战的情景。文章既写出了父母亲对股票的狂热,也写出了我初见股票时的好奇与兴奋。在经历了一段起伏之后,作者获得了对生活的感悟:一家人在获得一点收获时,也失去了很多珍贵的东西。妈妈有了一点小收获,代价是全家没吃过几天好饭菜;父亲的收获位居榜首,代价是公司业绩倒退。有得必有失,这才是作者从这次炒股经历中获得的最深刻的感悟。没有对生活的深入思考,就不会发出这样深刻的感悟。

陈欣仪同学写的《阿燕,我的保姆》一文,让人情不自禁地联想起鲁迅先生的作品《阿长与山海经》来。在小作者的眼中,保姆阿燕的离去是她心头最沉重的记忆。可是,文章却没有明确地说明原因,只是通过一名护士之口,留给了读者巨大的想象空间。读者也许在猜想,在年轻的阿燕身上,也许还有许许多多未解的谜团,也许还有许许多多难以承受的压力。这是小作者在对生活的思考之后得出的感悟,读来令人深思。

《语文课程标准》指出:"写作教学应贴近学生实际,让学生易于动笔,乐于表达,应引导学生关注现实,热爱生活,表达真情实感。"离开了生活,作文就成了无根之木,无源之水。学会观察生活并感悟生活,是写好作文的重要一步。

【提纲示例】

题目: 阿燕,我的保姆

主题: 通过对童年时代的保姆阿燕的回忆,表达对她的怀念和愧疚之情。

结构: 逆向叙述式。

正文:

开头: 记叙去医院探望保姆阿燕时的紧张心情。

主体:

一、回忆阿燕照顾我的情景(重点写我的任性和阿燕的无奈)。

二、穿插阿燕回家结婚后的悲凉景象。

三、描写阿燕病危时的伤心场景。

结尾: 描写心理活动,表达对阿燕的愧疚之情。

手法: 倒叙,在记叙中穿插描写和抒情,注意首尾的照应。

【范文引路】

阿燕,我的保姆

陈欣仪

从踏进医院的那一刻起,我就觉得自己仿佛被置于深水中,抑或是漂浮在空气里。手中像抓着跳动不安的心脏,但每跳一下,我又捏紧它一分。

我来看我幼时的保姆——阿燕。

她自我读幼儿园时,便开始照料我的起居。又因为是亲戚不想生分,所以我叫她"姐姐"。她个高,又瘦,像根竹条。她从小姿势没练好,走起路来歪歪斜斜的,活像根被吹得东倒西歪的竹条。妈妈常教我,不要学她一般走路。

她皮肤黑，又爱美。有时候爱买些廉价的口红啊什么的，接送我时就顶着个明晃晃红艳艳的嘴，皮肤反而显得更黑了。同学都打趣我的姐姐是不是偷吃猪油忘了擦嘴，我都会大声地反驳道："什么姐姐啊，是保姆！"她每次都怪难为情的，但依然如故，从不改正。

正想着这一切，才发现电梯坏了，只能走楼梯上去。楼梯口有个小学生，正闹着要保姆买糖吃。保姆不肯，两人又扯又骂的，颇有开战的架势。我又记起我小时候也常和阿燕闹。不闹吃的，闹要出去玩。我从小认识的朋友就多，熟的不熟的都拉来一块玩，一玩就是好几个小时，别人怎么拉也拉不走我。阿燕见拉不走骂不动我，就气鼓鼓地自己走。我就一步一顿，极不情愿地跟在她后面。等我们磨磨蹭蹭地到了家，早都不知是什么时辰了。

扶着医院冰凉的铁栏杆往上走，是二楼的肠胃科。记得我小时候，因为贪吃，把两大盒没洗干净的草莓吞了，得了急性肠胃炎，哗啦哗啦吐了一屋子的草莓。从此以后，负责打扫的阿燕只要看到草莓，就会脸色大变。

三楼的儿科，满是小孩，哭闹声不绝于耳。阿燕也有孩子，她不带我后便去了工厂打工。后来她在老家结了婚，有两个儿子。我最近一次见她，是前年了。她背着未满周岁的儿子，手里还拉着一个较大的。脸上更黑了，却泛着红润的光。那天她来的时候，我正好出门，我们只隔着车窗打了个招呼。从没想，不久就听说她被婆家的人逼疯了。她婆家人骂她身子不正，骂她只会生却不会养。后来她离了婚，孩子也被夺回了婆家。阿燕受不了打击，整日疯疯癫癫，无精打采的，逢人便自言自语地说："我有两个儿子！"任谁听了，都要落泪。

我从没想到再见她，会是在医院里。母亲也没有跟我说是什么事，只说来尽情义，看看她。

我一定要跟病床上的她好好地说几句，鼓励鼓励她。

我站在她的病房前叹了口气，隐约听到不知何处传来的嘈杂的叫声、哭声。我定了定神，推开病房的门，被放大了无数倍的哭喊声立即向我冲来，我一时间甚至胆怯地想要把门关上，抵挡这汹涌的伤悲。她静静地躺在床上，胸膛没有了起伏，连白布都还没盖上。

母亲细微而急切地对我说："快出来，小孩子看这种场面不好。"她哪里曾想，一个小孩子的内心情感……

医院的护士看到我们后，身子一扭一扭地说："她啊，是在昨天晚上下暴雨的时候，自己跑到河里去的。哎，这都是命啊……"

站在门外的我，心里干涩得紧，眼里却湿润了。

"对不起，我来迟了一步。"我轻声自语。

点评：

  读罢本文，脑海中立即联想起鲁迅的文章《阿长与山海经》来。一样的身份、一样的语调、一样的视角，写的都是作者童年时代最贴心的伙伴——保姆。作者眼中的保姆阿燕，爱打扮，爱管我，胆小怕事，任劳任怨，最终却离去了。原因何在？文章没有明确的说明，只是通过一名护士的口，转达了一个原因。但细心的读者心里明白，这绝对不是阿燕离世的根本原因。在年轻的阿燕身上，也许还有许许多多未解的谜团，还有许许多多难以承受的压力。文章的语言看似轻松，实则沉重，读来令人深思。

炒股

陈昊源

进家门，我习惯地喊了声"我回来了"，出乎意料的是今天居然没人回应。家里静得出奇，连洗手间水龙头漏水的声音都清晰可闻。已是午餐时间，可厨房的灶台上什么东西都没有。

纳闷中，我推开妈妈的房门，只见她还穿着睡衣，蹲坐在电脑前，目光像一张网死死地罩住屏幕，宛若一尊石像。我又喊了一声："妈，我回来了。我们出去吃饭吗？"妈妈"哦——"了一声，回过神来，依依不舍地离开房间，冲向厨房，迅速地从冰箱里拿出一块如石头般尚未解冻的牛肉。她穿反了拖鞋，竟然也毫无察觉。

今天，很反常！

我满怀疑惑地走到电脑前，看到电脑屏幕上显示着"××证券交易系统"。上面有一列白色的字，字的右边全是令人眼花缭乱的数字，红绿交织。突然"刷"地一下，那些数字全变了。嘻嘻，原来这就是"股票"！我看到了妈妈的交易账户，好奇心驱使着我用鼠标乱按了一气。霎时，眼前一片杂乱无章，又按了几下，电脑里显现出许多像蚯蚓似的线，旁边两幅折线图和病人的心率图差不多。过了一会儿，那些数字不再变化了，我拍了拍电脑，没有反应，于是吃饭去了。

　　饭桌上，一向"家事国事天下事，'胡乱'关心"的爸爸居然没有看午间新闻，而是全神贯注地盯着电视，听一个人在讲什么"获利回吐""见底反弹""跑赢大盘""表现反复"等话语……妈妈和爸爸一样，恨不得把眼睛和耳朵都贴在电视上。他们手里端着碗，却迟迟不动筷子。

　　下午放学回家，看到爸妈都沉着脸，寒气逼人，似乎预示着战争即将爆发。"你说你老到什么程度，真是老糊涂，那么好的升势，你急个什么劲啊？"妈妈面对爸爸砸过来的炮弹，也不示弱："我才懒得管你的什么破股票，你是不是也老糊涂，出了手都不知道！"在听了他俩的一番唇枪舌剑后，我终于弄明白了：中午我的一通乱按，把他们的股票给卖掉了。爸爸听了我的解释，拍腿仰天长叹，瘫坐在沙发上，妈妈则转身进了厨房。我怯生生地问爸爸："亏了？"爸爸掩面答道："才赚了600多！""哈！"我突然释然，罪恶感也随之烟消云散，心里暗暗计算着：600元啊，比白领一天的工资还多！

　　不久，在我强烈的要求下，我也投身于"股海"。那些数字在我的脑海里由单纯的符号变成了一堆堆的黄金，那些企业的名字从简单的汉字变成了镶有白银钻石的牌匾，而那复杂的"K线图"在我眼里变成了通往财富之门的阶梯。

　　几天、几星期、几个月，我家的分歧越来越大。爸爸盼着股票达到理想的价位盼红了眼，舍不得卖出；谨慎的妈妈执意要等到股价涨到最高点，在即将回落的千分之一秒时再把股票抛掉；保守的我却是只求赚一两百，就另择良驹。所以，爸爸说妈妈是"空想家"，妈妈说我"鼠目寸光"，我反咬爸爸"贪得无厌"。最终在全家大会中，以"三票同意，零票不同意，零票弃权"通过了"各炒各股"的议案。

于是，全家开始了龙争虎斗，各显其能。

爸爸选了两只股票，每日坚守在公司的电脑前；妈妈占据了家用电脑大部分使用时间；我因为操作时间少，所以精心挑选了几只在升势中的股票，今天入手，第二天就卖掉，第一次就赚了60多元。

到了月末盘点的那天，我的收获是764元，代价是期中考试的成绩一落千丈；妈妈的收获是2433元，代价是全家没吃过几天好饭菜；父亲收获位居榜首，6947元，但代价是公司业绩倒退。这时，全家都笑了。

从此，我结束了我的股民生涯。初涉"股海"的我，收获了一句话："股市有风险，投资需谨慎。"

点评：

本文以幽默诙谐的语言，写出了一家人投身股海鏖战的情景，读来令人忍俊不禁。文章先从进家门时妈妈的异常表现写起，再写到我初见股票时的好奇与兴奋，再写到爸爸对股票的执着与沉迷，以至于自己也忘情投入。场面精彩纷呈，令人应接不暇。文章的高潮出现在结尾：一家人在获得一点收获时，也失去了很多珍贵的东西。这才是这次炒股经历中获得的最宝贵的财富。纵观全文，文章选材独特，立意新颖，语言幽默，是一篇别具风味的佳作。

第一次采访

王俊淇

一说到2010年，你一定就会想到世博会吧！是呀，就在那一年的暑假，我参加了深圳日报社组织的英文小记者夏令营活动，目的地就是世博会。这次夏令营，我们可不是光去玩的，最重要的主题还是采访——希望通过采访活动，让世界各地的人了解世博，了解中国。同时，也希望能够让我们的英语得到锻炼。

世博会里那么多人，我该怎么办呢？就在我参观中国馆的时候，遇见了一个外国人，他蓝宝石颜色的眼睛不停地欣赏着馆内的艺术品，眼里流露出无限的佩服与赞叹。这时我想，机不可失！我可得把握住这次采访机会。虽然心里很紧张，但是我还是鼓起勇气，走上前去用英语对那位外国人说：

"你好，打扰一下，我是一名英文小记者，请问能对您进行一下采访吗？"我有些紧张地问道，声音都颤抖了。

"当然，没有问题。"他笑着答。从他的发音、语速来看，我能够断定他是美国人，因为美国人不会那么严肃，我的心里一下子放松了许多。

"请问你觉得中国馆怎么样，特别吗？"我开始问他一些我准备好了的问题。

"当然，它可以让我了解到一些中国的知识，感受到中国特有的文化，我感觉好极了。"他的语速没那么快，正好是我能接受的速度。

"那你看见了那一幅会动的画了吗？"

"当然，看到了，那幅画真美，真令人震撼！如果我没有记错的话，在中文里，它叫《清明上河图》。"他用不大标准的中文说出了画的名字。

"对，它就是著名的《清明上河图》……那你觉得中国馆的设计怎么样？"我开始下一个问题，这时候，我已经没有那么紧张了——这不怎么可怕嘛！

"太棒了，它看上去就像一个汉字。"

"对，那就是中华的'华'字。而且它的形状还很像中国最有名的青铜器。"

"哇，太神奇了，中国人真是了不起啊！我一定要多照些这里的照片呢！"他一边说，一边向我竖起了大拇指。接着，我又把我剩下的问题一一问完了，不得不说，采访进行得很顺利！最后我从包里拿出一张小卡片，请他在上面写点想对中国说的话。他拿起笔，在上面写道："中国人太伟大了，太令人佩服了！我爱世博会，也爱中国！"我向他表示了谢意，并和他握了握手。"真高兴认识你！""我也很高兴认识你！"嘿，看呐，我做到了，我心里暗想，这其实真的不难！我沾沾自喜，这一刻，仿佛想让所有人都知道我的成功一样……

这次活动，不仅锻炼了我的口语能力，更锻炼了我的勇气和胆量，让我在实践中得到了成长。事情已经过去了很久，但是我永远不会忘记那一次让我记忆犹新、获益匪浅的采访。

（指导老师：梁小亮）

点评：

  作者以亲身经历，真实地记叙了在上海世博会期间担当小记者的经历。作者紧紧抓住自己的心理变化来写，从采访前的紧张与兴奋，到采访中的淡定与从容，再到采访后的收获与喜悦，无不真切地写出了一个孩子在陌生环境下经受考验的真实心理。文章的结尾照应了开头，总结了这次采访的意义："这一次活动，不仅锻炼了我的口语能力，更锻炼了我的勇气和胆量，让我在实践中得到了成长。"让人不由得心生敬佩之情。文章的语言描写和心理描写有机结合，很好地刻画了人物形象。

我家的"关羽"

陈砚章

  一个阳光明媚的早晨，我正准备外出，门口忽然传来老妈的一声惊呼："快看——螳螂！"我循声望去，一个身披绿盔甲、手握大斩刀的"关公"正在窗户上怒视着我，仿佛怪我惊扰了它的美梦。

  看着它威武的样子，我心中不禁生出一种"爱才"之情，连忙从家中取来一个草笼，想将其囚禁起来。谁知手指刚一伸出，迎接我的便是两柄"大刀"，上面的"锯齿"好像在警告我："敢动我，就让你尝尝砍刀的厉害！"这可激起了我的豪情壮志：今天我非要抓住你不可！我顺手取来一根细竹竿儿，不断挑逗它。不出我所料，这位"关云长"不断摇晃着身躯——这是要进攻的前奏。趁我不注意的一瞬间，它用两柄"大刀"死死地卡住了我的竹竿，挑衅地看着我。我暗暗得意：它武力虽然堪比关公，可此地却叫"麦城"啊！它的双刀一出，我迅速探出两根手指，如铁钳般制住了两把大刀。还没反应过来，这位不可一世的关公就待在了我的草笼里了。

自从被我"囚禁"后，它就在草笼里四处撕咬。我以为是环境太狭窄，便将我的"囚徒"放了出来，可它依然日夜撕咬。看着我的草笼一天天受损，我心急如焚却又无可奈何。这时，老妈指出了问题的根本：螳螂饿了。

我恍然大悟，立即冲出家门，跑到草坪上捉了几只蝗虫来。为了防止蝗虫逃走，我特地把它们的小腿扯了下来，让它们只能爬行，方便螳螂捕捉。当我把一只蝗虫放在"关公"面前时，它整个儿好似活了过来，不停地摇晃着身体，准备进攻。蝗虫似乎也感觉到了危险，身体不住地抖动。蝗虫刚一转身想逃走，早已蓄势待发的"关公"闪电般卡住蝗虫的身体。我的"囚犯"不等敌人死亡，就将锋利的大颚刺入其柔软的脖颈。亲眼看着蝗虫的嘴里流出黑色的血液，"关公"立马变成阎罗王，将已死的蝗虫开膛破肚，大快朵颐，不一会儿就将一整只蝗虫啃了个精光。我又想了想，从窗台上拿来浇花的喷雾器，把水洒在螳螂的四周，它急忙将头伸了过去，享受露水的甘甜。真是全然没有一个囚犯的样子！

酒足饭饱之后，我们的"云长大人"又自行趴到窗帘上，享受着阳光的沐浴。这等生活真是惬意啊！但仔细想想，虽然有肉吃，有水喝，还能晒太阳，不用担心天敌的骚扰；可却是以自由为代价换来的，它的内心真的惬意吗？

点评：

本文以生动的语言记叙了"我"的一次捕捉螳螂的经历。文章最出彩的是对螳螂的描写：在"我"捉住它前，螳螂的警告和挑衅；我将它"囚禁"，失去自由的螳螂拼命反抗的场景；看到蝗虫后，螳螂天性的复苏……语言生动，描述精彩，既写出了螳螂活泼的天性，也写出了作者对螳螂的喜爱——将其称为"关公"。文章的结尾也很有意义，作者以一个疑问作结，表达了对动物精神世界的关照。

十一、青春物语

【写作指导】

台湾著名诗人席慕蓉曾有一句名言:"青春的美丽与珍贵,就在于它的无邪和无瑕,在于它的可遇而不可求,在于它的永不重回。"青春,是一个多么美好的名词。可是,对于成长中的青少年而言,许多人并不知道珍惜。

善于反思的青年人,往往是读过很多书,或者是经受过一定挫折的人。他们同样年轻,却因为阅读和挫折拓展了生命的宽度,这一点弥足珍贵。

在青春的岁月里,随着身体的发育,人的情感在剧烈地起伏,对于世界的认识也在不断变化。这里面,有关于成长的,有关于生命的,有关于爱情的,有关于财富的……无论哪个方面,都会给思想激荡的青年人带来冲击,带来思考。

写作青春感悟类的作文,要在选材、结构、表达等方面下功夫。

(一)精心选材

1. 书写校园生活

青春期是人思想活跃、心里躁动的时期,但这个时期又有着较重的学习压力。因此,希望与困惑、活力与压力、激情与烦恼等,都在这一时期爆发。选材时,我们可以从以下方面考虑:学习中,付出与收获,或是偷懒与失败;体育活动中,赛场上的奋力拼搏,或是一次意外的失利;教室里,同学们正沉浸在思考之中,有的人却在偷偷地和同学传纸条;与同学交往时,我们明白做人要宽容的道理,却往往会因为一点小事而与同学斤斤计较……

还有一个值得注意的现象,那就是在"唯成绩论"思想的指引下,一些学生的学习心态发生了变化。学习成绩的差异,导致了学生思想情绪的变化和同学之间关系的变化。一些成绩优秀的学生以考上一所理想的学校作为最高目标,一旦理想破灭,就出现巨大的心理落差;一些成绩较差的学生则产生了消极倦怠、破罐子破摔的心理,从心理到行为都出现了旁人难以理解的变化。思想的功利化,会导致厌学、早恋、沉迷网络、离家出走甚至自杀等现象的产

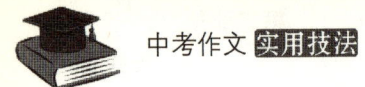

生。因此，每个人都应该静下心来反思自己走过的路，在感性和理智中感悟人生的真谛，探寻人生的意义。

2. 书写家庭生活

有人说，家就像一个温馨的港湾。在人生的旅途中，无论我们飞得多高多远，我们的心灵深处都有一个永远无法忘却的地方——家。在学习之余，家庭生活便是我们日常的主旋律。在家庭中，我们渴望得到父母的夸奖和理解，却常常因为一点小事就和父母吵了起来；我们喜欢和同窗外出游玩，却忘了在家里焦急等待的双亲；我们喜欢追求新奇的事物，去不得不面对繁重的学业；我们一心希望能够早点长大，努力挣脱父母的束缚，但在经历了一番挫折之后，才发现最疼自己的人是父母。

从另一个角度来看，家庭也未必是所有人的温馨港湾，因为每个人的家庭各不相同，而家庭是影响孩子成长的主要因素。近几年，社会发展非常迅速，人们的思想观念也在急速变化，家长综合素质的高低，在很大程度上影响了青少年的身心发展。

俗话说，"有其父必有其子"，这话虽然有些片面，但也说明了家长的言行对孩子的成长起着重要影响。有些自身素质较高的家长，会注意自身的言行，并从自身行为上为孩子做出表率。相反，有些家长本身素质较低，在社会公德、为人处事等方面表现得自私狭隘，久而久之，会对孩子的思想造成潜移默化的影响。此外，离婚、家庭暴力等现象也在深刻地影响着青少年的成长。在心理学中，有一种"暴力习得"的说法，指的是青少年如果是在充满暴力的环境中成长，必然会出现"以暴制暴"的心理特征。可见，和谐幸福的家庭对于孩子的成长具有多么大的作用。一言以蔽之，不同的家庭，会给孩子的成长带来不同的影响。因此，中学生可以结合自己的成长经历，并结合自己的思考，写出观点独特的文章来。

3. 感悟友情

友情是人生中除了亲情之外最重要的情感。自古以来，友情一直是历代文人墨客吟诵的重要主题。李白在《赠汪伦》一诗中这样写道："李白乘舟将欲行，忽闻岸上踏歌声。桃花潭水深千尺，不及汪伦送我情。"诗人在即将告别友人之际，忽然听到了友人唱起的离别之歌。面对此情此景，诗人难掩心中的激动之情。在他心中,桃花潭的水再深,也难以比得上好友汪伦送给他的友情深。王勃在《送杜少府之任蜀州》中表达出了"海内存知己,天涯若比邻"的惜别之情,高适在《别董大》中表达出了"莫愁前路无知己,天下谁人不识君"的美好祝福。

作为中学生,我们在写作友情类题材的作文时,要注意以下几点:

(1)选材要真实。

成长时期,最难忘的莫过于小伙伴们了,同学、邻居、好友……选材时,一定要选择一个最熟悉的人来写。《羚羊木雕》是一篇反映亲情和友情激烈冲突的文章。文章写了这么一件事:"我"把珍贵的羚羊木雕送给了最要好的朋友万芳,父母发觉后,逼着"我"去要回来。"我"在万般无奈的情况下,硬着头皮从万芳那把羚羊木雕要了回来。对这一反悔行为,"我"既伤心又惭愧,而万芳却大方地原谅了我。据作者张之路老师说,这篇文章是发生在他女儿小学同学身上的一件真事。作者当时听说了此事后感到很受触动,挥笔写下了这篇文章,以引起广大家长的重视。文章通过一只珍贵的"羚羊木雕"的"送"和"还",表现了友情与亲情的冲突,以引起读者的深思:中学生究竟应该怎样与父母沟通,又该怎样正确对待友情。写作时,一定要选择真实的材料,切忌胡编乱造。

(2)角度要小。

选择材料时,角度一定要小。要善于以小见大,"大处着眼,小处落墨"。

一位同学在写到同窗友谊的时候,这样写道:

> 我们相遇在育才,而我们的结识却是从一场尴尬的碰撞开始的。那时,排队时的嬉闹已成了一种习惯。有时跟男生玩石头剪刀布;有时就揪揪前面人的头发。此时,排在我前面的是她——小芳。我不由得用调皮的小手揪了揪她那乌黑亮丽的小辫子。只见她的脑袋向后仰了仰,随之传来一声尖叫。她愤怒地转过身来,正要破口大骂时,我被后面的人的翘臀猛地顶了一下。顿时,弱不禁风的我重心向前,"扑通"地倒在她的身上。我们两个都满脸通红,但都没有责怪对方。我们的友谊,就从这场尴尬的

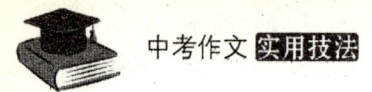

碰撞开始。如果说友谊是一棵常青树，那么，浇灌它的必定是出自心田的清泉；如果说友谊是一朵开不败的鲜花，那么，照耀它的必定是从心中升起的太阳。

这段文字，以一件极小的事例写出了同学之间纯真的友谊，让人在轻松之余获得美的享受。"一粒沙里见世界"，从小角度入手，作文不仅好写，更利于以小见大，从平凡的生活小事中得出大道理。

（二）巧妙构思

在构思方面，要根据所选的材料采用不同的结构：既可以采用纵向叙述式，也可以采用横向组合式。

在"范文引路"中，朴俊荣同学的《人生就是一种试验》一文采用了纵向叙述式的结构方式。这篇文章以一个小孩的角度，真实而生动地记叙了作者来到中国后在学习生活中遇到的种种困难和无限乐趣。作者在学习语言时，并未感到害怕，而是在学习中找到了乐趣："傻瓜"这个单词的发音在韩国是"苹果"的意思，所以"我"跟妹妹说"傻瓜"时，妹妹还从厨房里拿了一个苹果给他；由于语言的原因，作者在中国很难交到朋友，但他没有灰心，而是在老师的帮助下，凭着坚定的信念去奋斗。

于佳鹭的《童年，那棵杏树》一文，则采用了片段组合的结构方式。作者以诗一般的语言，深情地回忆了童年时代杏树带给自己的美好记忆：夏季来临时，杏树成了我们的庇护所和游乐场；初秋时节，杏叶变黄，熟透的杏子争先恐后地掉下来，捡拾杏子便是孩子们最开心的事情；姐姐教我砸杏仁吃，我给妹妹吃杏仁……这一个个的小片段，组合成了一首优美的诗篇，写出了作者对杏子的浓浓思念。

总之，写好青春感悟类作文，既要精心选择，又要进行巧妙的构思。只有实现了内容与形式的完美结合，才能称得上是一篇完美的文章。

【提纲示例】

题目： 人生就是一种试验

主题： 记叙了自己来到中国后遇到的困难和乐趣，表达勇于面对人生困难的坚定意志。

结构： 顺向叙述式。

正文：

开头： 表达自己无法选择生活环境的无奈之感。

主体：

一、记叙来到中国后自己遇到及克服的第一个困难——语言。

二、记叙自己来到中国后遇到及克服的第二个困难——孤独。

三、记叙自己来到中国后遇到及克服的第三个困难——学习。

结尾： 表达感悟，表达勇于面对人生困难的坚定意志。

手法： 在记叙中穿插抒情，写出内心的感悟。

【范文引路】

人生就是一种试验

朴俊荣

我不是自己决定来到这个世界的，也不是自己选择父母和环境的。

对于5岁之前的生活，我根本就记不清楚。妈妈经常利用这一点欺骗我："你难道不记得2岁时你是从韩江桥下捡来的吗，我不是你的亲妈。"这句话让我感到多恐怖啊！

我长大后才知道了妈妈说的原来不是真的。小时候，我不能判断这个世界是好还是坏。因为方圆十里就是我的全世界，所以对我来说，如果感到又冷又饿的话，世界就会变成地狱；如果感到又暖又饱的话，世界就成了天堂。

后来随着年龄的增长，我越来越深刻地认识到世界是多么广多么大。12岁时，我离开祖国来到中国。来到这个陌生的国家，我才感到以前的自己只不过是一只井里的小青蛙。来到中国以后，我的记忆开始变得清晰了：学中文，与父亲离别，第一次拿到学校考试成绩等，都留在了我的脑海中。

刚来的几个月里，我好好地学习了一下中文。那些方方正正的字，实在太有意思了。一个字里有很多很多的意思，一个声音里有很多很多的同音字。我被迷惑了，对中文也产生了很大的兴趣。

我学的第一个单词是"傻瓜"。这个单词太有意思了，因为这个单词的发音在韩国是"苹果"的意思，所以当我跟我妹说"傻瓜"时，她还从厨房里拿了一个苹果给我呢。就这样，学中文成了我的爱好。我在热爱中文的感情下，慢慢地学会了中文。

在深圳，我的生活实在太不安定了。因为语言的问题，我转了三次学。每次转学，为了适应陌生环境，我不得不花更多的工夫。因为这样，我没能交到过一个朋友，经常是孤独的。孤独是如镜的水面，等着别人来打破，每天都会想起以前在韩国跟同学玩的时候：跟同学一起聊天，一起踢球，一起逃课去买东西吃……多么美好的记忆啊！这些事在中国只不过是一个梦想而已，实现不了的梦想。

我在韩国的学习成绩并不是很差的，每一门课至少都能上80分，听课也挺认真的，在课堂上没有过一次走神。自从我来到中国以后，我变了很多：除了数学、英语以外，其他学科的成绩都在及格线上下，原因何在呢？也许是因为上课不能认真听讲的原因吧：听不懂老师讲课，看不懂老师写在黑板上的字。我的老师知道了这一点，在学校经常问我："你上课有没有没听懂的？有的话问我吧。"经常鼓励我说："我相信，你能做得更好！"他们的每一句话都变成了我的自信，使我相信自己能飞得更高。也许是因为我不努力的原因吧，也许是太孤独了，也许是承受了太多的压力，我的心理开始有了变化。我父母知道了这一点，就在我看起来伤心的时候，过来拥抱我；在我看起来孤独的时候，过来握住我的手。他们的每一个动作都变成了我的力量，使我不停地往前走。我一定要感谢他们，要认真学习，取得好的成绩，让他们因为我而骄傲。

西方的一个学者说过："人生是一种试验，试验做多了，这个人就能成为伟大的人。"我想我的人生也是一种试验,不管将来的困难有多大,我都会坚持下去的。

点评:
  本文以朴实的笔调,真实而生动地记叙了作者来到中国后在学习生活中遇到的困难和拥有的乐趣。作者来中国后遇到的第一个困难是语言,可作者并未害怕,并在学习中找到了乐趣:因为"傻瓜"这个单词的发音在韩国是"苹果"的意思,所以作者跟妹妹说"傻瓜"时,妹妹还从厨房里拿苹果给他。这个情节真是天真而动人,让人忍俊不禁。作者来中国后遇到的最大困难是交友不易,与在韩国的快乐生活相比有着天壤之别。可作者没有灰心,而是在老师的帮助下,凭着坚定的信念去奋斗。这种精神不能不让人为之赞叹!

生命的勇气

姬圳妮

  一大早,天灰蒙蒙的,还夹着几丝细雨。一切都显得那么单调,毫无生气。
  阳台上的那一盆花是去年在青青世界买的。当时我满心欢喜,希望它快快长大,但结果却令我大失所望。和它一起来到我家的还有另外三盆花,一个星期之后,那三盆花全部枯萎了,只有它幸存了下来。开学之后,我渐渐把它淡忘了。
  一个双休日,我突然看到阳台上有一株无比纤细,被风吹得东倒西歪的植物。我惊讶地问妈妈:"这是哪来的?""去年从青青世界买回来的呀!"我翻出脑中的相册,定格在一株矮小又娇贵的花上,两者相比起来,真是天壤之别!呈现在我眼前的植物,蕴含了一股强大的生命力,它的根大部分已经裸露在空气中,只有几根细小的根须牢牢地抓住泥土,一刻都不曾松懈。
  这几天天公一直不作美,今天傍晚,毫无预兆地下起暴雨来。顷刻间,豆大的雨点砸落下来，无情地打在那株娇嫩的植物上，狂风中夹杂着厚重的雨丝，席卷了整棵植物。我趴在窗台上，静静地看着这一场搏斗。它在狂风暴雨中东倒西歪，仅有的一朵小花也跟着摇晃。我无意中瞟了一眼，它的根部好像就要脱离泥土一样。我动了恻隐之心，慢慢伸出手，想把它从"危险"中"解救"出来。当我碰到它那湿漉漉的茎叶时，一种想解救它于水火中的念头就越强烈。妈妈漫不经心地说："你无不无聊啊！那花顽强得很，不会有事的。"我好犹豫，可是看到它弱不禁风的身躯，还是决定把它拉回来。奇怪的是，不论我怎么拉，它总是要伸到外面去迎接挑战。最终，我还是放弃了，很惋惜地叹了一口气。

第二天早晨，雨停了。我急忙跑去看它，心想那朵小花可能已经被风雨打落了吧。但是，让我不可思议的是，那朵小花变得更加娇艳了，傲然地挺立在我的眼前。它在我的心目中一下子变得高大起来。我没有料到它竟有如此顽强的生命力！

我怀着惊喜的心情回到书桌前，回想自己遇到困难时总想退缩的情景，我感到十分惭愧。和它对比，我是多么渺小。我苦笑一声，假如我是它，也会这样坚贞不屈吗？会，一定会！

点评：

　　作者是一位很细心的孩子，善于观察，善于捕捉生活中的每一个细节。本文描写的是一棵历经风雨吹打都顽强不倒的小花，读完此文后，不由得让人联想起人来。结尾果然如此，作者由花及人，表达了自己的感悟："回想自己遇到困难时总想退缩的情景，感到十分惭愧。和它对比，我是多么渺小。我苦笑一声，假如我是它，也会这样坚贞不屈吗？会，一定会！"正如一位同学所言：刀尖子上下来的花，才称得上真正的艳美。我想，经得起风雨的人生，才是最有意义的人生。

童年，那棵杏树

于佳鹭

家乡的院子里有一棵高大的杏树，树干不算粗，两个人就能轻轻松松地把它抱住，但在灌木丛的衬托下，它显得分外突出。正是这棵不同寻常的树，带给了我一串珍珠般的回忆。

当第一朵迎春花绽放，第一只燕子飞回来时，春天在人们不经意间悄然而至。它唤醒了沉睡的万物。在春天的帮助下，杏树懒散地伸了伸胳膊，睡眼蒙眬，用若有若无的浅绿的枝芽来点缀自己修长的手臂。

炎热的夏天带着疾风骤雨气势汹汹地赶来了。当酷热难耐时，我们便钻进杏树的荫翳下，杏树此时是我们的庇护所，把我们圈进它的怀抱。即使外面太阳再猛烈，有杏树繁密的枝叶，我们照样疯得不亦乐乎。此时，杏树上已经长满了无数的青色小球——还未熟透的杏子。

初秋时，风还是温柔和煦的，还没到能"扫落叶"的程度。没等杏树的叶子变黄，熟透的杏子便按捺不住，争先恐后地掉了下来。这时，便是孩子们最开心的时刻了。

那次回老家，我坐在树下的凉亭里看书，一个小女孩儿捡起一个杏子小跑到我身边，问我："姐姐，你吃不吃？可甜了！"她额头上的汗珠在太阳的照耀下晶莹晶莹的，散发着朝气勃勃的气息，浓密而微微上翘的睫毛遮不住充满希望的目光。

她似乎把我拉回到了童年那无忧无虑的时光……记得小时候，我经常在杏树下拣杏子吃。当时我家对门住着一个大姐姐，那天拣杏子时碰到她，便挑了一个最大的送给她。姐姐望着我，甜甜地笑了，嘴上涌现出一个好看的弧度。

吃完杏子，姐姐把杏砸开，把里面的杏仁挑出来，放进我嘴里。从那以后，我也学着姐姐的样子砸杏仁吃，还"传授"给其他小伙伴呢。

"姐姐，姐姐！"小女孩急了，眼神里带着请求，还有一丝淡淡的失望。我的思绪又被她拉了回来。我不忍心看到她失落的样子，笑着接过杏子。吃完后，我把杏核竖立在地上，找一块鸡蛋那么大的石头，轻轻一砸，杏子咧开嘴

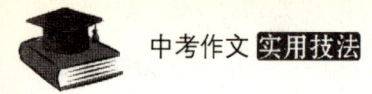

冲我笑了。我取出杏仁放进小女孩嘴里,她疑惑地看着我,慢慢嚼着,紧接着发出一声欢快的叫喊声。

我相信,等她长大后,一定会像我一样留恋如白纸般纯洁天真的童年,怀念那似梦幻般无忧无虑的日子。

时光飞逝,当秋天带走最后一片落叶时,肃杀的冬天宣告了自己的来临。北方的雪是庄严的,它从不拖泥带水;北方的血是顽强的,它从不向困难屈服;北方的雪是圣洁的,它从不被污染,永远那么洁白无瑕。杏树的枯枝承不住雪了,雪球儿簌簌地落下来。树梢上挂满了晶莹剔透的雾凇,在阳光下熠熠生辉。

吹走冬日最后一缕雪花,春天又来了。我惬意地靠在椅子上,脑海中浮现出花团锦簇的院子,此时是否已经是"春色满园关不住,一枝红杏出墙来"了呢?

点与点连起来,便成了一条线。如果说人生是一条线,那么这棵伴我成长的杏树,就是这条线中永不磨灭的一个圆点。

点评:

　　本文以诗一般的语言,深情地回忆了童年时代对杏树的美好记忆。夏季来临时,杏树成了我们的庇护所和游乐场;初秋时节,杏叶变黄,熟透的杏子争先恐后地掉下来,捡拾杏子便是孩子们最开心的事情;姐姐教我砸杏仁吃,我给妹妹吃杏仁……一桩桩童年的小事,犹如一颗颗美丽的珍珠,闪耀在作者的脑海里。季节的变化,时光的飞逝,又勾起了作者对杏子的浓浓思念。文末的感叹,则进一步深化了主题:如果说人生是一条线,那么这棵伴我成长的杏树,就是这条线中永不磨灭的一个圆点。杏树的美好形象,已深入作者的灵魂。

恋爱这事儿

葛子玥

恋爱这事儿，每个人谈起来，或多或少都会流露出一丝掩饰不住的甜蜜。特别是初恋，一个人一生当中可能会经历无数场恋爱。但最令他们刻骨铭心的，一定是初恋。

初恋，多么美好的字眼。它浑身上下散发着迷人的魔力，使无数情窦初开的少男少女怦然心动。初恋，生命中最美的邂逅与爱恋。它洁白无瑕，像一块未经雕琢的璞玉，像夏日中一朵在幽静清澈的湖面上悄悄绽放的白莲，宁静而又高雅。这情愫，没有金钱利益的熏染，比成人之间的爱情更为真挚美好。

我曾在网上看到一个论坛，是关于"早恋"这个话题的。点开论坛，里面的评论争先恐后地映入我的眼帘，大多是"早恋是品行不端的孩子们的游戏""早恋必须尽早遏止"之类的话语。"早恋"这个令家长和老师头痛的问题，似乎从一开始，就没有一个圆满的解决方案。家长们在面对"早恋"这个问题的时候，总是像如临大敌一般，不断地告诫自己的儿女不可以对异性有任何想法。但家长们也许忘却了，当他们如自己儿女一般大的时候，一定也如他们一样，有一位倾慕的异性，令他们朝思暮想，夜不能寐，甚至会到食之无味的地步。

谈恋爱就是坏事，我看未必。在中学时代谈一场倾心的恋爱，在漫漫人生路中也是一段美好的回忆。若是能在恋爱中，成绩有了提高，又何乐而不为呢？家长们能做的，就是教自己的孩子如何在交往的过程中把握好尺度。其实，爱情这东西是不分早晚的。它迟早都要来，那么来早一点，又有何妨呢？

生活中，有一些少男少女因为接受不了失恋带来的打击，采取了极端的方式来对抗长辈，甚至早早就结束了自己的生命。花一样灿烂美丽的年华，才刚刚绽放，就匆匆地枯萎了。我以为，他们的做法是对生命不负责任的表现。试想，在感情的道路上遭受了一点小小的挫折，就采取如此极端的解决方式，那以后遇到比这个大几十倍，甚至几百倍的挫折，又要如何去解决呢？

我在报纸上看过一则报道：一个女孩和她的男朋友接吻了一会儿，女孩便

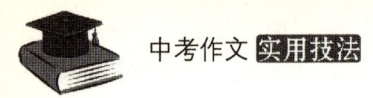

晕倒在男孩怀里,再也没有醒来。看到这里想必大家一定很疑惑,女孩为什么会死去呢?这则报道的最后一段向我们道出了事件的真相:原来这个女孩对花生过敏,而那个男生在接吻前吃过花生酱。女孩之所以会死是因为她不想放开那个吻。这个结局令人有些啼笑皆非。我也不知道如何用语言形容我看完这则报道后的心情,也不知道如何去评论这件事。是应该说这个女孩太傻,还是说她喜欢这个男孩到了可以为他去死的地步?

年少的我们似乎还不能懂得爱情的真谛,甚至不知道爱为何物。其实,最美好的感觉,是在理智中品味爱情的甜蜜。

(指导老师:彭惠)

点评:

这篇文章提出了一个当下广大家长、教师无法回避的话题——早恋。早恋是好是坏,未有定论。但不可否认,绝大多数做长辈的,都不希望自己的孩子出现此类现象。可现实生活中,情窦初开的少男少女们并不都会按照大人们的意志前行,尤其在这个彰显个性的时代。文章结尾的一句话很值得我们深思:其实,最美好的感觉,是在理智中品味爱情的甜蜜。倘能如此,做家长的也就可以舒心了吧。

十二、心灵日记

【写作指导】

著名文艺理论家钱谷融先生曾说过:"一个作家总是从他的内在要求出发来进行创作的,他的创作冲动首先是来自社会现实在他的内心所激起的感情的波澜上。这种感情的波澜,不但激励着他,逼迫着他,使他不能不提起笔来,而且他的作品的倾向,就决定了这种感情的波澜具有怎样的气势和多大的规模。"优秀的文学作品,往往都是作家心灵的反映。没有对生活的细致观察和深刻感悟,没有对生活现象刻骨铭心的记忆,就难以写出动人心魄的文章。

"心灵日记"是记录内心情感的作文,具有一定的隐私性,却又透露着袒露心迹与人分享的强烈愿望。我们常见的"博客"、QQ空间、"微博"等,大多是表露心迹、抒发情感的园地。

写好此类作文,要从材料的选择、思想的感悟等方面入手。

(一)选材要小

心灵日记类作文主要是为了记录心路历程,表达情感和愿望,选材时要注意选取生活中的小事情来写,从小事中体会人物的情感。

例如,一位同学在离开家乡去外地求学后,有感于家人对自己的关爱,有感于母亲对自己的养育之恩,满怀深情地写下了下面一段文字:

少年离乡,我的心中多少有了些古人的惆怅,但也确乎没有悲凉——离开是我的选择,也是命运的安排。一次次,三双手一同准备行囊,无论它是背在谁的肩上,心里总会有一丝指间滑过的温暖。

妈妈有些迷信——估计是受了姥姥的影响。每次出行前,妈妈总不忘塞进一把剪刀,说是把剪刀放在枕头下就不会做噩梦。剪刀可以除去种种对人不好的东西,诸如妖魔鬼怪之类的。这当然属于无稽之谈。小时候,我偶然瞥见那剪刀,心里还有嘲笑的意思,要反封建,反迷信,还总是把它从枕头下抽出来,就自认为是新时代的小姐了。当然,我现在知道了,我自己是最可笑的。妈妈固然有些迷信,但剪刀何尝不是妈妈对亲人的

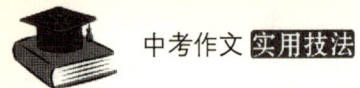

爱，何尝不是她心灵的寄托。

这段文字从妈妈为我藏剪刀这件小事入手，通过妈妈"把剪刀放在枕头下就不会做噩梦。剪刀可以除去种种对人不好的东西，诸如妖魔鬼怪之类的"的迷信思想，表达了妈妈对女儿细致入微的关爱。

再如，有一位同学在前往贵州贫困山区参加"手拉手"活动后，有感于山区孩子的生活状况和内心愿望，写下了这样一段话：

"他的卧室是极小的，在墙上打了一个低矮的洞，装上木框便成了门，我们手脚并用地爬了进去。在房内，勉强站直身子，借着昏暗的光线，我开始打量起房子的布局：一张床占去了房间的一大半，床后的墙上挂着零星的几件衣裤，在门后，挂着他哥哥写的一段话：人生的冷暖，取决于心灵的温度。同样，梦能否插上飞翔的翅膀，关键是你是否有展翅欲飞的心态。"

我知道：在场的每个人，都被这段文字震撼了。这，是一个山区孩子对幸福生活的渴望，对美好未来的憧憬。他们通向"明天"的航船，被坚强的风帆保护着，被梦想的罗盘指引着。他们的明天一定会更好！内心的水滴虽然细小，但一滴一滴，终能将万物滴穿。

作者在目睹了山区孩子的生活环境，特别是看到了孩子的哥哥写在墙上的一段话后，心灵受到了巨大的震撼，并深信他们的明天一定会更好。给作者带来巨大震撼的，不是什么惊天动地的事，仅仅是一间简陋的卧室和墙上一处小小的文字。正所谓：于细微处可见精神。留心生活中的小事，善于抓住典型的小事来写，是写好作文的一个重要法则。

（二）感悟要深

除了要选择典型的小事来写之外，同学们还要善于深刻地感悟小事，从小事中感悟出大道理。

常写日记的学生，写出的作文往往感情真挚而且相对深刻，原因在于他们对素材的积累更加丰富,对生活的感悟更加深刻。

德国哲学家雅斯贝斯说过:"文化的实质是要对一切存在作形式的沉思和诚实有效的观察认知,对世间万象的知识通过语言作熟练的表达。"心灵日记是学生记录生活的园地和抒发情感的港湾。由于它来源于生活,所以显得更加真实;由于它浸润着作者的情感,所以显得更加动人。正如中国社会科学院著名哲学家与作家周国平说的那样:日记是岁月的保险柜,是灵魂的密室,是忠实的朋友,是作家的摇篮。写好心灵日记,有利于同学们积累素材,表达情感,从而提高写作水平。

例如,一位同学在一次大型考试失利后,思想上受到了极大的震动。她在一篇文章中写道:

这样的结果令我震惊不已,也许是真应了那句"多行不义必自毙"?

望着窗外昏黑的天空,我冷冷地嘲笑着自己。考试时的无措,领成绩时的窘迫,那一幕幕场景让我胆战心惊。

我始终记得领完成绩后回家的场景——我如一位年迈的老妪一般,低着头,弯着腰,有气无力地打开了家门。我装作若无其事的模样,内心的惶恐却难以掩饰。

最终,父母还是知道了我的成绩。令我奇怪的是,母亲并没有指责我,只是冷冷地说了一句:"我管不了你了,自己的路你自己走吧!"

这一句话声音不大,却如同一颗炸雷,把我炸蒙了。这可是我十四年来听到的最犀利的话语!

我惊慌失措地走下了楼,徘徊在小区的路上。没有人知道,那一刻我有多恨自己。我恨我的骄傲自大,我恨我的无所用心。天是那样黑,夜是那样浓,让我几乎无法呼吸。我独自行走在这条小路上,就像在走一条世间最长的路,怎样也走也不完。

终于,我忍不住抽泣起来。

此时,一双温暖的手搭在了我的肩膀上——我回头一看,啊!原来是我至亲至爱的父母!这一刻,我再也忍不住了,任由泪水哗哗地流淌。

在晶莹的泪光中,我的心里渐渐升起了一种从未有过的勇气。脚下的

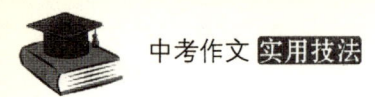

路虽然黑暗,但我坚信,只要我勇敢地迈出脚步,就会看到光明的前途。

这篇短文写得十分感人。作者以细腻的文笔写出了考试失利后深深的自责之情,也写出了父母亲对自己的期待与关怀。文章之所以动人,在于它充满了真情实感。正是出于对自身学习的深刻反思,才让作者写出了如此动人的篇章。

【提纲示例】

题目:我挚爱的小提琴

主题:回忆练习小提琴的难忘经历,表达对小提琴的挚爱和珍惜之情。

结构:逆向叙述式。

正文:

开头:由匣子中的小提琴回忆起小提琴带给自己的精神慰藉。

主体:

一、回忆第一次练习小提琴时的欣喜与激动。

二、小提琴陪伴着自己成长。

三、乐器比赛失利后的复杂心情。

结尾:表达感悟,感谢小提琴的一路陪伴。

手法:在记叙中穿插抒情,写出对小提琴的感激之情。

【范文引路】

我挚爱的小提琴

李玉媛

打开那装满回忆的匣子,美好的记忆便如珍珠般在我的眼前闪耀。在每个月光清朗的夜晚,在每个朝阳照耀的清晨,当我伤心难过时,当我开心激动时，总是有它那优美的身姿与动听的声音陪伴着我。它，就是我生命中无法割舍的小提琴。

当我第一眼见到它时，它弧形的线条、棕色的外观就把我深深地吸引住了。在我未懂事时，我就开始学习它、了解它。一开始，我对它只有满满的好奇心。慢慢地，热度逐渐褪去，转而多了几分无趣。每天清晨，我被母亲从舒适的床上叫醒，开始练习，练三十分钟就可以去幼儿园和小伙伴玩耍了。晚上回到家以后，母亲又让我练一个半小时的琴。夜晚的空中洒满了星星，每一颗都似乎在倾听我的琴声。尽管有时感到枯燥无味，但想起空中的小星星，我小小的心就充满了欣喜与激动，想为一切演奏。

随着时间的流逝，我渐渐长大了。小时候的衣服早已穿不上了，身边的人也不停地变化着，但唯一不变的还是我的小提琴。它早已成为我的习惯，如果哪天没有练琴，我的心里就会空落落的。它陪着我站在灯光闪耀的舞台上，陪着我站在充满紧张气氛的考场上。无数个日日夜夜，当初的无趣又慢慢变成一种生活的享受。

学业慢慢繁重起来，每天写不完的作业占据了大部分练琴的时间。我开始觉得烦躁，觉得它和我的关系渐渐远了。尽管如此，一有时间，我还是会坐在琴房，沉醉在琴声中，一刻也不想停止。

当我觉得一切都很完美时，它却给我带来了一次打击。

我报名参加了学校举行的器乐比赛，本来胸有成竹的我却因紧张而发挥失常，初赛时就被淘汰了。我对它的信任第一次有了深深的质疑：是不是我的努力还不够，是不是我根本不适合它……我十分懊恼，一个星期没有碰它，把它锁进了柜子里。

一个星期过去了，我忍不住又把它拿出来，但却发现它的表面竟有了灰尘。我心疼地拿出抹布帮它擦干净，心里就好像被什么东西刺了一般。我再次拿起它，练起了我熟悉的曲子。不知为何，这次的曲子听起来比平时都好听。它好像在安慰我，一次挫折不算什么，擦干净灰尘再爬起来，一样还是成功者。我对它的质疑完全被抹走了，它带给我的是更多的信任。

一路走来，我的练琴之路一波三折，但我一如既往地被它深深地吸引着。

认定了就不会改变初衷。一路上，有我挚爱的小提琴，真好！

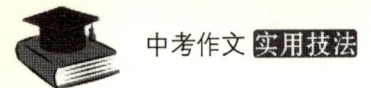

点评：

　　练过乐器的人，一般都会和作者有同样的感受：学习之初满腔热忱，当热情褪去时剩下的便是无趣。当自己想要放弃的时候，又忽然发现自己放不下它，重新拾起并满怀珍惜。只要是经历过这些训练的人，就一定能够深深地体会到作者对小提琴的挚爱和珍惜。有人说，乐器是有灵魂的，只要你愿意用心聆听。作者把小提琴当成了他的知心朋友，先从它的优美外观写起，再写到训练时的艰辛，学业繁重时的弃置，再到对它的爱抚。字里行间，无不浸透着作者对小提琴深深的爱。文章语言优美，亲切自然，给人清新自然之感。

草房子

杨晓阳

　　几年前，我随父母回到了故乡。奶奶家前面的乡村街道，还隐约保留着过去的风格：黄土堆砌，很少有车经过，像与世隔绝了似的。

　　令我感兴趣的，不是街道两旁千篇一律的砖瓦房，而是尽头孤零零的一座草房。与砖瓦房的冷清萧条不同，草房的屋顶上金灿灿的，在阳光中蓬勃地飘飞，现出火一般的生命力。

　　有一天，我抑制不住强烈的好奇心，决定去那里拜访。

　　跨进大门，屋内的摆设却不像外面的景象一般热情蓬勃。稀稀拉拉的几块板砖摇摇欲坠，残破的房梁在空中垂死挣扎着，几件破旧的家具泛着灰暗的光，好像在嘲笑我这个不速之客。我大失所望，朝四处看了看，就准备打道回府了。

　　也许是巧合，也许是上天的安排，我的余光在这时瞥见了一扇小门。

　　那里面会是什么呢？

　　我犹豫了半晌，最终推门进去了。

　　这应该是主人家的后院，有几个小池塘，里面开满了娇艳的荷花。远远望去，是碧绿的菜田。一阵清风吹过，如碧浪一般涌动。

我正看得出神，旁边传来一个苍老低沉的声音："是谁？啊——孩子，你好！"

我猛地转身，身后是一个五六十岁的、身材高挑瘦削的妇人。她的衣裳很朴素，与这满堂荷花相衬，有一种说不出的意境。

"我……"我为自己的不请自来感到羞愧，张了张嘴准备表示歉意。

她微微一笑，做了个嘘声的手势，然后指给我看一朵初开的荷花，一只小小的幼蜻蜓正趴在上面小憩。许久，她笑了，声音如洪钟般响亮，让人感到莫名的亲切："我一个人在这儿独居好多年了，难得有人来拜访。今天你来我家里，我很高兴！孩子，在我这里吃饭，好吗？"

我迟疑了一下，并没有拒绝。她又一次笑了。

温暖的阳光透过屋顶上厚厚的稻草，照在她的脸上，就像为她披上了一层暖和的轻纱。她并没有问及我的名字和身份，对于我的不请自来似乎还感到很欣喜。也许仅仅因为我是一个孩子吧。

我突然感觉她那瘦削的身板高大起来，浸在热情的阳光里。

那顿饭很丰盛，老人忙里忙外地折腾了大半个小时。不难看出，她已经许久没有做过这么丰盛的饭菜了。

"奶奶，您平时都吃些什么呀？"

"白米饭。一辈子生活在田里的人，还能吃些什么呀。"

"那菜田呢？"

"那些菜只能吃一点点啊。其他的不都要拿去卖掉吗？"

"您没有孩子？"

"没有……奶奶快七十啦，不都是自己过的吗？"

她看着我吃饭，慈祥地笑着，似乎感到了极大的满足。

吃完后，我向她表达了谢意，并和她挥手告别。我渐行渐远，回头再看那座草房子，金色的稻草在血色落日的映照下，似乎比来的时候更蓬勃，更火烈。

时光匆匆，四年过去了，对她的记忆也逐渐淡忘，慢慢蒸发在时间的洪流里了。

四年后，我又回到了故乡，再一次来到了草房子旁边。

眼前早已物是人非。荷花败落了，稀稀拉拉地垂在水边，失去了往日的生

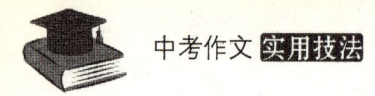

机。碧绿的菜田已变得干枯，涌动的碧浪再也见不到了。快乐的蜻蜓也不知哪儿去了，房顶上的稻草都散落了，在风中飘荡。

回去问奶奶，她掩面叹息道："唉……那家的老人呀，一直是独居，没儿没女的，前两年听说得病死了……"

我又一次回望那草房子，似乎正看到一个慈祥的老人沿着金色的田埂缓缓走来，脸上挂着幸福的微笑，融在一片耀眼的光芒之中。

点评：

　　本文出自一个十四岁女孩之手，充满浓浓的青春气息，又弥漫着淡淡的忧伤。作者以生动的笔调叙述了故乡草房子下一位孤独而慈祥的老奶奶热心招待我的故事。在作者的笔下，老奶奶独自一人却乐观开朗，她的善良和大方感染了幼小的我，草房子成了我最美的记忆。在老奶奶去世后，作者故地重游，心生无限感慨。在文章的结尾，作者以虚幻的手法，寄托了一个美好的理想。文章笔调清新，结构完整，人物细节刻画生动，立意深刻，读后令人回味悠长。

荡涤心灵

荣成

不知从什么时候开始，阴霾就控制着天空了，也许是春天的消息，也许是大地对甘霖的渴望。可我的心中，为何总是像这天空一样，是灰色的呢？

带着些许莫名的忧虑，我又迎来了一个春天。不过这个春天带给我的，除了久违的生气，似乎还有些别的什么。是感伤，是孤独？也许都有吧！我的内心天生不能隐瞒什么，心里想着的，这天空也便都无一遗漏地道出了。

静静地望着，嗅着，感受着这由内而外的窒息。正是那些莫名的忧，不，也许我对它们早已不再陌生，只是不愿意重新面对罢了。它们使我压抑，使我的心变成这天空一般的灰色！

渐渐地,我的视线变得模糊起来。我流泪了?哦,这的确是泪,是上天的眼泪。窗外的雨,淅淅沥沥的,此时也许在感伤:这世上竟又多了一个痴人,哀叹命运,深陷其中不能自拔。我忽然觉得,这悬在半空中的根根游丝,如一名智者,为我扼腕叹息:将光阴抛洒在这无用的嗟叹上的人,是多么愚蠢!

"哗"——天空积蓄已久的能量在这瞬间倾泻下来,如洪流般冲刷着阴霾笼罩下的一切,也荡涤着我的心灵。我伸出手去,向那被春风挟卷而来的大雨致意。霎时,大地犹如汹涌的海面,波澜四起。而这雨,不正是春的使者、生的希望吗?

蓦然昂首,在珠帘之后的天早已不再是灰色,那无色的雨竟还了我一个五彩的世界!

雨渐歇,我却还怔怔地伫立在窗前,心中那忧早已没了踪迹。感伤,孤独,尘世之佐料者也。太阳还藏匿于羞涩之中,但晴天总会到来的。不是吗?

点评:

显然,作者是一个感情丰富的孩子。否则,大自然的一举一动,怎能勾起一个孩子的情思。触景生情,有感而发,是本文的最大特点。"阴霾就控制着天空了,也许是春天的消息,也许是大地对甘霖的渴望。可我的心中,为何总是像这天空一样,是灰色的呢?"是什么原因让小作者的心虚变得如此低沉,我们难以得知,但一定会有某种生活的缘由。可喜的,在天空积蓄已久的能量的冲刷下,小作者的心灵得到了荡涤,变得斑斓多姿。文章的结尾很有韵味,带给人美好的希冀。

我是一片泥土

刘蓝雅

我是一片泥土。当人们发掘我时,我就告诉自己,我要把体内蕴含的能量全部奉献给大地上的万物。

冬去春来，春风吹绿了大地，我从睡梦中醒来，春雨滴滴答答地落在了我的身体里，我的身体慢慢地湿润了。我伸了伸腰，睡了一冬天了，该醒了。当人们把一颗颗种子埋入我体内时，一种自豪感便油然而生。小草、树木也都争先恐后地吸取着我的能量，它们慢慢地生长着。"落红不是无情物，化作春泥更护花"，我甘愿奉献着自己。小草、树木、禾苗一点一点地长高了。一位老爷爷牵着牛在我身上吃着鲜嫩的小草，花儿一朵朵地竞相开放，蜜蜂在花朵上开心地吸着花粉。人们在给稻谷施肥，浇水。我吸收着鲜美的肥料，更加肥沃了。我把养分供给大地上的万物，慢慢地，我的身旁又多了一条浅浅的小路。人们都喜欢从我身上的这条小路经过，来来往往读书的孩童会咏上一句："世上本无路，走的人多了，也变成了路。"我高兴地听着他们的谈论，我愿意成为人们脚下的路。

夏天到了，火辣辣的太阳炙烤着大地，树木、禾苗更加茂盛了，翠绿繁茂的枝叶间，麻雀知了在高声地唱着歌，显出一片欣欣向荣的景象。热得满头大汗的人们坐在大树下乘凉。看着他们舒适的样子，我自豪不已。

秋天到了，丰收的季节到了，稻谷变得黄澄澄的，果树上长满了鲜红的果子，到处都能听到人们的欢声笑语——今年又是一个丰收年。看着人们在泥土上采摘着果实的笑脸，我开心地笑了。

转眼间，冬天来了。大雪纷飞，千里冰封。晶莹的雪花，给我盖上了一层厚厚的被子。孩子们在我身上打起了雪仗，堆起了雪人。我高兴地看着孩子们玩耍。我告诉天空多下一点雪，明年再给人们一个丰收年。

我心甘情愿地奉献着，日复一日，年复一年。我身上的人们因我而欢笑，我身上的植物因我而娇美。我自豪，我骄傲，我就是一片默默无闻的泥土。

（指导老师：吴秋红）

点评：

这篇文章出自一位文学社员之手。文章不长，却写出了泥土的奉献精神。作者先以"我要把体内蕴含的能量全部奉献给大地上的万物"为总起，写出了泥土一年四季的心愿：春回大地时，愿做人们的铺路石；夏日到来时，甘为人们带来一片阴凉；秋天到来时，为大地的丰收而兴奋；冬季来临时，许下来年丰收的心愿。文章语言优美，想象丰富，带给人美的享受。

十三、想象作文

【写作指导】

想象，是孩子的天性，但要形成一篇作文，就不那么简单了。写好想象作文，从学生的角度来看，掌握合理的写作技巧很重要；从教师的角度来看，教学设计也很重要。

从学生的角度来看，写好想象作文，需要掌握以下三个方面的要求：

（一）想象要合理——设计一个合理的情节

想象作文要求想象必须建立在合理的基础上，故事情节要合乎情理。例如，《陶罐和铁罐》一文，讲述的是发生在陶罐和铁罐之间的事。骄傲的铁罐自持强硬，瞧不起陶罐。可许多年后，铁罐氧化了，陶罐却完好如初。这个故事的合理性在于：每个人都有长处和短处，铁罐由于没有看到自身的短处，最终自取灭亡。

（二）想象要丰富——设计一个矛盾冲突

一个优秀的想象故事就好比一幕戏剧，需要一个矛盾冲突。因为人物的个性只有在矛盾冲突中才会显露无遗。有位同学以《针与线》为题，想象出了这样一个故事：针与线是一对好朋友，有一天却为一件小事而互相瞧不起。针认为自己吃苦在前，功劳最大，线是没用的东西；线认为只有它才能把主人的衣服缝起来，针是次要的。为此双方争论不休，最后分道扬镳。很多年后，针已经锈迹斑斑，即将腐烂；而线呢，早已烂成碎泥了。这个故事十分精彩，其精妙之处在于安排了一个激烈的矛盾冲突：谁的功劳大？由于它们都没有意识到对方的重要性，结果产生了悲惨的结局。

（三）想象要完整——安排一个合理的结局

结局是根据故事的情节来决定的。这里所说的安排，指的是下笔之前的构思。即什么样的情节就安排什么样的结局。如《陶罐和铁罐》一文，陶罐面对

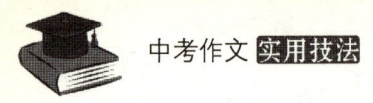

铁罐咄咄逼人的挑衅,采取了宽容低调的态度。结果是许多年后铁罐被氧化,陶罐却完好如初。如果陶罐没有采取这种态度,而是与铁罐硬碰硬地对抗,其结果必然相反。

从教师的角度来看,教师要勇于打破常规,采用一些新颖的教学形式,以拓展学生的写作思路,激发学生的写作兴趣。

1. 设计游戏,激发想象

在以说促写的写作教学中,善于设计游戏、引导学生展开想象,是一种符合青少年心理发展规律的做法。

上海大学的李白坚教授倡导以游戏为载体的"快乐大作文"。即在作文教学中引入游戏活动,让学生在游戏活动中获得写作灵感,获得写作源泉。"快乐大作文"以游戏为教学手段,让学生比较轻松地赢得"攫取生活材料"和"产生写作激情"这两大写作基本条件。

以下是"'极限'阅读"一课的课例:

语文老师进入教室时手中没有书,只有两三张文稿纸。

老师说:"今天要做一个游戏——'极限'阅读。在一个小时内,大家要读完10篇文章,读好一篇文章后还要写一篇150~200字的内容提要。"

老师说完后开始倒计时,学生在强烈的竞争心理下细心读书,挥笔从文。不少同学写出了文从字顺而中心突出的文章摘要。有一位同学写了10篇提要,共1800多字。

快乐大作文以游戏的形式激发学生的写作兴趣,从而让学生彻底消除对写作的畏惧心理。学生经过一段时间的训练后,变得爱写作文,会写作文。

浙江宁波市柴桥中学余永刚老师在高二年级尝试运用游戏教学法,取得了很好的效果。下面简介其教学过程:

教师先安排学生参加一个叫作"掌声响起来"的活动,目的是让同学们"挑战自我,挖掘潜能",通过游戏证明我们有时候的确不太了解自己。

教师请同学们估摸一下,一分钟内能连续鼓掌多少次,然后把这个数字写在一张纸的左上角。接着,教师提出游戏要求:鼓掌的时间是10秒钟。鼓掌时注意三点:一是两掌距离不宜过宽,10厘米为佳;二是尽全力鼓掌,越快越好；三是边鼓边默数。教师要求同学们记下10秒钟的鼓掌次数，然后乘以6就得到1分钟的鼓掌次数，然后把这个数字写在纸的中间。

这是本节课的第一环节：游戏。让学生通过生动活泼的游戏体验，感受自身的潜能。第二环节是感悟。即借游戏情境启发思考，引导学生根据游戏思考对自己能力的看法，并引申至对人生的看法。下面是教师在第二环节中的导语：

在同学们争先恐后地发表了各自的看法后，老师总结说：每个人生来就有价值，每个人的潜能像地下河一样汹涌，这话听起来很惬意，很受用。你们是不是也有这种感受？从刚才的游戏看，同学们都看到了自己的潜能，都觉得自己真行，是吧？其实，在我们的生活和学习中，有很多这样超越自己、让自己惊喜的例子。请同学们自由地说说。

师：心理学家告诉我们，每个人生来都是有价值的，每个人的生命潜能像地下河一样汹涌。但是，生活中，我们主观上往往低估自己的价值，轻视自己的潜能；可是客观上，我们却常常超越自我，做出以为不能做出的事情，完成以为不能完成的任务，显示出让人匪夷所思的力量。请以"掌声响起来"为话题，作文一篇。

本堂作文课，余老师紧紧抓住"如何估计人生的价值"这一中心，以游戏为载体开展教学，充分激发学生的想象，拓展思维的空间，可谓巧妙绝伦。不仅让学生学得愉快，也使学生学得深刻，把一堂原本单调乏味的写作课上得风生水起，回味无穷。

2. 设置话题，展开联想

教学实践表明，生动的事例要比生硬的讲解更有成效。在写作教学中，教师要善于把生活中的现象引入学习当中，巧妙地设置话题，引导学生展开讨论，使学生在不知不觉当中进入写作的角色，这往往会取到很好的效果。

浙江省椒江一中董承理老师上过这样一堂写作教学课：

老师先问班上有没有同学参加校学生会的竞选。同学们回答说大家都希望陈晓同学报名，可是她不敢。老师在了解了陈晓的顾虑后，指出同学们的动员工作做得还不够，要求大家就此问题展开讨论，提出意见，并推选一名同学担任"说客"，劝说陈晓参选。同学们精神抖擞，踊跃发言，有的举出陈晓的优势，有的分析对手的弱点，有的列举自己爸爸参加竞聘取得成功的事例，还有的从人生需要尝试的意义来谈。字字有声，句句有力，"说客"们的精彩发言赢得了大家的阵阵掌声。最后，老师要求大家以《给陈晓同学的一封公开信》的形式写一篇稿件，根据自己的能力分别向班报、校报、《中国青年报》投稿。老师随即进行了简单的写作指导。对这封信的评价，老师特别要求要陈晓同学来评价，因为是否有说服力，她最有发言权。

这一堂课上得十分生动，教师充分调动了学生的积极性，引导学生以话题为中心展开讨论，并积极引导学生把口头表达引向了书面表达，把生活中的表达经验引向了写作思维，实现了学生主动写作、有话可写的目标。这是一个比较成功的范例。

总之，想象作文是建立在一定的现实基础之上、根据合理的逻辑想象而成的富有一定思想性的文章。写好此类作文，不仅要求学生掌握合理的写作技巧，更要求教师勇于打破常规，采用新颖的设计进行教学。同学们的想象能力增强了，就能有助于提高逻辑思维能力，也有助于写出有一定思想深度的想象作文。

【提纲示例】

题目：流行与经典的官司

主题：记叙流行作品和经典名著的法庭对决，表达对青少年读书取向的深度关注。

结构：剧本式。

正文：

开头：描写审判前法庭内的景象。

主体：

一、原告"经典名著"陈述观点。

二、被告"流行作品"陈述观点。

三、原告与被告法庭辩论。

结尾：法官难以判决，逃离法庭。

手法：以对话为主要表达形式，突出两者对当今青少年阅读取向上的重要影响。

【范文引路】

流行与经典的官司

石佳

原告及原告方律师：经典名著
被告及被告方律师：流行作品
法官：我
开庭时间：2008年10月24日9时40分

宽敞的法庭里坐满了人，男女老幼都有。既有饱经沧桑的世纪老人，也有稚气未脱的小学生。大家都在激烈地讨论着，声音汇集起来，就像无数只蜜蜂在嗡嗡地叫着。

"有请原告及法官入场！"这句话像道咒语般划过法庭，所有人都安静下来了。

我缓缓地走进了审判大厅，走上最高的位置，坐下来俯视着全场。

原告"经典名著"也很快就位了。

"请被告'流行作品'入场！"同一个声音再次响起。

被告从另一边步入法庭，坐在原告的对面。全场鸦雀无声，只能听见彼此的呼吸声。保安将门关上了。

"咳咳！"我清了清嗓子，"先请原告方陈述。"然后对原告点了点头，示意他可以开始说话了。

"被告'流行作品'的出现导致许多青少年沉迷于他的书籍中，而忽略了我——经典名著的重要性。本来，学生们在这个年龄应该多读经典名著以丰富他们的见识，才有助于学习。但流行作品却用一些自认为有趣、新鲜的语言来迷惑他们，其实是一点意义都没有的。青少年还不能分辨什么对自己有益，所以才会被吸引。我可是为了他们的未来，才把被告告上法庭的。"原告井井有条地读完了手中早已经准备好的证词。

我考虑了一下，觉得原告讲得没错，但我是个公平、公正的法官，不会因为一面之词就下定论。于是，我高声说道："现在，请被告陈述。"

"原告认为我的作品一无是处，只能迷惑青少年。但是，为什么学生们会被流行作品吸引呢？这是因为流行作品中反映的是当代人的思想感情，读起来有趣，也运用了许多新鲜的语言，读起来很轻松。相反，经典名著艰深难懂，并且与现实生活有较大的距离，读了并没有实际作用。所用语言也生涩绕口，不能激起读者的兴趣，所以青少年才不想看那些书籍。"被告也沉着冷静地反驳，丝毫不逊色于原告。

法庭上开始有些议论声了，我喊了一句："肃静！"声音顿时又小了下去。

这么听来，似乎两方都有道理，怎么判定呢？还是再考虑考虑吧！我定了定神，对双方说："请双方进行辩论！"

"如果不读经典名著怎么能理解文化的内涵呢，那样的话这一代青少年就不会明白自己国家的历史，也就不会有建设国家的志愿，这样涉及的是更大的问题啊！"原告气愤地说，不少在场的老年人点头表示同意。

"流行作品远比经典名著更能让现在的年轻人接受，因为它是根据现实生活来写的，较贴近生活。不像经典名著，书中描写的社会已和现在大不相同。所以青少年应该多读流行作品才能知道自己身边的事啊！"被告的一番话博取了不少中学生的掌声。

双方唇枪舌剑，毫不相让。无论怎么听，都觉得谁也说服不了谁。

"辩论结束——"随着我的一声令下，全场寂然。

该怎么判决呢？我陷入了沉思。是经典名著的可读性强，还是流行作品的内容新鲜？我感觉到全场的人的目光仿佛像利剑一般射向自己，一滴汗珠顺着额角流了下来。

"此、此案再议，休庭！"我用颤抖的声音宣布完后，就加快脚步"逃离"了法庭。

点评：

  这篇文章构思新颖，想象丰富。作者通过精彩的对话，把"经典名著"和"流行作品"的官司演绎得妙趣横生。原告强调的是经典名著对传统文化的继承作用，被告强调的是流行作品更贴近生活，更便于了解当今社会，也更容易被青少年接受。诉讼双方各执一词，听起来都有道理，所以法官最后不得不宣布"此案再议"。这样一件没有结果的诉讼案，却给读者留下了更多的思考：在当今社会，究竟是什么样的作品才受欢迎？这是一个令人深思的话题。文章结构巧妙，采用了法庭辩论的方式，新颖独特，别具情调。

葛朗台新事

魏佩琳

  葛朗台在天使的引领之下，来到了上帝的面前，接受最后的审判：是上天堂，还是下地狱。

  一到上帝面前，葛朗台就迫不及待地跪下，双手合掌，央求上帝："仁慈的主啊，可怜可怜我这个老头子吧，请让我到天堂去吧。我是那么地信仰您，尊敬您，也无时无刻不憧憬着去天堂……"

  "你带了些什么来？"上帝问道。

  葛朗台一惊：没想到，上帝也要东西！他慌忙掏出一把金银珠宝，自己还在衣兜里留了几个，"上帝啊，这些珠宝价值连城，是我的一点小心意，请您收下，您要知道，我是多么想要进入天堂……"

  没等葛朗台把话讲完，上帝把袖子一挥，眼前的财宝全都不见了！

  "你还有什么？"上帝问道。

  "啊？"葛朗台傻眼了，"我……我还有钱。"葛朗台慌忙在身上摸了起来。可是这下他真傻了——衣袋里什么也没有。

  上帝说道："钱乃身外之物，生不带来，死不带走。难道你就没有实际一

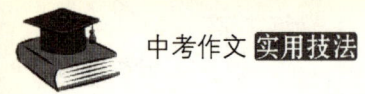

点的东西吗？"葛朗台忙道："有！我有才学，我很机敏，我还是个赚钱的好手！"

上帝冷笑道："这种货色地狱里有的是！"说完，他对葛朗台发了一张"地狱通行证"。葛朗台吓得四肢发软，面如土色，一下子瘫倒在地。

这时，卡西莫多也被带来了，他满面笑容，洋溢着生前拥有的幸福。上帝问他："你带来了什么？"

"尊敬的上帝，除了诚信，我一无所有。"卡西莫多回答时神色坦然，毫不紧张。

上帝微笑着挥了挥袖子，卡西莫多立即换了一身雪白的衣服，头上悬着光环，背也直了，成了一名天使。

"去吧，天堂在等着你。"上帝笑着对他说。

卡西莫多消失在天宇间，往天堂里去了。

"为什么！他那么丑，又驼又傻，而且没有钱和荣誉，他没有资格上天堂！这不公平！"葛朗台气得跳了起来。

"他有诚信，有永恒不变的灵魂！金钱、荣誉，只是虚幻，死后便化为灰土，你现在一无所有，所以只能下地狱！"

葛朗台惊得哑口无言，他在心中暗暗发誓：下辈子一定要以诚信为本！

（指导老师：陈接松）

点评：

这是一篇哲理式的想象作文。文章以生动的笔调记叙了葛朗台接受上帝审判的情景。受本性的驱使，葛朗台至死都忘不了金银财宝，因而受到了上帝的惩罚——被打入地狱；而卡西莫多这个又驼又傻的人，由于始终坚守着诚信的品格，因此获得了上帝的赞赏——被送入天堂。文章以新奇的想象、生动的情节，刻画了葛朗台和卡西莫多这两个截然不同的形象，阐述了金钱至上的人最终会失败，而诚信为本的人最终会获得幸福的道理。

雾霾在人间

徐语阳

一日，玉皇大帝正在天庭赏花喝酒。突然，太白金星慌张地跑过来报告说："玉帝，大事不好了！我……我看不到人间了！"玉皇大帝不慌不忙地说："别急，是发生什么事情让你看不到人间了呢？"太白金星说："回玉帝，是雾霾！"

"雾霾是何人，有何本事让您老人家都大惊小怪啊？"玉皇大帝笑呵呵地说。

太白金星回答道："雾霾不是一个人，而是人类污染大气产生的天气现象。"

"哦，有这等事？"玉皇大帝一听，连忙传来"千里眼"，派他在观望台查看一下是否真的看不到人间。

不一会儿，"千里眼"回话了："玉帝，我也看不见人间了，要不您亲自去试一试？"

玉皇大帝来到了观望台，左看右看，只见人间茫茫一片大雾，比天庭的云层还厚，笼罩在发黑发暗的大气里。每个人都带着防毒面具，可怕极了。

这下，玉皇大帝感到了事态的严重性，赶忙招众仙到玉清宫开会商讨对策。玉皇大帝愁眉不展地叹了口气对众仙说："江山如此多雾，引无数百姓戴口罩。这样下去整个地球终将毁灭，大家说说有什么好办法呢？"

托塔李天王回道："玉帝，让我去把那些不爱惜环境的人抓起来吧！"

玉皇大帝想了想说："雾霾情况这么严重，一定是有很多人破坏环境。即使人抓来了，可我们没有那么多人来看管他们啊！这个问题很棘手，众仙还有其他办法吗？"

这时，二郎神说话了："我倒是有个管用的办法，只不过对人类来说，这个惩罚会很痛苦。"

玉皇大帝激动地说："快说来看看，什么法子呢？"

二郎神说："就是让人类失去拥有的一切，回到原始社会。他们发展得太过迅猛，很多人为了自己的利益，不惜破坏大家赖以生存的自然环境。我们只有把他们打回原形，让他们使用最简陋的物品，过最原始的生活，他们才会珍

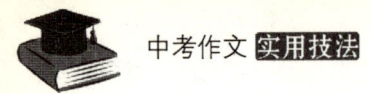

惜所拥有的一切。"

玉皇大帝沉思了半天，缓缓地对二郎神说："人类自作自受，也只能如此了。这件事就由你来负责吧。"

这一天夜晚，所有人都睡得很早，也睡得很熟。他们都做了一个同样的梦：玉皇大帝降临人间，严肃地对他们说："由于你们不珍惜自己赖以生存的地球，所以我要让你们回到原始社会，一切重新开始。"

第二天一早醒来，人们发现自己住在一栋栋小木屋里，华丽的衣服都变成了草裙，大桥变成了木板，汽车变成了马车，冒着黑烟的工厂、闪着华灯的高楼、人潮汹涌的街道都不见了……人们都很沮丧，一个个跪在地上大哭起来。

这时，世界突然安静了下来。他们听见了小河潺潺的流水声、鸟儿啾啾的鸣叫声，他们看到了一个崭新的世界：空气是那么清新，天空是那么晴朗，芳草鲜美，繁花盛开……他们贪婪地呼吸着新鲜的空气，感觉到了一种从未有过的畅快。

（指导老师：周莉）

点评：

　　本文以丰富的想象力为读者描绘了一个神奇的世界。地球在人类的糟蹋下变得肮脏不堪，空气浑浊，河流污秽，到了连玉皇大帝都无法收拾的境地。在二郎神的提议下，世界回到了原初时代，人类又回到了原始生活之中。在巨大的变化之际，人们的感情变得痛苦而复杂。就在人们为失去的一切感到惋惜痛苦之时，人们又感受到了巨大的惊喜：他们看到了一个崭新的世界，呼吸到了新鲜的空气，感受到了从未有过的畅快。这一切变化，无不在提醒当今的人类：再不珍惜我们共有的家园，世界将会走向毁灭。文章语言优美，对话精彩，主题鲜明，引人深思。

一片树叶

张媛语

　　春风消融了冰雪，暖暖的，轻轻的。一棵树开始发芽了。树叶们迫不及待地睁开眼睛，好早一点看到这新奇的世界，但它们谁也不如那片小树叶渴望得厉害。整个冬天，小树叶最大的快乐就是听树讲述外面的世界：地上的花儿会散发出香味，有小鸟会在枝头歌唱，春天有美丽的色彩，夏天会有温暖的阳光，秋天有树叶的舞会。这一切是多么美好啊！

　　"等到明年春天，你就可以到我的树枝上去瞧一瞧这个世界。"树说，"那时你就可以闻到花儿的香气，感受到温暖的阳光穿过你的身躯。"树所讲的的确不太够——这片小树叶所希望了解的东西真不知有多少。

　　春天又来了。当那片小树叶把头伸出枝头的时候，太阳刚刚升起。小树叶闻到了淡淡的花香，听到了小溪的歌声，一层薄薄的雾环绕在小树林里。小树叶就这样每天看着太阳出来落下，看着村子里的小朋友们欢快地玩耍。夏天的阳光笼罩在幽暗的树林里，透过层层树叶的阳光斑斑驳驳，好像凸面镜上的光点。小树叶安静地享受着阳光，它的心仿佛都融化了。夏天，暖暖的阳光照在小树叶那绿油油的身子上。小树叶突然很想到城市里去看看，因为孩子们经常讲城市里的房子多么好，高楼大厦多么雄伟，小树叶心动了。房子也许是比朝霞还美的景色吧？高楼大厦也许是比小溪还动听的歌手吧？小树叶暗暗地下定决心：要在秋天去城市旅游一次。

　　小树叶把这件事告诉了大树，大树惊讶极了："什么？你想到那个充满雾霾和黄沙的地方去看看？""是的，那里是最美丽的地方！"它坚定地说。

　　"唉，你不知道……"大树轻轻叹了口气。但是，大树的话却使小树叶要去环游城市的愿望更加强烈了。每当有风吹来时，它总会使劲地挣扎着，极力想摆脱掉树枝，但是它并没有被风刮掉，也许是它还不够重吧。

　　秋天，阴雨绵绵，风刮得更厉害了。树枝上的小树叶摇摇欲坠，它高兴极了，配合着风，极力将自己摆动着。终于，它摆脱了树枝，兴奋地嚷着："我自由了！"随后，小树叶觉得自己一阵眩晕，便模模糊糊地闭上了双眼。

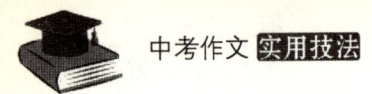

小树叶睁开眼睛,发现自己被刮到了附近的城市里。它落在了马路中间,工厂里排出的尾气让它喘不过气来。一辆辆汽车朝它驶来,从它身上压过。小树叶想:"难道这就是城市?"

这时,一辆飞驰而过的汽车把它吹到了路边的盆栽里。它孤零零地躺在盆栽里,不由得想起了大树说过的话。也许,此时的它已经成了木柴了吧。

慢慢地,它感到自己融化在了那暖暖的土地里,变成了一粒灰尘……

(指导老师:王晓辉)

点评:

　　本文以轻快而忧伤的语调记叙了一片小树叶的故事。小树叶像一个天真的孩子,对外面的世界充满了好奇与向往。无论大树如何劝阻,小树叶都听不进去。直到它来到城市,融入人类的生活之中,它才惊讶地发现现实与想象相差太远了。小树叶最后消失在花盆中的泥土里,变成了一粒灰尘。这样的结局是令人伤感的,也是发人深省的:世界的美好,需要人类社会的共同努力。只有保护好了环境,我们的世界才会更加美丽。文章语言优美,想象丰富,是一篇托物寓情的想象作文。

十四、童话世界

【写作指导】

童话是儿童文学的一种。它通过丰富的想象、夸张和象征等手法来塑造形象，反映生活，并对儿童进行潜移默化的思想影响。童话的语言通俗易懂，情节生动曲折，引人入胜。

童话最主要的写作手法是采用拟人的手法，赋予大自然中的动植物以生命和思想，使它们人格化。所以，童话中的一切事物，包括花草树木、鸟兽虫鱼，甚至玩具衣服等，都可以像人一样说话做事。

如何写好童话故事，要从以下几个方面入手：

（一）安排线索，串联角色

童话是写给孩子们看的想象故事，必然离不开一条故事的主线和各种角色。童话的线索是故事发展的顺序，起到串联情节的作用。童话里的角色可以按照其在故事中的重要性来分类：一般而言，在故事中占主导地位的是主角，占次要地位的是配角。主角和配角之间的关系也要说清楚，要给读者以清晰的印象。

安徒生的童话《皇帝的新装》，讲述了一个令人啼笑皆非的故事：在一座王宫里，住着一位既愚蠢又爱打扮的国王，他每天的爱好就是换新衣服。有一天，两个骗子来到了王宫，对国王说可以为他量身制作一件神奇的衣服。这件衣服只有聪明的人才能看见，愚人是看不见的。国王同意了他们的意见，并给了骗子大量的金钱。被派去视察的官员没有一个人能看见这件衣服，但他们担心被别人认为是愚蠢的人，个个都说自己能看见这件衣服，并且夸赞衣服的华贵美丽。愚蠢的国王也没有看见这件衣服，但为了维护自己的"聪明"，最后穿着这件看不见的衣服上街游行。市民们也和大臣们一样，并没有说出真实的情况。直到一位儿童说出了真相，游行才在众人的嘲讽声中结束。

这篇童话的线索是"新装"，这一线索把故事中所有的人物串联在了一起：皇帝、两个骗子、一位老大臣、一位诚实的官员、一个小孩、小孩的父

亲、其余的大臣和百姓。在众多的角色当中，主角是皇帝，配角是两个骗子和几位大臣、小孩等人物。围绕着"皇帝的新装"这一主线，所有人的真实面目都生动细腻地体现了出来。

（二）构思情节，反映生活

写好童话的第二项要求，是构思合理的情节，展开想象，尽量把故事写得生动曲折。曲折性越强，越能增加读者的阅读兴趣。但无论情节有多曲折，都必须要反映生活。同学们写作时，要联系自身的生活经历和人生理想来写。

《丑小鸭》是安徒生写的另一篇入选了初中语文课本的童话作品。文章讲述了这么一件事：一只长得很丑的小鸭子，遭到了鸡、鸭等同伴的嘲笑和排挤，连他的兄弟姐妹也看不起他，最后连他的妈妈也劝他走远一些。就这样，丑小鸭被迫离家流浪，历经种种艰难险阻，遇到狂风暴雨、猛狮、猎狗、饥饿等困难，丑小鸭没有畏惧，独自来到美丽的大自然中。秋天到了，丑小鸭看到了一群南飞的天鹅，从此难以忘怀。冬天到了，丑小鸭几乎被冻死在冰冷的湖边。在一个美丽的春天，丑小鸭抑制不住内心的向往，不顾生死飞向了一群美丽的天鹅。这时，他发现水中映出的不再是那丑陋的鸭子，而是一只美丽的天鹅。这个故事以丑小鸭为主人公，以他的行踪为线索虚构了一个曲折离奇的故事情节：养鸭场里受排挤被迫逃走→沼泽地里遇危险被迫逃走→农家小屋受排挤但因追求理想而离开→湖泊中因寒冷被冻昏被人救走→种田人家被追赶逃走→花园里变成了美丽的天鹅。情节生动，一波三折。

安徒生说过："生活本身就是童话。"这篇童话从内容上看是虚构的，但从思想上看，则是安徒生生活经历和人生理想的反映。安徒生从小家境贫寒，没有受过正规的教育。他最初想做一名芭蕾舞演员，后来又想当一名歌剧演员，但都没能实现。于是，他开始从事创作，但因出身贫贱而不断遭到别人的嘲笑排挤。但是他毫不气馁，不懈努力，终于成为一名享有世界声誉的童话大师。可以说，丑小鸭的经历正是安徒生自身的写照。《丑小鸭》这篇童话告诉人们：只要不懈追求，即使身处逆境，也终能实现自己的理想。而这，正是安徒生的人生追求。

因此，写好童话，不仅要构思合理的情节，还需要反映生活的历程和个人的愿望。

（三）寄寓道理，拓展引申

列宁说过："儿童的本性是爱听美妙的童话的。"青少年富于幻想，对世界上的一切事物充满好奇。借助童话这种最易为青少年所接受的形式，寄寓一定的道理，来帮助他们正确地认识世界，树立正确的人生观，是非常有意义的。

安徒生的著名童话《卖火柴的小女孩》，讲述了一个卖火柴的小女孩在许多富人举家欢庆的大年夜里，因饥饿和寒冷冻死在街头的故事。文中，作者生动细腻地描写了小女孩对美好生活的幻想：温暖的火炉、肥美的烤鹅、美丽的圣诞树和慈爱的奶奶等。这些美好的幻想，对于一个孤苦伶仃的小女孩来说，在现实中是无法实现的，因此，作者特意将这些幻想安排在大年夜这个万家欢庆的特定时间来写，具有深刻的意义。作者正是通过小女孩的不幸命运，来表达他对穷苦人民的同情，对贫富悬殊的社会的不满。

《七个小矮人》这篇童话，讲述了一位善良美丽的白雪公主的故事。公主因为长得漂亮被她的继母妒忌与陷害，白雪公主被迫逃到森林。在一场奇缘之下，白雪公主得到了七个小矮人的保护与帮助，解除了继母对她的诅咒，逃过了劫难，并得到了王子的真爱。在这篇童话里，作者通过对白雪公主和七个小矮人的塑造，表达了对真善美的理想境界的追求和对以继母为代表的邪恶势力的批判。

写好童话故事，需要从安排角色、构思情节、寄寓道理等方面进行思考。角色要分清主次，情节要力求生动曲折，道理要引人深思。此外，还要注意语言表达要符合人物的身份，力求体现童话的故事性和思想性。

【提纲示例】

题目：鸟和鱼的爱情
主题：通过记叙鸟和鱼的爱情故事，表达对纯真爱情的歌颂。

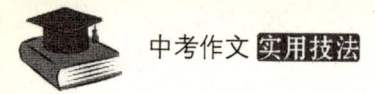

结构：顺向叙述式。

正文：

开头：青鸟彼得和鱼儿爱西在湖面上一见钟情。

主体：

一、女巫被他们的爱情故事感动，决定帮助他们：两人换来金豆后，就可以在一起待一天。

二、彼得历尽千辛万苦，找到钥匙，换来了金豆。

三、彼得吃下金豆后变成了一条鱼儿，和爱西开始了为期一天的幸福生活。

结尾：彼得变成了海边的石头，人们永远纪念着他们。

手法：记叙中穿插描写。

【范文引路】

鸟和鱼的爱情

刘怡君

很久很久以前，在一个遥远的地方生活着一条美丽的鱼儿，她的名字叫爱西。她的生活里只有一池湖水。那湖偷偷寻来天空的蓝，清澈得如同一面阳光下的蓝宝石，晶莹剔透。那天，她一直沉浸在说不出的快乐里。

或许是因为刚刚下过一场雨的缘故吧，阳光金子般地耀眼，天空纯净得不带一点杂色。青鸟彼得就在这个时候来到了那片湖里。在阳光下，在湖水边，青鸟彼得看见了身姿曼妙的爱西正在水里嬉戏，从湖的这边跳到湖的那边，无忧无虑，好不快活。爱西也看见了青鸟，目光久久不愿离开。当太阳落尽后，鱼和青鸟明白：他们已经一见钟情了。青鸟和爱西默默地在心中许下诺言：不求前程似锦，只愿能永远珍藏着爱，珍藏着湖水、天空与阳光。

这段爱情从一开始就注定是没有结局的，在鱼和青鸟相互依偎的生活里，有很多愿望是没法实现的。

一天，青鸟看见别的鸟飞过，它想起了天空，它问鱼是否愿意和它一起感受风从身边掠过的自由，鱼看看自己的鳍没有说话。又一天，鱼为了躲避暴风雨，深深潜入水中，在太阳重现的时候，它兴奋地问青鸟是否能看到水中珊瑚的灿烂。青鸟看着波光粼粼的水面，只能苦笑应对。他们渐渐地明白了：鸟儿和鱼儿是永远不可能在一起的。虽然彼此相爱，但是鱼终归是水里的鱼，鸟终归是天上的鸟。

一天，一个女巫路过这里，被他们的爱情故事感动了。女巫停下来对他们说："我可以帮助你们在一起，但是你们必须要先找到一颗金豆。谁吃下金豆谁就能变成对方的同类。但成为对方的同类后，你们只能在一起待一天。一天过后，吃下金豆的人就会变成石头。"

"一天——只有一天吗？"爱西和彼得几乎同时发问。

"我愿意！"他俩又几乎同时回答了女巫。

"那好吧，接着。"女巫说完就将羊皮地图交给他们，对他们说，"你们只要找到烈焰和寒冰两把钥匙，就能换得金豆。祝你们成功，再见！"说完她将魔法棒一挥，消失了……

"彼得，也不知道是不是真的，要不我们去试试？"爱西问道。

"嗯，不管怎样，只要有一线希望，就不能放弃。"彼得说完，摊开了地图，指了指这个地方："我们要去加勒比海。"

加勒比海危险重重，刚踏上岸，就让人感到了恐惧。"爱西，我们要在加勒比海找到两把钥匙，据说烈焰在火山里，而寒冰在深海中。"

"我负责烈焰，你负责寒冰。"彼得对爱西说。

"好的，我们分头行动。"爱西跳出水面回应。

彼得来到火山旁的森林中。火山快要喷发了，彼得从高空直接飞到了火山的深渊，又迅速飞了出来。迎着万丈光芒，他终于拿到了烈焰。

爱西则来到了海底，看见了墨绿色的海带、海草，还有火红的珊瑚礁等。她继续往前走去，看见了一只乌龟在呼噜噜地睡觉，后面正是寒冰。彼得悄悄地走到乌龟的面前，敲了敲乌龟的壳。乌龟被他吵醒了，十分生气，准备咬爱西。爱西掉转头就跑，乌龟在后面紧追不舍。突然，有一群水母游了过来，爱西灵机一动，躲在水母后面。乌龟笨头笨脑撞进了水母群。水母们很生气，开

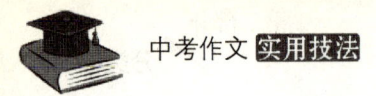

始放电来攻击乌龟。就在这时，爱西轻手轻脚走了过去，拿走了寒冰，趁着混乱的场面，爱西终于逃了出来，很快就来到了水面和彼得会合。

"很好很好。"这时，女巫突然出现在他们身边。于是，彼得和爱西把烈焰和寒冰两把钥匙交给了女巫。

"金豆只有一颗，你们谁要吃？但我要提醒你们，你们变成对方后，待在对方身边的时间只有一天，然后就会变成石头。"

"给我！""给我！"彼得和爱西争了起来。

看到鸟儿和鱼儿争了起来，女巫把金豆抛向水面，由他们自己决定。随后就消失了。

看到金豆马上要落到水面，爱西从水中跃起，张口要吃下金豆。彼得"嗖"一声地飞了过来，抢先一步把金豆吞进了肚子。

当彼得把金豆吃下肚子的时候，头顶突然出现了一道金光——彼得变成了一条鱼，掉进了海里。

那一刻，彼得和爱西成了一对不离不弃的鱼儿。他们开始在一起无拘无束地游来游去，一起漫游深邃的海洋，成了一对令人羡慕的鱼儿……

一天很快就过去了，彼得的头顶又闪出一道金光。刹那间，他变成了一块冰冷的石头。

爱西含着眼泪，游到岸边，久久不愿离去。

从那以后，爱西每天都会来到这个石头旁边，和彼得一起共度美好的时光。

鱼儿和鸟儿的爱情故事后来一直流传了下来，人们发现，海边有了越来越多的爱情石，它们在默默地纪念着鱼儿和鸟儿的爱情。

（指导老师：刘士琛）

点评：

  本文是一篇童话故事，主人公青鸟彼得和鱼儿爱西在清澈得如同蓝宝石一般的湖面上一见钟情。两人都知道不可能在一起，却在心中许下誓言：不求前程似锦，只愿能永远珍藏着爱，珍藏着湖水、天空与阳光。一个女巫被他们的爱情故事感动，表示可以帮助他们。前提是他们必须要先找到烈焰和寒冰两把钥匙，换来金豆，吃下金豆后就能变成对方的同类。

即使这样,他们也只能在一起待一天,一天过后就会变成石头。但青鸟和鱼儿还是义无反顾地接受了这项挑战,越过困难重重的加勒比海,来到了火山旁的森林中,找到了烈焰和寒冰两把钥匙,换来了金豆。彼得吃下金豆后,变成了一条鱼儿,和爱西一起开始了无拘无束的生活,一起漫游深邃的海洋……一天之后,彼得变成了海边的石头。这篇童话想象丰富,情节生动,线索清晰,角色鲜明,表达了对纯真爱情的歌颂和向往。最为可贵的是,童话的结尾引用了一个成语——海枯石烂,给读者留下了美好的想象空间。

多嘴鸭

王叙岚

在一片茂密的森林里,住着一位猎人、一只斑点狗(猎狗)和他养的小动物们。他们在一起生活得非常愉快。

有一次,猎人带着斑点狗出去打猎了,好几天都没有回来。动物们特别想自己的主人和斑点狗,不知道他们什么时候会回来。于是,它们想啊想,终于想出了一个好办法,派一只动物出去找他们。可是派谁去呢?大伙一致认为,一只绰号叫"多嘴鸭"的鸭子是最佳人选,因为它既能在地上走,又能在空中飞,还能在水里游呢。很快,多嘴鸭上路了。

多嘴鸭最大的缺点就是话多,说起来没完没了。一路上它很寂寞,也很孤独。正愁没有人跟它说话呢,这不,前面来了一只大灰狼,多嘴鸭高兴极了,完全忘了大伙儿对它的千叮咛万嘱咐:主人不在家的事情不能告诉任何人。它不停地对大灰狼说:"主人不在家,家里的小动物们都很想念他。我真希望他能早点儿回来呀!"大灰狼心想:"啊哈!他们的主人不在家,我可以去吃小肥羊了。"大灰狼流着口水乐呵呵地溜走,准备干坏事去了。

多嘴鸭每见一只动物就说这番话,搞得家里危机四伏,他不知道自己已经犯下了很大的错误——这个错误可能危及大家的生命安全呢!

最后，它遇到了一只正在为宝宝觅食的狐狸。狐狸听说猎人不在家，眼珠骨碌碌一转，告诉多嘴鸭："今天我家宝宝过生日，家里来了很多客人，要不你也过去热闹一下吧？"多嘴鸭一想到可以和好多动物聚在一起聊天、吃蛋糕，那是多快活的事啊。于是，他就一摇一晃地跟着狐狸跑走了。可怜的多嘴鸭呀，差点儿就这样不明不白地成了狐狸宝宝的美食。快到狐狸家时，漆黑、安静的小屋和狐狸那得意而狡黠的笑容，使多嘴鸭感觉到了一种从未有过的恐惧。它不顾一切地扑到水里，撒开两腿拼命往对岸游，用尽全部的本领，飞、游、爬、跑，惊魂未定地回到家里。

狐狸没有吃到鸭子，心想：猎人不在家，我还可以偷几只鸡给宝宝们吃。幸亏猎人在出发前就在家四周布下了陷阱，结果大灰狼掉进了大坑里，爬不上来了，狐狸也被捕猎夹夹住了……小动物们才幸免于难。只不过，大灰狼扑过来的时候，小鸡吓得昏了过去。

主人回来后，大伙儿把这几天的危险讲给猎人听。大家庆幸都平安无事，并很懊悔派多嘴鸭去找主人。多嘴鸭委屈得直噘嘴："我只是想找人说说话，没想到它们会来干坏事呀！"

主人意味深长地说："大家一定要记住，要管好自己的嘴巴，对坏人一定不能说实话，否则就会很危险的。"

（指导老师：陈冉）

点评：

  这篇童话以多嘴鸭的经历为线索，叙述了一个生动曲折的故事：既能在地上走，又能在空中飞，还能在水里游的多嘴鸭领到了一个光荣的任务——找回主人和斑点狗。没想到由于自己的多嘴，多嘴鸭向大灰狼和狐狸泄露了主人不在家的秘密。当大灰狼和狐狸满心欢喜扑向小动物们的时候，却掉进了猎人预设好的陷阱里。这个故事构思巧妙，情节生动。主人公多嘴鸭是生活中一些"口无遮拦"的人的典型，大灰狼和狐狸则是生活中阴险狡诈的人的代表。这篇童话的结尾引用了猎人的话：大家一定要记住，要管好自己的嘴巴，对坏人一定不能说实话，否则就会很危险。猎人的话意味深长，引人深思。

三副眼镜的故事

童雨涵

在一个美满幸福的家庭里,有三副眼镜:奶奶的老花镜、妈妈的太阳镜、儿子的近视镜。他们都住在同一个屋檐下,却很少有交谈,彼此各司其职,日子倒也过得平和,相安无事。

有一天晚上,经过一天的工作和学习,三个主人都觉得累了,全睡着了。三副眼镜一看,就想借此机会聊一聊天。

老花镜觉得自己资历最长,倚老卖老。他清了清嗓子,首先发话:"我们来讨论一下谁最实用吧!"老花镜抚摸了一下挂在身上的绳子,"我跟着主人的时间最长,我最实用。主人每天都戴着我看报纸,织毛衣,看菜谱。主人通过我的帮忙看了很多很多实用的菜谱,每天变着花样给大家做可口美味的饭菜。俗话说得好:民以食为天。我的主人就是通过变换各种菜式,把一家人的胃养得好好的。家里人吃得好,睡得香。怎么样?我说的没错吧!"说罢,它的脸上流露出得意的神色。

太阳镜听了,吐了吐舌头,翻了翻白眼,用讽刺的口吻说:"哼,这有什么了不起的!我的主人可是家里的时尚达人。你看我,咖啡色的镜片,镶宝石的镜框,配上主人一身时髦的衣服,别提有多美了。没有我,就没有主人的美!"说完,太阳镜变得高傲起来,还向另外两种眼镜抛媚眼。

一旁的近视镜听完后,用轻蔑的眼神瞟了瞟那两副高傲的眼镜,没好气地说:"看你们俩,尾巴都翘上天了,骄傲什么呀!你们看我,黑色的镜框透着学识和沉稳,超薄的镜片让我的主人戴起来更轻松,我的主人天天戴着我徜徉在知识的海洋里,在今年的全市数学竞赛中还拿了奖呢!"

三副眼镜吵得不可开交,谁也不服谁。最后,他们决定:互相交换主人,展示自己的实力。

就这样,太阳镜跑进了老花镜的盒子里,老花镜进了近视镜的盒子里,近视镜进了太阳镜的盒子里。

第二天,奶奶戴着太阳镜缝衣服,穿针时戳破了手指头,还流血了。

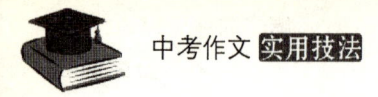

妈妈戴着近视镜开车,差点把车开到了人行道上。

儿子戴着老花镜去上课,感到头晕眼花,不但看不清黑板上的字,下课的时候,还在走廊里摔了一跤。

三副眼镜回想起今天的事,都不明白这是怎么回事,在眼镜盒里静静地想着……

(指导老师:钟惠群)

点评:

  这篇童话以三副眼镜的争论为线索,叙述了他们各自炫耀自己的功劳,却看不到他人的长处,最终陷入迷惘的故事。故事的主人公三副眼镜——老花镜、太阳镜和近视镜,实际代表了生活中的一些人。他们只能看到自己的优点,看不到自身的缺点。在顺境中,这些人趾高气扬,一旦换了环境,就会陷入手足无措的境地。从思想性来看,很有意义。文章的结尾没有直接说明结果,而是以三副眼镜在深思中结束,目的是留下悬念,引发读者的思考。

留住青春的秘籍

黄镜桦

  在一座座光秃秃的山中,有一片古老的大森林,这里的树木盘根错节,参天的古树构成了动物们的天堂,成百上千种动植物生活在这里,他们互相帮助,每天和谐而又快乐。

  有一条清澈的河流横穿整座森林。它的两岸长满了一丛丛茂密的芦苇,晶莹的河水从中间悄悄流过,宛如玻璃一样的水面能看见水底碧绿的水草。偶然有一只白蜻蜓从水面上掠过,一切都是那么静。这条河流虽然在森林中间,可不知道为什么,动物们都来到河岸上生活,这为它增添了一层神秘的面纱。

听森林中的老一辈说，在这条河流的尽头住着一位老神龟，它有着永葆青春的秘籍。河水中有许多危险的机关，只要稍有不慎，就会被永远困在这水中的迷宫里出不来。

黑狗大脚板和牡鹿尖头叉子是森林中的一对淘气伙伴。一天，尖头叉子听一头老驼鹿说那河中有很多神奇的现象，只有勇气十足又敢于冒险的人才能到达尽头。尖头叉子一听，心想，哟！虽说我们并不需要永葆青春，但我们很想去解开这个秘密！

说到做到，大脚板和尖头叉子请大象伯伯制作了一个小竹筏，带了几串野果就上路了。

那是一个风和日丽的早晨，大脚板和尖头叉子无比惬意地站在竹筏上，任水流带动他们向前。这一切看上去是那么祥和，使得他们都觉得老驼鹿的话着实不可信。可惜，好景不长，很快他们就遇到了第一个困难——漩涡。

平静的河水在这儿激烈起来，雪白的浪花打着转儿，使竹筏摇摇晃晃的，快要翻了。大脚板连忙站在这一头，尖头叉子站在那一头，试图保持平衡，绕过漩涡。这时竹筏猛一摇晃，竟把大脚板给摇了下去！"汪汪汪——救命！"尖头叉子赶紧把蹄子伸进水里，让大脚板抓住，想把他拉上来。

几经周折，大脚板终于爬上来了。幸好这个漩涡并不是很大，他们好不容易绕了一圈，重新行驶在平静的水面上。大脚板浑身湿透，又筋疲力尽，狼狈极了。

这时的阳光暖暖的，晒得他们可舒服了。在吃了几个野果后，尖头叉子兴致勃勃地说："刚才可真刺激呀！""对极了，这样才能叫作冒险，我真期待接下来的行程呀！"大脚板似乎忘了自己曾落入水中，万分高兴地回应道。

不久，在经过一个岔道后，他们又遇到了漩涡，不同的是，过了漩涡还有一处十分湍急的水流在等着他们。不过这次他们可不着急，齐心协力地控制好方向，像冲浪似的一下子就冲了过去。令人意想不到的是，越往下走激流越多，洁白的浪花似乎专门与他们作对，刚才还平静的水面，此时立即在他们面前变得汹涌澎湃。有好几次，尖头叉子险些就被冲走了。

整个下午，大脚板和尖头叉子都在与漩涡和激流拼搏，小心控制方向，别拐入其他岔道。夜幕降临时，河面终于平静下来了。他们也累得气喘吁吁地趴在竹筏上。

这时，各种虫鸣声和蛙声交替响起，混合着清新的草香，如同夏夜小曲一样在河面上回荡。一只只萤火虫就像点点星光在四周指路，一轮明月映在水面上，随着竹筏的移动而缓缓向前。一种平静而祥和的气氛笼罩着周围，大脚板和尖头叉子渐渐进入了梦乡。

第二天，已经不见激流了。"汪——太棒了！我们应该快到了！"大脚板兴奋极了。尖头叉子也愉快地应和道："其实还不算很难，我们应该很快就要见到老神龟了！"

一个时辰后，一块绿洲出现在他们眼前，河水源源不断地流向绿洲前的一个大洞里——尽头到了！

一位长着白胡须的老龟正笑呵呵地看着他们，说："我亲爱的孩子们，一路上很辛苦吧？"

"还行吧！"大脚板早忘了先前的狼狈相，得意地说："不算太难！"

"是的，真有趣！"尖头叉子也不甘示弱地回应道。

"不错，不错！"龟爷爷满意地笑了，"真勇敢啊！好多年来，其他动物或是信心不足而半途而废，或勇气不够而被水流卷走，都没有来到这里，只有你们到达了终点，真厉害呀！"

"真的吗？"大脚板得意极了。

尖头叉子却疑惑地问："那么龟爷爷，您能告诉我留住青春的秘籍吗？"

"秘籍呀！"老龟微微一笑，神秘地说，"秘籍就是勇气本身，会冒险的动物再老，它的心也不会老！"

（指导老师：杨柳）

点评：

文章构思巧妙，情节生动，叙述了一个生动的故事：森林中有一条河，在这条河流的尽头住着一位老神龟，它有着永葆青春的秘籍。而这条河中，有许多危险的机关，只要稍一不慎，就会被永远困在这水中的迷宫里出不来。大脚板和尖头叉子请大象伯伯制作了一个小竹筏，踏上了危险的旅程。一路上，他们克服了重重困难，终于到达了目的地。在这里，老龟爷爷告诉了他们永葆青春的秘密——秘籍就是勇气本身，会冒险的动物再老，它的心也不会老！这篇童话想象丰富，角色鲜明，大脚板和尖头叉子是生活中勇于探索的代表，老龟爷爷的话则告诉了人们一个深刻的道理：世上没有长生药，要永葆青春，关键是要保持一颗永远年轻的心。

后记

一个历经艳阳炙烤的果子，在南国的夏天终于成熟了。在键盘上敲下这本书最后一个字的瞬间，我仰靠木椅，长长地舒了一口气。

2015年的暑假，我几乎足不出户，成了"何妨一下楼"的主人。为了完成手上的这部书稿，这个暑假被我视作了珍宝。实际上，这本书从构思到写作，前后共花了3年多的时间。只是这期间事情太多，繁重的教学任务，还有《南山教育》《晨笛》杂志的编辑工作，占去了我大部分的时间。如何尽快完成这项工作，成了我的一桩心事。

2014年9月，母亲去世，我的心凝固了很长一段时间。提笔写作的欲望接近于零，这项工作再次被耽搁下来。

2015年的暑假，我觉得是一段十分珍贵的时光。我决定静下心来，心无旁骛地完成这项久拖不决的任务。

说起这本书的构想，早在2007年我在四川师范大学读教育硕士时就开始了。那时，我最关注的是作文教学，并将毕业论文的选题确定在中学写作教学研究方面。这期间，我得到了四川师范大学文学院博士生导师熊良智教授和许书明教授的耐心指导和热情鼓励。我还认真拜读了四川师大文学院马正平教授著的《写的智慧》和《中学写作教学新思维》两本书，感触很深，收获很大。从此，我便留心这一领域的研究成果，关注作文教学领域的新动向、新思维。一旦在市场上发现有价值的书籍，我都会买来学习研究。

在此期间，我先后阅读了梁启超先生的《作文入门》，叶圣陶先生的《叶圣陶教育名篇》，于漪老师编著的《中学作文教学导论》，熊良智教授写作的《楚辞文化研究》，许书明教授著的《语文教学整体优化》，刘朏朏、高原著的《作文三级训练体系》，杨初春老师的《快速作文法》等著作，从中汲取营养，学习经验。

2010年，暨南大学出版社出版了我的纪实散文集《海的呼唤——我的支教生活》。该书出版后，我受到了很多教育界友人的关注。不久，我遇到了此生最重要的一位尊长和导师——王爱玲老师。王老师是深圳市南山区蛇口中学的一名老教师，也是南山区中语界一名德高望重的作文教学专家。她早年曾参与北京月坛中学刘朏朏、高原老师提出的"作文三级训练体系"的教学实验，并取得了重要成果。在与王老师的一次谈话后，我惊异于她深厚的教学功底、丰富的人生阅历和独特的人格魅力。不久，我们便成了"忘年交"。我把我在作文教学方面的设想告诉了她，王老师非常赞同，进行了细心指点，并表示愿意把她的教学心得毫无保留地贡献出来。我当时的感激之情是难以言表的。不久，王老师退休了，我对她的感激之情一直珍藏在心中。

编写这本书的初衷，是鉴于当前初中作文教学中存在的诸多问题，以愚者的绵薄之力，帮助学生寻找出若干行之有效的学习方法。对于语文教育界的同仁，我也想通过这本书，把自身在作文教学中的一些看法和大家进行交流学习，以达到共同提高的目的。

经过一个暑假的集中写作，书稿已具雏形。此后，我又花了1个多月的时间进行校对和修改，直到完工。选编进来的作文，都是近些年来我亲自任教或指导过的学生的优秀作品。个别非我任教的学生的作品，我署上了相关指导老师的名字。

本书编写过程中，得到了很多专家、同事的热情支持。特级教师、深圳市南山区教科中心语文教研员茹清平老师专门为本书作序，"阳光喔"作文培训中心创办人罗珠彪教授对本书给予了很高的评价，并决定要购买一部分作为该中心的培训教材。深圳市南山区育才三中魏艳侠校长、余娟老师、吴秋红老师、陈接松老师等同事，还有我大学时代的老师——深圳实验学校的张宇老师，我的挚友——深圳市育才一小退休教师曾安林先生等，均对本书的出版给予了热情的鼓励。肇庆市端州中学杜青霞校长与同事还专程来我办公室与我交流写作教学经验，并对本书的出版寄予了很高的期待。

我还要特别感谢广东经济出版社对本书的出版给予的大力支持与帮助。

本书部分章节参考了国内写作教学领域的有关论著，在此我向相关作者表示深深的谢意！因本人专业水平所限，书中错漏之处在所难免，恳请广大读者批评指正！

陈剑华
2015年10月29日 于深圳蛇口